Kryeon

Lee Carroll

# LES DOUZE COUCHES DE L'ADN

*Une analyse ésotérique de la maîtrise intérieure*

Kryeon

TOME X

Traduit de l'américain
par Louis Royer

ARIANE

Titre original anglais :
*The twelve Layers of DNA*
Par Lee Carroll

Illustrations couleur : Elan Dubro-Cohen


1209, av. Bernard O., bureau 110, Outremont, Qc,
Canada H2V 1V7
Téléphone : 514-276-2949, télécopieur : 514-276-4121
Courrier électronique : info@ariane.qc.ca
Site Internet : www.ariane.qc.ca


Traduction : Marie-Blanche Daigneault
Révision : Martine Vallée
Révision linguistique : Francine Dumont, Monique Riendeau
Graphisme et mise en page : Carl Lemyre
Première impression : février 2011

ISBN : 978-2-89626-090-4

Dépôt légal : Bibliothèque nationale du Québec
Bibliothèque nationale du Canada
Bibliothèque nationale de Paris

**Diffusion**
Québec : ADA Diffusion – (450) 929-0296
www.ada-inc.com
France et Belgique : D.G. Diffusion – 05.61.000.999
www.dgdiffusion.com
Suisse : Transat – 23.42.77.40

Gouvernement du Québec – Programme de crédit d'impôt
Pour l'édition de livres – Gestion SODEC

Imprimé au Canada

Imprimé sur Rolland Enviro100, contenant
100% de fibres recyclées postconsommation,
certifié Éco-Logo, Procédé sans chlore, FSC
Recyclé et fabriqué à partir d'énergie biogaz.

*Ce livre est dédié à*

**Patti Carroll**
Mon épouse bien-aimée depuis tant d'années
qui organise en coulisse plus de cinquante
assemblées annuelles pour Kryeon
depuis près de dix ans !
Une artisane de la lumière vraiment dévouée.

À la mémoire de

**Tommy Thomsen**
Mon tendre ami et compagnon allemand qui
nous a quittés beaucoup trop tôt.

**Ted Dircz**
Les croisières de Kryeon ne seront plus jamais
pareilles sans lui.
Verse-nous du vin, Ted !
Tu nous manques terriblement.

**Mary Lou Jackson**
Notre amie du district de Columbia et une ins-
titutrice d'envergure.
Avec ton éternel sourire,
tu vas nous manquer !

## ADN

**Nom (en biochimie)**

Acide désoxyribonucléique : une substance autoreproductrice présente dans la presque totalité des organismes vivants et qui constitue le composant principal des chromosomes. L'ADN est porteur de l'information génétique.

**Nom (en biologie quantique – métaphysique)**

Acide désoxyribonucléique : double hélice formée de moins de cinq pour cent d'instructions biologiques, portant la configuration génétique du corps humain. Plus de 90 % est constitué d'énergie quantique et d'instructions qui confèrent une existence sacrée et recèlent les antécédents akashiques ainsi que l'aspect divin chez l'être humain.

# TABLE DES MATIÈRES

# Préface

Depuis que James Watson et Francis Crick ont découvert l'organisation en double hélice de l'ADN, cette image élégante est devenue une icône culturelle qui exprime notre aptitude à sonder la structure de la constitution humaine et à y découvrir la beauté et la forme traduisant les fonctions responsables de la vie. À l'instar de la photo d'Einstein qui évoque les lumières du XXe siècle, la représentation de l'ADN éveille une appréciation esthétique et le sentiment d'avoir découvert une vérité intime sur notre nature même d'être vivant et conscient.

Après la découverte marquante de la forme et de la structure chimique de l'ADN, les recherches ont continué à déchiffrer son code. En quelques décennies, ce triple code avait été complètement déchiffré, témoignant encore une fois de l'ingéniosité scientifique.

Le triple code signifie que chacune des trois bases de l'ADN représente une instruction spécifique visant à produire une protéine, à ajouter un acide aminé élémentaire ou à interrompre la fabrication d'une nouvelle molécule. On estimait que la science avait déchiffré le code presque entièrement et que la découverte allait transformer les sciences de la santé et la biochimie.

Bien que le code de base ait été élucidé, l'essentiel du code, même dans un organisme microscopique, rendait décourageante la tâche subséquente, soit la cartographie du code complet d'une créature vivante. Deux scientifiques de la Faculté de médecine de l'Université John Hopkins établirent alors le procédé scientifique rendant possible cette entreprise. Les docteurs Hamilton O. Smith et Daniel Nathans effectuèrent une étude marquante sur une catégorie d'enzymes de l'ADN, les endonucléases de restriction. En bref, ces enzymes ressemblent à des couperets très spécifiques qui scindent l'ADN seulement si une séquence particulière de base azotée est présente.

Scinder l'ADN systématiquement en des points particuliers pour que se chevauchent ces séquences plus petites et malléables a permis de déterminer l'entière séquence d'ADN d'un organisme vivant.

Cet aspect de la découverte scientifique dans le domaine génétique me toucha, notamment parce que j'étais étudiant en médecine à John Hopkins lorsque ces travaux remportèrent le prix Nobel. Je fréquentais cette institution, mais j'étudiais en outre au laboratoire de microbiologie, sous la tutelle du Dr Nathans. Ce dernier donnait l'impression d'être calme et d'un naturel doux. Je fus agréablement surpris d'apprendre que cet assistant de laboratoire sans prétention venait de remporter le prix Nobel pour avoir effectué une percée monumentale en génétique. En outre, ce jour-là, au lieu d'avoir à disposer des microbes au hasard dans une boîte de Pétri, j'ai eu le plaisir de siroter du champagne en compagnie de mon moniteur et de mes camarades de classe, en son honneur et en l'honneur de son collègue et des progrès de la science. C'était l'équivalent universitaire d'un jour de tempête de neige [lorsque les cours sont annulés].

Associer cette découverte aux révélations de Kary Banks Mullis, un scientifique de San Diego, qui est également un passionné du surf, a pavé la voie à l'entreprise la plus ambitieuse de l'histoire de la recherche en génétique : déterminer l'entière séquence du code génétique humain. Kary Mullis a élaboré le procédé d'amplification en chaîne par polymérase, ce qui lui a valu le prix Nobel. En gros, cette méthode ingénieuse permet de multiplier des séquences spécifiques d'ADN jusqu'à plusieurs millions de fois. En combinant cette méthode avec d'autres avancées techniques, notamment l'automatisation du séquençage, le monde s'est lancé dans le Projet génome humain [PGH]. Grâce à l'appui de gouvernements, d'universités et de l'industrie privée, cette tâche colossale a été parachevée il y a quelques années. Pour la première fois dans l'histoire de l'humanité, nous avons élucidé la recette exacte d'informations génétiques requises pour produire un être humain. Trois milliards de paires de base converties en lettres généreraient un manuel de trois cent mille pages ! Cette incroyable complexité et tous ces détails ont été déchiffrés et décodés.

Grâce à cet accomplissement extraordinaire, la science médicale a pensé détenir la clé permettant de guérir plusieurs maux, voire acquérir les codes qui prolongeront notre espérance de vie jusqu'à des limites autrefois inconcevables. Cette réalisation donna lieu à la découverte sidérante qu'il faut un nombre inférieur de séquences codantes (appelées « gènes ») pour produire un être humain qu'on ne l'avait cru auparavant. On avait pensé que le génome humain, le code génétique total de vingt-trois paires de chromosomes, comporterait au moins 100 000 gènes. Il fut sidérant d'apprendre qu'encoder une personne ne requerrait que 30 000 ou 40 000 gènes. Encore plus étonnante, sinon choquante, fut la découverte que seule une fraction minime du génome humain possédait des séquences de bases qui étaient des codages pour des gènes. Cela ressemblait à des espacements sur une bande d'enregistrement qui ne porteraient aucune information entre les séquences codantes. Encore plus déroutant : cet ADN non codant, initialement désigné « ADN muet » constituait 97 % du code humain tout entier !

Pourquoi le système était-il non codant ? S'il n'avait aucune fonction précise, comment avait-il survécu aux pressions évolutionnaires qui ne conservent que rarement les traits ne profitant pas à l'organisme ? La forte proportion d'ADN non codants suggère qu'il a son importance pour ce qu'accomplit l'organisation des séquences codantes des gènes. Nous avons certes les recettes de fabrication des 30 000 à 40 000 protéines clés créant la vie humaine. Mais c'est un peu comme avoir une recette comportant des milliers d'ingrédients sans les instructions pour préparer le mets en question.

Parmi les hypothèses cherchant à élucider le mystère de l'ADN muet, l'une des explications proposées veut que ces schémas aient trait à la manière de combiner les ingrédients de la recette, lesquels seraient des régulateurs qui régissent l'issue du code global.

Avant que ne puissent survenir d'extraordinaires avancées dans le domaine des traitements médicaux, la maîtrise des prédispositions génétiques ou l'amélioration de l'être humain, il faudra mieux comprendre comment réguler les complexités du code. Même si notre compréhension de systèmes spécifiques a évolué, pour saisir pleinement le fonctionnement interne il faudra connaître plus à fond les fonctions et les rôles des éléments génétiques non codants qui constituent l'essentiel du génome à plusieurs couches.

Ces progrès éblouissants de notre connaissance de l'ADN et du code génétique au cours des six dernières décennies débouchent sur le mystère des fonctions plus impénétrables du système. Au fil de l'histoire des sciences, un bond intuitif a souvent conduit à la découverte – un peu comme la vision de Kerry Mullis de l'ADN fut la révélation qui lui a permis de découvrir l'amplification en chaîne par polymérase qui a révolutionné la génétique.

L'idée d'offrir quelques pensées en guise d'introduction à ce livre de Lee Carroll, un auteur à succès de réputation mondiale ayant publié des livres sur la croissance personnelle, visait à établir une passerelle entre l'univers scientifique rigoureux de la génétique et le domaine intuitif et invérifiable des visions intérieures sur l'ADN. Impossible de dire si ces visions contribueront à l'ultime déchiffrement de l'ADN pour accroître nos connaissances et les possibilités d'un usage pratique, mais plusieurs percées scientifiques ont déjà résulté d'un éclair d'intuition suivi d'années de recherches rigoureuses donnant accès à une sagesse plus vaste.

En deuxième année du baccalauréat en chimie, les étudiants prennent d'habitude connaissance d'un exemple bien connu et souvent réitéré d'un saut intuitif ayant donné l'essor à la chimie organique en tant que domaine d'étude. Il s'agit de l'histoire d'August Kekulé, un chimiste et chercheur allemand qui tentait de déterminer la structure de la molécule du benzène. Comportant six atomes de carbone et six atomes d'hydrogène, cette molécule n'avait pas le comportement auquel on s'attend de la part de petites molécules organiques – le mot organique signifiant ici «doué d'une épine dorsale d'atomes de carbone reliés les uns aux autres». Une nuit, dans un rêve, Kekulé vit un serpent en train d'avaler sa queue. Cette image sans rapport apparent avec quoi que ce soit l'a poussé à concevoir que le benzène était une molécule ayant la forme d'un anneau rappelant un serpent qui avale sa queue. Cette révélation lui a permis de prouver la structure en anneau du benzène, structure douée de propriétés moléculaires de liaison inédites; elle a pavé la voie aux avancées de la chimie organique moderne.

Bien que l'on attribue à Kekulé le rêve qui l'a inspiré, l'image qui lui fut révélée était millénaire. Il s'agit de l'ouroboros; les traditions ésotériques de jadis conjuraient cet archétype d'un serpent, d'un dragon ou d'un lézard avalant sa propre queue. Selon ces traditions, ce symbole représentait le grand cycle de l'existence, où les schémas ont tendance à se répéter, et il était bien connu de la tradition alchimique hermétique.

Si un processus parcourt un cercle entier et revient à son point de départ en étant un peu plus évolué, on représente le schéma sous la forme d'un cercle ayant le caractère d'une ascension à chaque achèvement d'un cycle. Au lieu d'un cercle, on obtient plutôt une spirale. Selon le processus d'apprentissage appelé l'herméneutique, revenir à la même information après avoir recueilli des connaissances intermédiaires permet d'en connaître davantage et d'avoir une intuition plus fine sur l'information initiale – c'est la spirale herméneutique. La géométrie fondamentale de l'ADN est une spirale, et sa forme en soi suggère un processus d'apprentissage herméneutique par cycles de croissance et de développement.

La constitution en double hélice de l'ADN est une spirale lovée sur une spirale inverse. Cette double hélice tourne simultanément dans les deux directions, ce qui équivaut à l'assertion hermétique souvent citée, « ce qui est en haut est comme ce qui est en bas ».

L'information que Lee Carroll présente dans cet ouvrage ésotérique est une forme d'enseignement hermétique formulé en termes compréhensibles, contrairement à l'essentiel des traditions ésotériques établies. Cette information restera peut-être essentiellement impossible à prouver, mais elle permettra de sonder plus à fond le cœur de l'ADN pour obtenir des réponses inédites.

L'avancée la plus marquante, non pas en chimie mais bien en physique, qui s'apparente à la vision intuitive de Lee Carroll est l'hypothèse voulant que notre univers possède un ordre dimensionnel supérieur aux trois dimensions perçues. Selon la théorie des cordes, il existe quelques modèles dimensionnels permettant les calculs donnant lieu à des formules unifiées des forces fondamentales en physique. L'un de ces modèles postule dix dimensions : aux trois dimensions de l'espace s'ajoutent une dimension temporelle et six dimensions plus cachées qui demeurent invisibles. Selon ces calculs et cette théorie, ces six dernières dimensions supplémentaires forment des sphères infimes qui entourent tous les points dans notre espace quadridimensionnel. Bien qu'invisibles, elles donnent naissance au déploiement intégral des forces de la nature.

Parallèlement, quant au savoir intuitif présenté par Lee sous la signature de Kryeon, il est clairement dit que l'essentiel de ce qui est décrit ne sera peut-être jamais corroboré par des instruments scientifiques matériels, car il est impossible de cerner clairement un objet ou un phénomène appartenant aux dimensions supérieures avec un instrument des dimensions inférieures. Il n'est pas possible, en l'occurrence, de comprendre à fond le concept d'une sphère si votre seul étalon de mesure est celui d'un cercle.

Sondant la structure profonde de la réalité, le livre *Warped Passages: Unraveling the Mysteries of the Universe's Hidden Dimensions* surpasse tout autre ouvrage à l'intention du lecteur profane pour ce qui est de décrire les dernières avancées de la pensée en physique des dimensions supérieures. Rédigé par Lisa Randall, professeure de physique à Harvard, *Warped Passages* offre une vision éblouissante des dimensions invisibles virtuelles qui constituent notre réalité matérielle. Allant au-delà des infimes sphères à six dimensions qui enveloppent des points de l'espace tridimensionnel, la dernière hypothèse s'applique aux dimensions supérieures occupant les membranes d'un vaste éventail de configurations. Il pourrait s'agir de longs tubes recourbés ou de feuilles d'une longueur infinie, mais d'une épaisseur infime, ou encore d'autres géométries potentielles. Les espaces mathématiques et les constructions dimensionnelles dans les tréfonds de la réalité intérieure non directement perceptible de notre univers font l'objet d'études rigoureuses. La complexité du monde interne de notre univers dépasse sans doute les limites de notre imagination et de notre pensée.

Dans le cadre de la théorie selon laquelle notre espace physique serait d'une nature dimensionnelle supérieure dont nous ne percevons au mieux que l'ombre, voici une expérience génétique qui suscite de sérieux questionnements. Le physicien russe Vladimir Poponin effectua une étude sur l'ADN qui donna des résultats inattendus sur plusieurs points. Dans une pièce expérimentale, on mesura la polarisation et les états d'orientation d'ondes lumineuses appelées photons. Comme on l'avait prévu, ces ondes lumineuses se déplacèrent au hasard dans la salle expérimentale. Puis Poponin déposa de l'ADN dans la pièce expérimentale et mesura les photons de nouveau. À son grand étonnement et contre toute attente, la présence d'ADN avait organisé les ondes lumineuses en un schéma cohérent, ce qui indiquait que l'ADN produisait un champ très puissant capable d'organiser l'espace environnant. La présence et la puissance de cet effet allèrent au-delà de simples principes chimiques.

Disposant ainsi d'une découverte satisfaisante, Poponin procéda alors aux évaluations appropriées pour rétablir les conditions de contrôle et mener à bien l'expérience. Il retira l'ADN et mesura de nouveau le comportement des photons. On pouvait raisonnablement s'attendre à ce que, en l'absence d'ADN, le schéma des photons revienne à l'ordre fortuit. Le plus étonnant, c'est que lorsqu'on retira l'ADN, les photons maintinrent un schéma organisé. Ce serait comme de retirer un aimant qui ordonnait de la limaille de fer et que celle-ci préserve un schéma de flux d'induction magnétique. En l'absence d'une théorie fondée décrivant les raisons de ce phénomène, cela indique qu'un effet résiduel puissant demeure dans l'espace simplement du fait que l'ADN a occupé cet espace. Il faudra formuler de nouvelles théories qui tiennent compte des implications de cet effet de l'ADN laissant un champ résiduel durable et exerçant un effet informationnel qui organise l'espace. L'effet de l'ADN vivant, humain ou autre, sur la structuration de l'espace aura du moins été démontré sans toutefois pouvoir être élucidé.

Même si des théories éclairant cet « effet fantôme de l'ADN » découvert par Poponin voient le jour, cette expérience laisse entrevoir la possibilité que la nature de la réalité soit bien au-delà de ce que nous percevons. Au cours du XXe siècle, plus la physique a tenté de prouver que notre réalité est objective, plus les expériences ont démontré que l'effet exercé par l'observateur est intimement lié à la réalité résultante observée.

À ce principe d'« effet fantôme de l'ADN » s'associe l'observation que si 97 % du génome humain est considéré comme une « camelote » non codante, c'est donc qu'il existe d'autres mystères à élucider pour enfin comprendre l'ADN, sa nature et son fonctionnement. Nous ne saurons peut-être jamais si l'information intuitive contenue dans cet ouvrage ésotérique de Lee Carroll reflète la réalité plus profonde de l'ADN. Sa contribution la plus importante sera peut-être d'effectuer un bond intuitif qui inspirera par sa beauté ou son élégance. Et comme telle, cette contribution recèlera ses propres éléments de vérité ou produira un jour une révélation intuitive qui nous permettra de percer les mystères de ce facteur codant de la vie.

*Todd Ovokaitys*

# Introduction

*Lee Carroll*

Je suis Lee Carroll, le premier canal de transmission des messages de Kryeon, ainsi qu'un auteur et un conférencier du mouvement nouvel âge. Je vous le précise, car je suppose que vous avez fait l'acquisition de ce livre en étant tout à fait conscient qu'il s'agit d'informations ésotériques canalisées provenant d'une énergie remarquable résidant au-delà du voile. Cela signifie que presque tout ce qui suit émane d'une source métaphysique, pas d'une étude scientifique.

Je parcours le monde en vue de canaliser Kryeon à l'intention de milliers d'auditoires, en des lieux tout à fait exotiques – Moscou, Jérusalem, Santiago, Caracas, Paris, Genève, Bogota, Riga, São Paulo. Mon travail me conduit en réalité dans des régions que je n'avais jamais imaginé connaître. Après vingt et un ans et quatorze autres livres, j'ai élaboré les messages de Kryeon qui ont été traduits en vingt-quatre langues. Depuis 1989, j'ai livré des messages pour que chacun retrouve son pouvoir personnel et la guidance spirituelle provenant de cette entité bienveillante. J'ai aussi été invité à donner de l'information à sept reprises à la Société pour l'illumination et la transformation aux Nations unies, à New York. Cependant, jamais dans mon travail un thème unique n'a exigé un tel apprentissage ou un livre entier, jusqu'à aujourd'hui.

En 2003, Kryeon a indiqué que des informations spéciales seraient révélées en vue de former un livre complet. À ce stade, je n'ai jamais cru avoir à assimiler du vocabulaire en hébreu ou à étudier la numérologie pour être capable de présenter ces canalisations. Mais de toute évidence, cela faisait partie du plan. Kryeon m'a transmis les significations ésotériques exhaustives qui sous-tendent l'énergie de l'ADN dans notre organisme. Il a procédé avec soin, sur une longue période de temps, afin que je les garde en mémoire, que je les note et les étudie.

Notre ADN compte un total de douze énergies ou couches à étudier, et chacune porte un nom hébreu. Par ailleurs, ces noms hébreux sont des épithètes de Dieu. Pour rendre cela encore plus ésotérique, j'ajouterai que chacune des couches est douée d'une énergie numérologique et qu'elle entre en interaction complexe avec les autres énergies/couches parmi les douze. Ainsi, au lieu d'avoir une simple liste des couches d'ADN, j'aurais la révélation d'un système avant d'avoir terminé, un système sacré ayant sa raison d'être, un système qui bouleverse par son message global d'amour et de pertinence.

Impossible de parcourir ce livre sans prendre conscience de votre magnifique position dans l'univers. Une fois terminé, une fois que vous aurez posé cet ouvrage, prenez une grande respiration et réfléchissez... « Si tout est vrai, alors je fais vraiment partie du plan universel de Dieu ! » Cette déclaration est juste, car c'est en effet ce dont il est question dans ce livre.

Au fil des pages, chaque couche sera présentée individuellement, avec l'enseignement qui la concerne.

Pour tirer le maximum de cet ouvrage, il faut concevoir la matière non pas comme une étude de douze thèmes, mais comme une analyse de l'immensité d'un système qui pose des parcelles de Dieu sur la planète et leur demande ensuite de découvrir le reste de l'histoire. C'est nous ! Serait-ce possible ? Si c'est ainsi, que ferez-vous de l'information ?

Inutile de lire ce livre, si vous ne cherchez qu'à enrichir votre liste de connaissances. Parcourez-le plutôt dans l'idée qu'il vous reste énormément à découvrir sur vous-même. Comprenez ensuite que la découverte de soi entraînera un changement, parfois considérable, et suscitera une foule de questions supplémentaires.

Après cette introduction, le premier chapitre consiste en une discussion des raisons pour lesquelles cette information et l'énergie demeurent voilées pour notre mental rationnel ; et notamment pourquoi il est impossible de les percevoir avec nos yeux. À l'heure actuelle, grâce à l'apport scientifique, nous accédons tous à une compréhension plus exhaustive. La science n'apporte pas la preuve de nos assertions ésotériques, mais elle fournit un cadre scientifique où les introduire, cadre qui nous autorise à faire passer nos idées antérieurement bizarres vers une réalité tout à fait possible aux yeux de plusieurs. Plus simplement, certains faits scientifiques coïncident désormais avec la présente étude. Un jour, la spiritualité et la science pourraient fort vraisemblablement se ressembler au point de devenir indiscernables l'une de l'autre.

Par la suite, je vous ferai connaître le lignage de cette étude et je préciserai ses contributeurs, délibérés ou pas, afin que vous compreniez d'où proviennent l'hébreu et la numérologie, et pourquoi la matière s'est organisée ainsi.

Suivront une clarification de la structure de l'ADN et une révélation d'informations hors de la sphère logique, informations qui deviennent aujourd'hui plus rationnelles. Cela inclut les plus récentes conjectures sur la nature de l'ADN muet et de cette expression.

Mon analyse préférée s'intitule « Ce à quoi personne ne songe ». Certains faits directement sous nos yeux mettent au défi la pensée logique, et malgré tout on se dit : « Eh oui, c'est la vie ! » sans jamais réfléchir au paradoxe qu'ils représentent. J'aborde certains thèmes très controversés et ésotériques étayant les enseignements de Kryeon. Vous devez connaître l'ensemble du tableau des événements qui se sont déroulés sur terre avant de vous lancer dans cette analyse de la nature de l'ADN, car l'essentiel de ce que Kryeon met en lumière au sujet de l'ADN est historique et porte en lui plus de 10 000 ans de celui/celle que vous aurez été. Le chapitre est long et divisé en plusieurs sections. Ne sautez pas la partie décrivant mon aventure en Australie avec les mouches.

Le chapitre intitulé « L'enseignement commence » aborde la manière dont Kryeon souhaite que nous concevions l'ADN et ce à quoi nous sommes censés réfléchir. J'y expliquerai également les fondements de la numérologie ; le sujet est beaucoup plus vaste qu'on ne le croit. Il s'agit là d'une explication multidimensionnelle et d'une introduction aussi exhaustive que possible à cette science.

Ensuite, couche par couche, nous abordons les propos de Kryeon sur l'ADN humain – les noms, les énergies, leurs rôles, un schème de la maîtrise intérieure. Le débat prend un tour inattendu, comme vous le verrez, mais je ne le dévoile pas maintenant. Kryeon le fera.

En lisant ce livre, vous constaterez que les définitions et les enseignements sur les couches individuelles ne constituent pas l'essentiel du volume. C'est tout à fait délibéré, car cet ouvrage n'a pas pour but d'offrir encore une liste de trucs à conserver dans votre placard métaphysique. J'espère plutôt vous faire comprendre ce qu'est peut-être véritablement l'ADN et le sens qu'il a pour nous. Au sein même de la discussion, Kryeon se lance parfois dans d'autres sujets, d'autres histoires, même sur les caractères des extraterrestres ! L'explication est pour le moins vivante.

Par la suite, je présenterai quatre communications de Kryeon sur l'activation de l'ADN, l'a priori scientifique et l'existence multidimensionnelle en général. Ces messages ont été donnés au cours des derniers mois de la rédaction de ce livre ; ils offrent un excellent moyen de replacer les applications pratiques de cet enseignement ésotérique dans un cadre plus vaste.

Dans ces pages, notamment dans les communications publiques, l'information se répète parfois. Poursuivez tout de même votre lecture, car ces messages sont indépendants de l'information contenue dans ce livre et on y trouve plusieurs explications sur l'ADN muet en tant qu'énergie à l'origine de notre spiritualité. Les réviser aurait entaché l'atmosphère de l'expérience en direct. Pour ma part, je suis d'avis qu'on ne peut pas trop les entendre !

Sachez que tout au long de ces pages, Kryeon et moi-même faisons un emploi interchangeable des termes *quantique* et *multidimensionnel.* Dans le domaine de la physique, le mot *quantique* renvoie à l'unité minimale de matière ou d'énergie dans un processus de transfert. Le terme tire son origine du latin *quantus* : combien. Néanmoins, nous l'employons comme une expression aujourd'hui familière aux gens et non pas dans le sens retenu en physique.

Par conséquent, dans ces pages, « état quantique » signifie « état multidimensionnel ». L'expression a sans doute pris cette connotation populaire parce que les sciences physiques réfèrent aux choses dans leur état empirique et pur. Néanmoins, la théorie de la mécanique quantique nous a permis de comprendre les choses qui semblent dans un état aléatoire, voire ce que d'aucuns qualifieraient d'état chaotique. Cet aléatoire, ou cette réalité basée sur la probabilité, peut n'être que le fait de notre perception et donc pas du tout aléatoire selon les nouvelles lois physiques que nous ne possédons ou n'entendons pas encore.

Pour finir, j'évoque quelques faits actuels auxquels réfléchir. Quelle est, à votre avis, la réaction de l'Esprit aux greffes humaines ? Si l'ADN est absolument unique, s'il contient nos annales akashiques, le bénéficiaire d'une greffe conserve-t-il son intégrité spirituelle ? Ces greffes devraient-elles être pratiquées ? Et si la personne allait mourir sans celle-ci ? Cette section comporte quelques réponses pleines de bon sens.

J'aborderai ensuite les dernières créations de vie artificielle, l'infime molécule d'ADN entièrement fabriquée en laboratoire en 2010. Est-ce approprié ? En quoi cela nous touche-t-il ? Quelles sont les ramifications de cette découverte ? Encore une fois, la question est tout à fait d'actualité et les réponses sont logiques, ce qui a toujours tendance à offenser au moins quelques personnes.

La toute dernière section du livre porte les magnifiques illustrations en couleur canalisées des couches d'ADN, dessinées par l'artiste Elan Dubro-Cohen. Ce sont de merveilleuses additions au livre. Dernière remarque : ce livre sera plagié et intitulé autrement, retravaillé sous un autre nom, érigé en manifeste du mal de notre ère et sujet à toutes sortes d'ajouts et de modifications. Mais bon, sans tout cela, ce serait beaucoup moins amusant !

*Il appert désormais que l'ADN serait multidimensionnel ; c'est donc que nous le sommes également !*

CHAPITRE 1

# La matière invisible

## *Lee Carroll*

La préface de cet ouvrage est de la plume d'un chercheur, le Dr Todd Ovokaitys, un ami personnel. Ses commentaires dans cette préface ne signifient pas cependant qu'il souscrit à tous les enseignements ésotériques contenus dans ces pages. J'ai plutôt prié le Dr Ovokaitys d'écrire uniquement sur l'existence possible des énergies biologiques multidimensionnelles, puisque c'est exactement ce que son travail de recherche sur l'ADN a permis de découvrir, soit l'interdimensionnalité dans notre structure cellulaire. Ses brevets et sa collaboration ultérieure avec des scientifiques de réputation mondiale en Russie permettront au continent africain de guérir. Son œuvre est viable, elle appartient au courant dominant et aidera à faire du sida une maladie curable. Ses travaux ont attiré l'attention de chefs d'État.

Le principe de la matière invisible qui se trouve directement devant nous quotidiennement fut établi vers 1999, avec l'élaboration de la théorie des cordes. La physique évolue, et ce fut l'une des bifurcations de la physique traditionnelle vers une physique quantique beaucoup plus universelle. On le constate clairement aujourd'hui avec la construction d'un nouvel accélérateur atomique à Genève, en Suisse. La plupart des physiciens qui participent à l'expérience ATLAS adhèrent à la théorie des cordes (*stringers*, leur désignation, pas la mienne). Ce sont en effet des théoriciens de la théorie des cordes. Voici une description de la nature de l'expérience, tirée de la source :

> *L'expérience ATLAS porte sur la physique des particules au Grand collisionneur de hadrons [du CERN]. À partir du printemps 2009, le détecteur ATLAS sera en quête de nouvelles découvertes sur les collisions frontales entre protons doués d'une énergie extraordinairement élevée. ATLAS percera les forces élémentaires instigatrices de notre univers depuis le début des temps, forces qui détermineront sa destinée. Parmi les inconnus possibles, il y a l'origine de la masse, des dimensions supplémentaires d'espace, des trous noirs microscopiques, et les preuves attestant la présence de candidats à la matière sombre dans l'univers.*
>
> *ATLAS conduira la physique expérimentale vers de nouveaux territoires. Le plus inattendu et le plus excitant : de nouveaux processus et de nouvelles particules susceptibles de transformer notre compréhension de l'énergie et de la matière. [http://atlasexperiment.org]*

Voici l'une des hypothèses élémentaires posées par la théorie des cordes : « Le centre de l'atome contient au moins onze dimensions. » L'expérience ATLAS cherche à confirmer cette hypothèse suivant les protocoles admis par les physiciens, soit par l'accumulation exhaustive de données analysées sur plusieurs années.

Il en fut ainsi au laboratoire Fermi, avec la découverte du *quark top*, une particule atomique entièrement théorique dont l'existence ne pouvait être démontrée qu'avec un appareil de la grosseur d'une petite ville. La science s'est désormais dotée d'un appareil encore plus volumineux (aux proportions d'une grande ville) et les scientifiques se sont lancés à la poursuite du Graal de la physique, ouvrant ainsi la porte au monde multidimensionnel.

Pour les hommes et les femmes en vestes blanches qui scrutent des lignes ondulantes sur des impressions numériques des heures durant, l'événement est vraiment excitant. Tôt ou tard, cette découverte démontrera ce qu'ils soupçonnent déjà : que vous et moi sommes entourés d'un univers multidimensionnel, bien que nous n'ayons conscience que de quatre dimensions parmi les onze ou davantage constituant cette soupe dimensionnelle. Que renferment les autres dimensions ? Pourquoi ne pouvons-nous pas en apercevoir des indices ? C'est sans doute possible.

Avec le concours du physicien Scott Stratken qui collabora à l'invention de l'échographie, le Dr Ovokaitys a conçu un appareil qui excite des constituants multidimensionnels dans notre structure cellulaire grâce à de l'information. Les résultats d'épreuves en laboratoire et d'essais sur les humains démontrent que l'organisme humain réagit à des phénomènes que l'on n'avait jamais perçus auparavant. On a instauré une « biologie de l'invisible » permettant d'établir des autodiagnostics et, dans plusieurs cas, d'attaquer des maladies pandémiques virulentes au point de les réduire à néant ou presque. Dans d'autres cas, même les cellules souches étaient « informées » afin de produire de nouveaux tissus.

Au cours d'une autre série d'expériences complètement distinctes des travaux du Dr Ovokaitys, mais que celui-ci mentionne dans sa préface, le Dr Vladimir Poponin a découvert un champ multidimensionnel entourant l'ADN !

Le Dr Poponin est un physicien quantique reconnu dans le monde comme illustre spécialiste de la biologie quantique, dont la dynamique non linéaire de l'ADN et les interactions entre les champs électromagnétiques faibles et les systèmes biologiques. C'est un chercheur de haut niveau à l'Institut de physique biochimique de l'Académie des sciences russes et il était détaché dans une institution de recherche américaine lorsque cette remarquable série d'expériences fut effectuée.

Le Dr Poponin a découvert que l'ADN est entouré d'un champ multidimensionnel assez puissant pour altérer la matière lors d'une expérience de contrôle précise effectuée sur un très petit échantillon d'ADN humain vivant et des photons. L'ADN organisa invariablement un ordre de particules de source lumineuse aléatoire en la symétrie d'une onde sinusoïdale ] ! Le phénomène était complètement inattendu, il s'est vu attribuer le nom étrange, mais fort descriptif, d'ADN fantôme.

L'épithète « fantôme » représente un aspect de l'énergie de l'ADN complètement invisible mais toujours présent (twm.co.nz/DNAPhantom.htm). Il semble que l'ADN était susceptible de recevoir de l'information d'une source extérieure lui donnant des instructions.

Il semblerait aussi que l'idée de multidimensionnalité au sein de la structure cellulaire n'appartienne pas qu'au nouvel âge promulgué par les adeptes de la granola et des carillons éoliens. On accuse en effet le nouvel âge de propager toutes sortes de théories insensées et sans fondement, en apparence stupides et très douteuses. À dire vrai, l'idée que l'ADN soit doué de propriétés multidimensionnelles, dont au moins douze énergies, fut l'une de ces théories extravagantes jusqu'à ce que – oups ! – la science se mette à en fournir en partie la preuve. Il appert désormais que l'ADN serait multidimensionnel ; c'est donc que nous le sommes également ! La base d'un protocole est établie et les théories farfelues et sans fondement deviennent peu à peu crédibles, voire généralisées.

*Mon Dieu est personnel, vivant*
*et il réside intrinsèquement*
*dans ma structure cellulaire !*

CHAPITRE 2

# Comment tout a commencé...

*Lee Carroll*

Je ne présente pas la lignée de ce parcours simplement pour combler de l'espace dans ce livre. Il est important que vous connaissiez les sources auxquelles j'ai fait appel et la manière dont j'ai obtenu cette information afin d'intensifier le message à votre intention à mesure qu'il se dévoile.

Plusieurs croient que, lors d'une canalisation, la conscience d'une autre entité se substitue à celle du canal de transmission et que, dans ces circonstances, ce dernier n'intervient en rien. Un peu comme une prise de possession qui est souvent surnaturelle. Cela laisse également penser qu'il s'agit en quelque sorte d'une expérience occulte et, dès lors, très étrange et insolite. Toutes ces opinions sont erronées.

Je m'y livre depuis vingt et un ans, et je vous assure que la canalisation exige un amalgame total de tout ce que connaît et croit l'être humain, associé à l'autorisation sacrée de joindre une conscience de l'au-delà du voile à un humain.

En effet, celui qui canalise devient un interprète qui traduit des messages multidimensionnels en trois dimensions. Il/elle est spécialiste de la linéarisation. Pour en évaluer la difficulté, observez simplement ces divers voyants, prophètes et devins qui se livrent régulièrement à la médiumnité, mais finissent par prédire des événements qui ne se produisent jamais. Il se passe bien davantage ici que ce que l'on peut croire, et peut-être qu'un jour je vous expliquerai plus en détail de quoi il en retourne.

Malgré tout, chaque personne qui canalise vit une expérience différente. Voilà un indice suffisant pour indiquer qu'il s'agit là d'une voie personnelle propre à chaque individu et qu'il n'existe pas de méthode de canalisation générique à suivre. Nous, les humains, formons un groupe très unique et linéaire ; néanmoins, certains persistent à pointer un doigt accusateur en disant : « Cet individu ne fait pas les choses correctement. » Permettez-moi d'interpréter leurs propos comme suit : « Il ne le fait pas à notre manière. » Il n'y a pourtant pas de vrai ou de faux ni de manuel empirique sur la canalisation. C'est quelque chose de personnel et de privé, et chaque personne qui s'y adonne sait à quel point l'expérience est unique.

C'est aussi ce qui vous rapproche le plus du Dieu intérieur ; pourtant, plusieurs personnes ont l'impression que Dieu (ou ce qu'elles estiment être Dieu) n'a rien à voir avec le *channeling*. Kryeon nous a répété à maintes reprises que la canalisation est le moyen de transmission de tout savoir spirituel. Il nous rappelle que toutes les Saintes Écritures sur terre, peu importe la religion qui les a vues naître, sont de main humaine. Dieu n'en a rédigé aucune ! Voilà pourquoi il faut reconnaître cette passerelle entre le message et le messager. Si les êtres humains ont tout rédigé (c'est un fait), où donc ont-ils puisé l'information ?

Même dans le christianisme, le pape a sa méthode pour capter l'information divine ; il occupe une position où tout ce qu'il affirme est infaillible. En tant que vicaire du Christ, il est autorisé à occuper la chaire de la basilique Saint-Pierre du Vatican, où un processus *ex cathedra* se déroule. C'est du *channeling*, mais ne le dites surtout pas à un catholique. Inutile de faire des vagues.

Même l'apôtre Paul, dans une lettre adressée à des amis depuis sa cellule de prison à Rome, fit preuve de cette faculté –

car ses lettres devaient devenir au moins sept livres du Nouveau Testament ! Malgré tout, les chrétiens parlent de la Bible comme s'il s'agissait de la parole de Dieu. En vérité, ce sont les paroles d'un être humain sous l'influence d'une énergie spirituelle. Dans ses lettres, Paul a « transmis par canalisation » l'essentiel du Nouveau Testament. Pour plusieurs chrétiens, c'est le Saint-Esprit qui est venu transmettre cette information à Paul, une information utilisée tant par les catholiques que par les non catholiques. Dans tous les cas, une énergie silencieuse et invisible permettait à un humain d'exprimer la vérité de Dieu. Toutes les religions admettent ce processus.

Aujourd'hui, cependant, à en croire les réactions de certains chefs religieux, Dieu a complètement cessé de s'adresser à nous, car aucune information nouvelle n'est admise. Une règle tacite veut que toutes les Écritures censées exister aient déjà été rédigées. Le *channeling* est dès lors une supercherie. Cela a-t-il un sens pour les personnes spirituelles qui parcourent ces lignes ? Qui a décrété que Dieu a cessé de parler ? « Une petite minute, Lee ! » interviennent mes amis chrétiens. « Nous n'avons jamais prétendu une telle chose. Dieu nous parle sans cesse ! Nous affirmons simplement que Dieu ne te parle pas à toi ! » Oh… Et pourquoi donc ? « Tu n'appartiens pas à notre Église. » Oh, je vois.

Mon Dieu est personnel, vivant et il réside intrinsèquement dans ma structure cellulaire ! Les messages déferlent sans cesse en moi et ils ne contredisent pas ceux qui prétendent capter le même type d'énergie. Pour tout dire, ils ne contredisent même pas Paul ! Car je crois fermement que les messages des anciens, peu importe leur confession, préconisent tous l'acquisition de pouvoir personnel et la découverte de la paix en soi-même et entre chaque être sur terre, en rencontrant son créateur intérieur. Remontez dans le passé et étudiez les messages originels des plus grands prophètes en ce monde ; vous découvrirez une merveilleuse symétrie entre les messages et une unicité de pensée.

Voici le message que j'ai reçu de Kryeon il y a quelques années : « Tu vas recevoir de l'information au sujet des douze couches d'ADN. Cette information sera la première en son genre. Chaque couche portera un nom hébreu, un nom de Dieu en ancien hébreu. Avant d'initier le courant d'information, va quérir des instructions du maître Barbra. »

Voici donc un autre principe qui transgresse la norme. Pour plusieurs, la canalisation est censée être tout à fait spontanée. Pourtant, voilà que j'obtiens de l'information au sujet de ce qui vient et des instructions m'incitant à chercher une assistance ! Soudain, vous entrevoyez ici un système où « la famille » participe à une part de l'information de très haut niveau qui franchit le voile. En ce qui me concerne, ce fut certainement le cas. Kryeon voulait que j'effectue quelques recherches avant de recevoir des communications de lui. Pourquoi ? Parce que c'est à l'être humain de fournir l'explication, même si les connaissances sont transmises par canalisation. En ce qui me concerne, Kryeon voulait que j'obtienne des indications intuitives d'un autre canal, indications qui s'intégreraient aux messages qu'il allait me transmettre !

## Barbra Dillenger fait son apparition

Le maître Barbra, c'est le Dr Barbra Dillenger, une remarquable numérologue d'envergure internationale qui vit en semi-retraite à Del Mar en Californie, là où mon travail a commencé. La synchronicité fit en sorte qu'elle habite directement derrière chez moi ; j'ai donc pris rendez-vous.

Une blague circule entre nous qui œuvrons dans le domaine spirituel. Il y a toujours quelqu'un qui vient nous voir en disant : « Dieu m'a dit que vous aviez un message pour moi. Qu'est-ce que c'est ? » Cela se produit sans cesse. Fait intéressant, nous sommes rarement au courant ; Dieu ne nous a pas du tout transmis ce fameux message. Cette aventure amusante nous arrive à tous, quand nous tentons d'expliquer à ceux qui nous abordent ainsi que le synchronisme constitue la clé et que nous leur ferons savoir dès que nous recevrons le message en question. C'ėst tout ce que nous pouvons faire pour éviter de les mettre mal à l'aise.

Le fond de l'histoire ici, c'est que quiconque s'adresse à nous ainsi devrait savoir que si Dieu a un message à son intention, il peut y accéder n'importe quand à partir de sa source innée. Le temps est révolu où il fallait corroborer nos messages personnels auprès d'une autorité. À dire vrai, le fait de vous tourner vers un interprète ou un canal vous déleste de toute responsabilité et la reporte sur nous. Plusieurs en prennent conscience plus tard. Par ailleurs, nous sommes constamment confrontés au problème.

Me voici donc dans le bureau de Barbra, en train de lui raconter ceci : «Kryeon m'a informé que vous aviez quelque chose pour moi.» (*Soupir*) Je me sentais pour le moins penaud, un petit sourire accroché aux lèvres. Éclaterait-elle de rire ? Eh bien, non. Au contraire, elle sourit, se dirigea vers sa bibliothèque et en tira un magnifique ouvrage rare de J. J. Hurtak, l'un des plus illustres historiens spirituels ; le livre portait le titre *The 72 Divine Names of God* [«Les 72 noms divins de Dieu»]. Tous les noms de Dieu étaient en hébreu. Elle me regarda et dit : «Ce dont vous avez besoin est ici.»

C'était en effet ce dont j'avais besoin, car dès que j'ai ouvert le livre, Kryeon m'a dit : «Parmi ces 72 noms, douze désignent l'ADN. Apprends-les tous en hébreu, pour les prononcer correctement en les canalisant. Les significations que je te donnerai différeront de celles du livre.» J'ai donc rencontré un problème sur-le-champ ; je devais connaître au moins vaguement la prononciation hébraïque pour m'éviter de massacrer les noms lorsqu'ils se présenteraient par la suite au cours d'une canalisation. Voilà relativement à ma connaissance de l'hébreu où intervenait l'autre personne, et de manière bien plus vaste qu'un simple coup de pouce. Je vous parlerai d'Elan Dubro-Cohen dans un petit instant.

## J. J. Hurtak fait son apparition

J. J. Hurtak enseignait bien avant que j'apparaisse sur la scène. À l'instar de plusieurs, ma première expérience se rapporte à son volume *Le Livre de la connaissance : Les Clés d'Enoch*. C'est l'un des ouvrages métaphysiques et scientifiques les plus impressionnants qui soient; il fut rédigé par J. J. Hurtak, suite à ses recherches et grâce à son intuition. L'ouvrage est tellement cérébral que la majorité des lecteurs n'y comprend pas grand-chose, tout en ayant le sentiment de saisir tout de même ! Quelques-uns renoncent tout bêtement : « Ce livre contient des connaissances merveilleuses, je vais donc le placer sous mon oreiller dans l'espoir de comprendre son contenu en dormant ! » Vous vous marrez ? Achetez-le et vous verrez que j'ai raison.

Hurtak ne se conçoit pas comme un canal de transmission, mais bien comme un historien spirituel. C'est difficile de l'admettre en parcourant les pages de ce volume, puisqu'il s'agit pour l'essentiel de citations textuelles d'une source autre que l'auteur. Mais comme je veux rendre hommage à ce dernier dans ces pages, je dirai donc de lui qu'il est historien. Les connaissances qu'il a partagées en continu conviennent parfaitement à notre époque, par leur vaste complexité et leur envergure scientifique. Si vous examinez *Les Clés d'Enoch* de plus près, vous y trouverez même de l'information magnétique très spécifique sur l'ADN !

*The 72 Divine Names of God* constitue également un thème fort populaire de nos jours, notamment en raison de l'étude de la kabbale. Si vous cherchez sur Internet un livre sur ce sujet, vous obtiendrez un ouvrage très populaire de la plume d'un autre auteur. Le livre de Hurtak différait en substance et par rapport aux noms. Permettez-moi de citer un passage tiré de l'introduction :

« Sachez que l'emploi énochien d'une langue sacrée s'appuie sur une synthèse tonale légèrement différente de celle de l'ancien hébreu conjugué à l'araméen, à l'égyptien, au paléosémitique et présentant les nuances phéniciennes de l'époque antérieure au Nouveau Testament. »

On a expliqué à Hurtak que les significations plus complètes des expressions sacrées ne peuvent être révélées à la sagesse de l'homme et que si quiconque s'enquiert de cela, une explication lui sera accordée suivant son niveau de conscience. Tout cela semble plein de sens lorsque je capte douze des noms et qu'une entité angélique me transmet les définitions, exactement ainsi que Hurtak l'avait prédit. Personnellement, je trouve malheureux que cet ouvrage puissant ne soit plus disponible en librairie. À mon sens, c'est le meilleur qu'il m'ait été donné de voir, sans compter qu'il est esthétiquement agréable.

### La question de l'hébreu

Je me trouvais désormais aux prises avec l'hébreu. J'ai d'abord voulu savoir pourquoi l'hébreu. La question s'impose, n'est-ce pas ? Kryeon est sur le point de dévoiler les douze énergies de l'ADN et elles portent des noms hébreux. Pourquoi pas le lémurien ou le sumérien ? L'hébreu n'est pas la langue la plus ancienne sur terre, et j'étais plus que curieux de savoir pourquoi (je voulais également éviter d'apprendre cette langue). Kryeon répondit que l'hébreu est la langue primordiale du Dieu monothéiste. Abraham est le père reconnu de trois principales religions sur la planète. Il parlait l'ancien hébreu, voilà ce que voulait dire Kryeon. Cela garde l'enseignement dans le contexte d'une langue humaine vivante et rend hommage à la naissance d'une expérience monothéiste pour l'humanité.

C'est bien, mais voilà, je n'étais pas préparé à l'assaut des opinions au sujet de l'hébreu en général ! *Oy vey !* (Je sais, c'est du yiddish.) Chaque personne qui parle cette langue prétend en être le spécialiste. Que faire ? Qui devais-je consulter pour obtenir une traduction juste et générique des termes et les prononciations correctes ? J'avais la réponse sous les yeux, et cette réponse joue un rôle primordial dans ce livre.

## Elan Dubro-Cohen fait son apparition

Je me suis rendu en Israël à maintes reprises et j'ai canalisé Kryeon pour de vastes auditoires à Tel-Aviv et à Jérusalem. J'ai souvenir de la première fois que l'équipe de Kryeon s'y est rendue en 2000, au beau milieu de bouleversements sociaux. Le tourisme s'était tari et les agents de l'immigration nous avaient serré la main chaleureusement, appréciant le fait que nous étions les seuls touristes américains à avoir bravé la publicité déplorable (et les bombardements intermittents) pour nous rendre en terre d'Israël. J'avais le sentiment que si les citoyens lambda du pays réussissaient, nous aussi le pouvions.

Elan Dubro-Cohen, mon hôte, vint à ma rencontre. Il a vu le jour en Israël et c'était l'hôte parfait. D'habitude, les hôtes des stages de Kryeon sont originaires de la région. Elan, graphiste de métier, avait également conçu la plupart des couvertures pour les livres de Kryeon en hébreu. Voilà pourquoi, il était non seulement mon hôte, mais aussi un artiste magnifique qui connaissait parfaitement l'énergie de Kryeon.

Peggy Phoenix Dubro compte parmi les membres permanents de l'équipe Kryeon. Elle offre un travail de guérison et d'équilibrage profond pour notre planète, un travail qui a commencé à peu près à la même époque que le mien, en 1989. Peggy est une chercheuse spirituelle et, en 1989, elle avait déjà fait l'essai de plusieurs des méthodes spirituelles prévalant sur terre. C'est alors qu'elle se mit à recevoir des messages sur ce qui allait devenir la Technique d'harmonisation EMF, ainsi qu'un autre enseignement profond désigné Treillis cosmique. (En effet, elle l'a reçu par *channeling*.) Ces processus pénétrants, comportant désormais des niveaux avancés, sont pratiqués dans plus de cinquante pays dans le monde et continuent de se propager. J'ai eu la chance qu'elle se joigne à moi en Israël ; la présence de sa famille fut, eh bien, une synchronicité parfaite. Elan est tombé amoureux de sa fille ! (Lancez les violons ici…)

Dix ans plus tard, nous retrouvons Elan, qui s'est établi à Sedona, en Arizona, avec Shana, sa ravissante épouse, et leur fille, Adiva. Il a obtenu la nationalité américaine. Elan est un élément vital du travail EMF international et l'hôte actuel du vaisseau amiral américain des rencontres Kryeon : la conférence estivale de la lumière à Sedona, en juin de chaque année.

C'est Elan que j'ai consulté pour me seconder en ce qui a trait à l'hébreu et c'est lui qui a conçu la couverture de cet ouvrage. J'avais donc sous la main un locuteur natif. N'importe qui pouvait contredire l'orthographe hébraïque actuelle, mais il devait désormais s'adresser à un compatriote israélite. L'hébreu est sa langue maternelle; il la parle depuis toujours. Israélien de naissance et locuteur de l'hébreu, Elan se trouvait justement en Arizona; il me suffisait de lui téléphoner. J'ai ainsi entamé mon apprentissage.

Elan plongea à fond dans ce sujet. À dire vrai, il a lui-même reçu quelques «téléchargements» lorsqu'il a aperçu les noms que Kryeon m'avait transmis. Avant même d'avoir terminé de recevoir les douze noms par canalisation, Elan dessinait de magnifiques illustrations représentant l'énergie de chaque couche. C'était parfait (j'en ai encore le frisson), car c'était un locuteur hébreu qui saisissait, même avant moi, la profondeur des noms hébreux et ce que ces derniers représentaient pour lui et pour sa culture.

Au fil des pages de ce livre, vous trouverez les représentations de chacune des couches d'ADN de la main d'Elan. Si vous les appréciez, vous pourrez vous les procurer, car elles ont été reproduites en une série d'affiches. Vous trouverez de plus amples renseignements à ce sujet dans la section en couleurs des dernières pages de cet ouvrage. Je n'aurais jamais espéré que ce livre ait une telle présentation artistique. Mais la vie est remplie de surprises pour moi, et c'en fut une.

**Le sens des illustrations** (pages 335 à 346)

Étant donné que la rédaction de ce livre a été amorcée il y a quelques années, en attendant l'énergie de la transmission (de toute évidence en 2010), les illustrations sont disponibles depuis quelque temps déjà. On m'a demandé ce qu'il faut en faire, si elles servent de propulseurs pour quelque chose, si elles ont un pouvoir.

Ma réponse : considérez-les comme des représentations tridimensionnelles de l'état de maître en vous. Comme le reflet de ce qui vous habite intérieurement. Contemplez-les et souriez. Possèdent-elles un pouvoir ? Permettez-moi de vous demander ceci : une photo de votre enfant possède-t-elle un pouvoir ? Ces illustrations ont en fait le pouvoir que vous leur accordez, suivant votre propre situation et votre propre degré d'illumination quant à ce qui a un sens pour vous.

Il s'agit simplement d'un magnifique rappel de l'être que vous êtes et de l'enseignement contenu dans ce livre. Ne vénérez pas ces illustrations, ne les érigez pas en un autel et ne les portez pas sur vous dans l'espoir qu'elles exercent un effet magique. Étrangement, certains parmi vous le font déjà ! En vérité, si elles vous procurent certaines impressions, c'est qu'elles vous apportent un merveilleux souvenir. Souriez et contentez-vous d'apprécier ces œuvres d'art.

Pour ce qui est de l'hébreu, c'est plus difficile que prévu ! Ma culture est celle de la Californie du Sud ; ce son de chat étranglé est particulièrement difficile pour moi ! Bon, très bien, si vous parlez l'hébreu, calmez-vous. Cette remarque était inappropriée, mais c'est mon style. Elle reste donc. Rions tant que nous le pouvons de nos faiblesses – et les miennes sont évidentes. J'étais incapable d'apprécier cette langue archaïque exquise et complexe qui comportait des sons dont j'aimais à me moquer. Ne m'écrivez pas. Vos lettres finissent toutes sous forme d'avions en papier dans mon foyer.

À mesure que les couches d'ADN étaient transmises par Kryeon, nous les avons téléchargées sur notre site Web. Elles y sont toujours ; vous pouvez les voir et les entendre sur www.kryon.com/DNA.

Nous avons aussi enregistré Elan prononçant chaque nom, puis téléchargé ces prononciations sur le site Internet afin de les entendre de la bouche d'un Israélien et d'avoir un guide de prononciation pour chacune.

Au cours du processus d'apprentissage de quelques-unes de ces œuvres, Elan m'informa toutefois que nous allions recevoir des lettres à propos des noms, de leur signification et de leur prononciation. Il avait tout à fait raison. Plutôt pointilleux, les locuteurs hébreux semblent avoir des opinions arrêtées sur cette langue archaïque. Il y eut une foule d'opinions. Vous en avez peut-être une aussi ? Vous n'êtes pas d'accord sur la prononciation ou sur notre approche ? Eh bien, vous pouvez faire parvenir un courriel à Elan (*sourire*). Parlez hébreu avec lui (*sourire qui s'élargit*). Son adresse courriel est au dos du livre.

### À l'intention des lecteurs hébreux

Kryeon a choisi les noms hébreux en raison de leur résonance étroite avec la couche d'énergie en soi et non pas de leur sens littéral, bien que l'on puisse parfois déceler aussi des similitudes. Kryeon a été incité à choisir des noms hébreux pour représenter les couches d'ADN afin de rendre hommage à l'énergie élémentaire de la Terre.

Je fus mis à l'épreuve en juin 2007, lorsque j'ai présenté les douze couches d'ADN lors de notre conférence estivale de la lumière au mont Shasta, en Californie. J'ai dû prononcer chaque nom, et Elan le répétait. Au cours de cette rencontre, les participants comparèrent immédiatement ma prononciation apprise avec celle d'un natif. Mes amis déclarèrent que tout s'était bien passé; cependant, ce sont mes amis et ils ne parlent pas un mot d'hébreu. Les locuteurs hébreux dans l'auditoire se montrèrent également tolérants; ils qualifièrent ma tentative d'« intéressante » et d'autres épithètes qui signifiaient plutôt « Tu devrais éviter ».

**Sommaire**

Pour entreprendre l'étude des chapitres qui décrivent les couches, vous connaissez désormais l'origine des mots, la raison du choix de la langue et l'endroit où entendre leur prononciation juste. Vous savez également que les sens traduits ne correspondent pas forcément aux sens accordés par Kryeon et presque jamais aux significations de Hurtak. C'est tout à fait approprié, puisque le thème est l'ADN et non l'hébreu. Maintenant, passons à l'ADN.

*Les onze couches sont multidimensionnelles.*
*Dans la conception de Kryeon,*
*92 % de l'ADN modifie tout le reste.*

CHAPITRE 3

# L'ADN sous un jour nouveau

*Lee Carroll*

Cette brève présentation ne se veut pas très scientifique. À dire vrai, elle s'adresse surtout à ceux qui, comme moi, n'ont pas de formation en chimie, n'ont pas réussi leur cours de biologie, et ont besoin d'un manuel « pour les nuls » pour accéder aux nouvelles mathématiques... Aux anciennes mathématiques aussi, je l'admets.

L'ADN demeure un mystère obscur pour la plupart d'entre nous. Nous en avons une vague compréhension, sans connaître vraiment sa complexité ou son fonctionnement. Examinons donc quelques éléments ahurissants que vous connaissez peut-être déjà – d'abord, ce que l'on enseigne à l'école, puis ce que l'on n'enseigne pas.

L'ADN (acide désoxyribonucléique) est le schème central pour l'être humain. Les composantes de l'ADN sont appelées bases azotées; elles comptent quatre types différents. C'est la séquence des bases azotées qui forme le code génétique. Au sein de la célèbre double hélice, les bases azotées s'accouplent en torsades pour former une spirale. Le code génétique humain est d'une longueur d'environ trois milliards de paires de bases et se répète près de cent trillions de fois dans l'organisme humain. Il comporte approximativement 23 000 gènes (selon le dernier compte) représentant les propensions de notre individualité. Cela comprend tout ce que la nature nous lègue ainsi que ce qui vient de nos parents et de leurs parents à eux. Un gène est l'unité héréditaire dans un organisme vivant. Il dicte la couleur des yeux, la manière de construire un rein, les prédispositions à certaines maladies plus tard dans la vie, par exemple l'Alzheimer. L'hérédité ne relève pas que des traits de vos parents, mais aussi des caractères généraux d'un être humain. On peut dire que les gènes sont porteurs de tout ce que nous sommes en tant qu'individus, avec des spécificités uniques provenant de nos parents. Vous avez peut-être entendu parler de l'ARN (l'acide ribonucléique). Elle fait partie du processus de transcription, lequel constitue le début de la ligne de production de la création et de l'organisation d'une protéine. L'ADN constitue pour sa part la série d'instructions ; voilà ce que je souhaite aborder.

Suivez-moi de près ici. Cette molécule en double hélice infiniment petite n'est visible que grâce à un microscope électronique de haute puissance. La double hélice est un système chimique qui représente trois milliards de parties ! Pouvez-vous imaginer à quel point celles-ci sont minuscules ? La forme véritable de l'ADN a été donnée en 1953 par Watson et Crick (une équipe américaine britannique) en Angleterre. Faisons ici une brève digression pour féliciter Rosalind Franklin, une spécialiste de la diffraction des rayons X à l'Université de Cambridge. Pour lui rendre justice, ajoutons qu'elle travaillait également sur les mêmes problèmes que Watson et Crick. On révéla donc à Watson, de manière inappropriée et secrète, une radiographie très révélatrice du travail de Rosalind Franklin, et il se figura instantanément la forme de l'ADN. Évitant de mentionner la contribution de cette femme, les deux hommes s'attribuèrent tout le mérite de la découverte. Le nom de cette spécialiste fut dès lors rarement associé à la découverte de l'ADN, et celle-ci décéda d'un cancer en 1958. Il n'existe que peu de défenseurs de sa contribution. Je souhaite malgré tout être l'un d'eux. Et désormais, vous savez aussi.

Il fallut encore quarante-trois ans, jusqu'en février 2001, pour que la science cartographie complètement la molécule d'ADN. L'histoire est amusante et ferait un excellent scénario. Le gouvernement conçut le Projet génome humain et se mit à définir la chimie de l'ADN en 1990. Il traita les choses de la façon bien propre aux gouvernements (*sourire*). Entre-temps, l'entrepreneur et biologiste J. Craig Venter eut une meilleure idée ; il lança son projet en 1998 en faisant appel à une méthode très peu orthodoxe, celle du séquençage d'ADN génomique global. Les deux projets annoncèrent simultanément leurs résultats, ce qui signifie que Venter devança la méthode gouvernementale de huit ans.

Le véritable travail débuta alors, car la cartographie génétique ne révélait que la chimie de base de l'ADN. On peut l'apparenter à des lettres dans un livre gigantesque. Les scientifiques connaissaient désormais chaque lettre, mais ignoraient de quelle langue il s'agissait. Ils devaient la déchiffrer pour obtenir l'ensemble du tableau, qui leur donnerait à son tour des indices sur les mots du livre et l'endroit où les gènes se situaient. Ils s'aperçurent ainsi qu'ils se heurtaient à une tâche inattendue. Ils se mirent donc à établir des comparaisons avec l'enseignement dans le présent ouvrage, car les meilleures méthodes scientifiques et les ordinateurs les plus puissants éprouvaient des difficultés à déterminer les codes qu'ils recherchaient au sein de la structure chimique du génome humain.

Nous réfléchissons en trois dimensions – c'est plus fort que nous. C'est notre réalité, et nous ne pouvons nous attendre à nous en délivrer. Pourtant, elle nous empêche souvent d'apercevoir un tableau plus global. La science affirme désormais que notre univers et tout ce qui existe sont multidimensionnels. Il faudra donc tôt ou tard inventer une mathématique qui soit à la hauteur de cette assertion, ainsi que de nouvelles lois physiques et une pensée plus développée. Pour le moment, les scientifiques postulaient une théorie très ambitieuse : le génome humain est linéaire et l'entière structure génétique d'un être humain englobe les trois milliards de «lettres» de l'ADN. Cette théorie était toutefois erronée. J'inclus quatre canalisations dans cet ouvrage parce qu'elles sont tout à fait pertinentes à notre propos, et l'une d'elles comporte l'explication de Kryeon sur l'a priori tridimensionnel de la science. Bien que ces communications ne portent pas spécifiquement sur l'ADN, je crois qu'elles vous plairont. (Pages 247, 259, 279, 299 et suivantes)

Mais revenons à notre sujet. Contre toute logique, les scientifiques ne parvinrent pas à découvrir les codes qui étaient là, ils le savaient indubitablement. En quête de la symétrie qui caractérise tout langage, ils firent appel aux meilleurs ordinateurs pour la cryptanalyse. Un jour, ils réussirent. Certainement sidérés, ils avaient abouti à une énigme biologique jamais vue.

Parmi toutes les lettres, au sein de la chimie complexe du génome humain, environ 4 % seulement possédaient un code !

Seul l'ADN codant les protéines portait un code évident lors du marquage des gènes, et lorsque ce code était présent, il était vraiment flagrant. C'était à tel point tridimensionnel, que l'on repérait des marqueurs «démarrage» et «arrêt» pour les séquences de gènes ! À l'instar des codes informatiques actuels, la chimie imitait ce que nous attendions, mais seule une petite fraction du génome humain contribuait à la production des 23 000 gènes dans le corps. Le reste semblait ne servir à rien du tout.

Permettez-moi d'illustrer par ce qui suit la frustration des scientifiques. Une soucoupe volante apparaît dans le ciel ; elle se livre à des prodiges – elle plane, annule la gravité et fait tout ce que l'on attend d'une soucoupe volante –, puis elle atterrit et reste là. En nous approchant, nous constatons qu'il n'y a personne à l'intérieur. Un robot doit avoir exécuté l'atterrissage. Soudain, le devant de la soucoupe se soulève et convie nos scientifiques les plus illustres à venir examiner son fonctionnement. Nous voilà débordants d'enthousiasme, dans l'espoir de secrets à dévoiler. De nouvelles lois physiques sont sur le point d'être découvertes ! Nous nous penchons alors sur le moteur et, à notre stupéfaction, le compartiment est rempli d'un assemblage complexe de matériel d'emballage. Tout est étroitement lié ; certains éléments vont jusqu'à bouger, mais ne font rien. Il n'y a pas de système repérable, et tout cela ressemble à la mousse d'emballage que contiennent les colis. Nous fouillons, encore et encore, jetant ici et là les boules de mousse, et soudain un minuscule élément apparaît, luisant et relié à des fils qui ne mènent apparemment nulle part ; c'est pourtant le cœur même du moteur.

Le dispositif tient dans la paume de la main, et pourtant il contrôle tout ! Nous nous mettons à expérimenter. Surprise ! Si on retire le matériel d'emballage, la soucoupe ne vole plus. Si on le replace, elle s'envole ! Ce matériel d'emballage fortuit ne fait pourtant rien, n'est-ce pas ? Comment est-il possible que du matériel d'emballage fasse quoi que ce soit ? Le présupposé est évident : nous attendions un moteur – reluisant, relié par des fils, linéaire, complet dans sa structure –, et nous l'avons trouvé. Nous avons immédiatement rejeté ce que nous imaginions être du matériel servant au rembourrage et à l'emballage. Voyez-vous le présupposé ici, et la métaphore ?

C'est désormais une blague. L'ADN se composait de trois milliards de constituants, dont la plupart n'avaient aucune fonction ! Seuls 4 % accomplissaient tout le travail. C'était insensé. Fait notoire, la nature est totalement efficace. En observant l'évolution des créatures vivantes, même au cours de notre propre existence, nous constatons cette efficacité. Si des poissons se retrouvent captifs dans une grotte souterraine, au bout d'environ dix ans, ils auront perdu leurs yeux. La nature se déleste de ce dont elle n'a pas besoin ; le fait est évident tout autour de nous. Pourtant, il semblerait que notre ADN comporte 96 % de « camelote » [ADN muet en français ; en anglais, *junk DNA* signifie camelote génétique (NDT)]. Nous occupons censément le sommet de la chaîne évolutionnaire – et nous sommes composés de 96 % de camelote ? Voilà qui va à l'encontre des lois de la nature. Et malgré tout, c'était là. Par conséquent, les portions de protéines non codées de l'ADN furent désignées « camelote » [ADN muet], même par certains de nos plus illustres esprits scientifiques. Les composantes de protéines non codées étaient aléatoires ; elles n'avaient aucune symétrie, ni raison d'être ni utilité quelconque.

### Les penseurs non tridimensionnels font leur entrée en scène

Vous abordez la soucoupe volante avec une nouvelle optique. Le matériel d'emballage qui semblait aléatoire n'est pas du tout un moteur. C'est peut-être une carte géographique. Après tout, le vaisseau doit connaître sa destination. Vous songez alors qu'il s'agit peut-être d'un type différent de carte. Se pourrait-il que dans un état quantique, le vaisseau nécessite une carte quantique ? À quoi ressemblerait-elle ? Ce serait un dispositif qui l'aiderait à exister dans la linéarité et qui fournirait des instructions au minuscule élément luisant dans le moteur qui lui permet de gouverner le vaisseau en trois dimensions.

Dans cet exemple, nous savons que le vaisseau est doué de propriétés multidimensionnelles, car il peut contrôler sa masse. Grâce à la physique quantique, nous savons aussi qu'en passant dans une sphère multidimensionnelle, le temps et la distance tels que nous les percevons cessent d'exister. Ces principes sont alors remplacés par des potentiels et une entière série non linéaire et déroutante de « règles événementielles » qui n'ont que peu de sens en trois dimensions. Voilà pourquoi cet étrange matériel d'emballage aléatoire ne l'est pas du tout ; il a cette apparence seulement pour une créature tridimensionnelle – pour vous, pour moi et pour nos scientifiques. Il est nécessaire exactement là où il se trouve, afin de positionner le minuscule élément du moteur qui fait bouger le vaisseau. Ce matériel d'emballage est en quelque sorte l'agent de modification du moteur, et il en faut une bonne quantité puisque ce dernier requiert une foule d'instructions pour évoluer dans la sphère multidimensionnelle.

Depuis des années, nous employons l'expression «ADN muet» [ADN camelote ou camelote génétique, littéralement (NDT)]. Toutefois, nous nous sommes mis à penser autrement. Et si, supposa-t-on, il n'y avait pas de code dans cette camelote parce qu'il est superflu? Et si les 96% de l'ADN étaient constitués de règles quantiques non linéaires qui dirigent les parties codées? Voilà un concept novateur et controversé, mais qui sort pour le moins des cadres établis d'une logique tridimensionnelle circonscrite.

Voici un compte-rendu de l'UCSD [l'Université de Californie à San Diego] datant du 13 juillet 2007, rapporté par CBS News :

> *«Le prétendu ADN muet [ADN camelote] – les 96% du génome humain qui, apparemment, n'ont aucune raison d'être – jouerait un rôle plus important que le suggère son nom, selon les scientifiques américains. Une collaboration internationale de scientifiques a découvert qu'une part de l'ADN muet pourrait servir à tracer des limites qui permettent d'organiser correctement les 4% restants. "Une part de l'ADN muet pourrait être considérée comme des signes de ponctuation, des points et des virgules qui permettent de donner un sens aux portions codées du génome", affirme la coauteure Victoria Lunyak, une chercheuse adjointe à l'UCSD.»*

À mon sens, nous observons un aspect multidimensionnel de notre biologie qui est de toute évidence gigantesque. Et si 96% de notre ADN constituait une série d'instructions en apparence fortuites à l'intention des 4%? Un signe de ponctuation ressemblerait-il à une lettre de l'alphabet ? Non. Alors, qu'est-ce que c'est ? Est-il symétrique ? Épelle-t-il quelque chose ? Non. Les signes de ponctuation dans les langues humaines semblent aléatoires. Si, par exemple, vous lisez cette page sans en connaître la langue ni ses règles, les signes de ponctuation paraîtront n'avoir aucune valeur sémantique. Ils ne seront pas symétriques. Et si vous passiez cette page dans un superordinateur, celui-ci identifierait tôt ou tard les mots et leur signification, mais pas les signes de ponctuation.

Réfléchissez. Le moteur que nous recherchions dans la soucoupe volante s'y trouvait, comme prévu. Les 4 % des composantes de protéines codées sont le moteur reluisant. La camelote, ce sont les 96 % de ce qui ressemble à du matériel d'emballage. Nous soupçonnons qu'il se passe quelque chose de totalement différent, où les 96 % pourraient en effet constituer un modèle multidimensionnel de concepteur et les 4 % ne seraient que le moteur obéissant au concepteur.

Le ratio n'est-il pas intéressant ? Lorsque nous aborderons l'enseignement ésotérique de Kryeon plus loin dans ce livre, vous comprendrez immédiatement que dans cet enseignement 8 % seulement de l'ADN est tridimensionnel (première couche).

Les onze autres couches sont multidimensionnelles. Dans la conception de Kryeon, 92 % de l'ADN modifie tout le reste. À propos, dans la conception de Kryeon, tout est en base 12 (*sourire*).

On reconnaît peut-être peu à peu le fait que l'ADN fonctionne très différemment de ce que nous attendions, et suivant une complexité beaucoup plus vaste qu'un simple code lisible par la chimie. Si vous comprenez ce que dit Kryeon sur les onze autres couches, vous entreverrez ce qui réside vraiment dans cette camelote. Et vous rigolerez de notre tendance tridimensionnelle innée.

*Les énergies de la conspiration*
*sont beaucoup plus faciles à manifester*
*que celles incitant à regarder en nous-mêmes*
*pour découvrir la vérité.*

CHAPITRE 4

# Ce à quoi personne ne songe

## *Lee Carroll*

Les récentes découvertes mettent en lumière la communication génétique et jouent en partie sur des domaines que j'enseigne. Un des principes découverts récemment veut que l'ADN soit une boucle, pas un brin. Cela implique que l'ADN peut être traversé par un courant et qu'il est doué d'un champ magnétique propre. En 2008, un scientifique m'a confié que son laboratoire venait de prouver cela. Soudain, nous voilà avec une représentation d'un ADN nanti de son champ magnétique, si ce chercheur avait vu juste.

Ce même scientifique m'a fait une confidence que je n'oublierai jamais : « Watson et Crick ont sérieusement nui à l'humanité lorsqu'ils ont représenté la double hélice comme ils l'ont fait. » J'étais interloqué ! Qu'est-ce que cela signifiait ? Il précisa que tout le monde croit que la biologie humaine est parsemée de trillions de petites « échelles » flottant dans la structure moléculaire – des échelles rectilignes, comme le montraient les représentations de l'ADN fournies par Watson et Crick.

En vérité, la double hélice est un schéma chimique, pas une image de l'ADN. « Vous voulez dire qu'il ne s'agit pas d'une échelle ou d'une double hélice ? » Non, ce n'est pas ce que je veux dire. Ce que m'a dévoilé ce chercheur complète désormais cette énigme de la métaphysique et de la science traditionnelle auxquelles peu de gens réfléchissent; il me révéla que, selon ses recherches, l'ADN s'assemble de manière complexe.

Il s'agit d'une double hélice, mais aussi d'échelles entourant d'autres échelles qui, elles-mêmes, en entourent d'autres.

Il existe un phénomène électrique nommé inductance, soit le chevauchement de deux champs magnétiques. Dans ce champ amalgamé résident la magie d'une communication spéciale et d'autres propriétés électriques dont nous nous servons tous les jours. L'inductance produit l'amplification du voltage nécessaire pour déclencher les rapports dans le noyau des transformateurs. Elle permet la communication de signaux dans les champs magnétiques en l'absence de fils et sans l'apport de bruits ou d'anomalies. Et l'un des emplois les plus fréquents et importants de l'inductance est la production de petits transformateurs (générant des champs magnétiques) qui permettent la transmission de signaux sur des kilomètres de cablages sans bruit et sans perte. Au mieux, le phénomène est magnétique, et nous nous en servons sans cesse, notamment dans l'industrie des communications.

En définitive, si l'ADN possédait un champ magnétique et si son état naturel était de s'entremêler de manière non linéaire à d'autres ADN, cela éluciderait une question à laquelle nous ne songeons presque jamais, à savoir : comment des trillions de molécules d'ADN communiquent-elles pour former la conscience d'un corps humain unique? Avez-vous jamais entendu cette question à l'école? La réponse est peut-être tout simplement : l'inductance.

À l'école, on nous apprend que cela « fait simplement partie du système de l'organisme humain », mais on n'aborde jamais la communication en soi.

Néanmoins, grâce à l'hypothèse d'un ADN magnétique et à l'idée qu'à 96 %, l'ADN puissent constituer des séries d'instructions multidimensionnelles, on peut penser que les propriétés magnétiques de l'ADN permettent une communication à un degré inconcevable. Après tout, chaque molécule connaît le «plan» de qui vous êtes et de plus les molécules discutent toutes entre elles. Il le faut bien.

### La naissance – la question secrète que peu de gens posent

Deux enfants sont issus de mêmes parents. L'un de ces enfants est un musicien virtuose, alors que l'autre chante complètement faux. L'un a confiance en lui, mais l'autre a peur de son ombre. Ils ont chacun des phobies et des peurs différentes, mais la même couleur d'yeux et de peau que les parents. Ce scénario se reproduit des millions de fois chaque année, et personne ne s'interroge jamais, ne cherche à savoir ce qui est en jeu ici.

La science prétend que nous naissons nantis de certains traits provenant de nos parents. Je suis de cet avis. Mais qu'en est-il du reste ? D'où proviennent le talent ou la peur lorsqu'ils ne sont pas transmis par l'un ou l'autre des parents ? Pourquoi un enfant peut-il saisir le fonctionnement d'à peu près n'importe quoi, tandis que l'autre aspire à devenir peintre ?

Une naissance après l'autre, l'on constate un système qui met clairement en lumière le fait qu'il y a davantage à l'œuvre que la contribution des parents biologiques dans la formation d'un enfant.

Les psychologues affirment que le cerveau présente une diversité sidérante qui éveille les potentiels de l'humain à sa naissance. Selon Kryeon, il existe un système : à la naissance, ce qui suit est imprimé dans notre ADN.

1. **L'hérédité de la biologie de nos parents.** Outre la couleur des yeux, des cheveux, les dimensions corporelles et les traits du visage, nous portons en nous certains talents (ou une absence de talents). C'est la chimie tridimensionnelle au sein de la double hélice ; elle représente les

constituants qui transmettent les traits de nos parents et de leurs parents.

2. **Les empreintes karmiques.** Voilà ce que nous enseignaient les religions de naguère : les affaires non achevées sont transportées depuis la vie antérieure immédiate. Ces empreintes sont positives ou négatives. Avez-vous entendu parler, par exemple, de l'enfant qui peint tel un maître ou qui joue du violon à l'âge de trois ans ? D'où cela lui vient-il ? C'est une continuation de la dernière existence. Les empreintes karmiques peuvent également être porteuses de l'individu qui est furieux contre le monde entier ou déprimé jour et nuit. Cet individu poursuit un processus sur lequel il travaille depuis plusieurs vies – retrouver un sentiment de valeur personnelle et une paix intérieure. Faut-il mentionner la culpabilité ? Dans certaines cultures, c'est un sentiment qui habite tous les enfants ; il est d'ordre karmique, pas chimique. Ce sont des informations, non de la chimie.
3. **Des empreintes astrologiques.** Cette contribution est tout à fait évidente. C'est l'instantané de la configuration du système solaire à la naissance. L'astrologie est la science la plus ancienne sur terre ; elle est sans doute reliée aux empreintes gravitationnelles et magnétiques constituant le schéma multidimensionnel du Soleil. La formidable attraction et l'influence des planètes donnent lieu à ce schéma dans le noyau du Soleil, un schéma qui est ensuite transmis chaque instant à la Terre, par inductance avec le vent solaire (l'héliosphère). On peut constater le point où l'inductance survient en observant les aurores boréales, là où l'héliosphère se mêle au champ magnétique de la Terre (il y a de véritables étincelles !). Ainsi, l'empreinte quantique du Soleil s'inscrit dans la grille magnétique de la planète, laquelle s'entremêle aux énergies magnétiques de notre ADN et inscrit un schéma dans une portion de notre ADN à la naissance (encore

une fois, par inductance). Si vous ne parvenez pas à suivre cette explication, ne vous en faites pas. Elle n'est pas importante dans le cadre de ce livre. Pour ceux qui ont suivi toutefois, c'est la seule explication potentiellement scientifique de l'astrologie jamais publiée.

Nombreux sont ceux qui ne croient pas à l'astrologie, mais ils sont les premiers à reconnaître la démence causée par la pleine lune. Ces nuits-là, les policiers doivent faire des heures supplémentaires et les hôpitaux doivent s'adapter. Il s'agit de la force des objets planétaires et de leurs effets sur les Terriens. Personne n'y prête trop attention. Il est plus facile de nier ce phénomène et d'en faire fi que de vraiment le comprendre et d'admettre que quelque chose se passe vraiment. Une compréhension plus précise des forces multidimensionnelles pourrait l'élucider. Je prédis que ce phénomène quantique se produira un jour et sera reconnu. Il le faudra bien. Et si vous en doutez, songez aux sommes dépensées pour construire le grand accélérateur de particules hadrons, à Genève. On cherche ainsi à établir la preuve de l'existence des principes multidimensionnels et à admettre celle de nouvelles forces autres que les forces postulées par la physique d'Einstein et d'Euclide : la matière invisible.

4. **Les annales akashiques complètes de l'ensemble de vos incarnations sur cette planète.** C'est probablement l'empreinte la plus profonde de toutes, puisqu'elle porte les résidus de votre identité antérieure et qu'elle opère avec les éléments karmiques d'énergie mentionnés plus haut. Kryeon soutient que les caractéristiques de ces vies antérieures sont accessibles dès maintenant; c'est la raison de leur présence. Il nous incite à exploiter le gisement que sont les annales akashiques – à découvrir ce qui réside au sein de l'historique de notre ADN et à nous en servir.
5. **Le caractère sacré de Dieu tel que le représente votre Soi supérieur** – une énergie accordée à l'humanité par les

Pléiadiens il y a environ 100 000 ans. Voilà le sujet de la prochaine section de ce chapitre, les passages les plus ésotériques et controversés contenus dans ce livre.

Examinez maintenant ce que vous venez de lire. Seul l'élément numéro un est linéaire et observable au microscope. Tout le reste constitue la « carte géographique » qui déterminera votre individualité et qui est représentée par les énergies multidimensionnelles, dont la science admet peu à peu l'existence.

## La connexion pléiadienne : vraiment étrange

La métaphysique comporte des prémisses vraiment saisissantes et difficiles à admettre. C'est vrai notamment si vous n'êtes pas familiarisé avec celle-ci. Ceux qui la connaissent depuis longtemps ne bronchent pas. Quelques-unes des prémisses sur la naissance de l'humanité sont passablement incroyables, car aucune donnée scientifique ne vient les corroborer.

Au chapitre 14, je présente un *channeling* intitulé « L'histoire de l'ADN et du genre humain ». Si vous arrivez jusque-là, alors l'ensemble de l'information de ce chapitre vous aura déjà été dévoilé. Mais je souhaitais que vous l'appreniez directement de Kryeon, et de cet article personnel, pour avoir ainsi une idée plus claire de ce que Kryeon a divulgué.

Ce que je présente ci-dessous n'a que peu ou pas de fondements scientifiques, mais plus d'un milliard de personnes sur terre admettent sans ciller l'allégorie d'Adam et Ève. Ce mythe est, il va sans dire, encore moins démontré scientifiquement, mais il passe très bien puisqu'il appartient à la mythologie primaire de la Bible (rédigée de main humaine, ne l'oubliez pas). Il est intéressant de constater que nous livrons des combats au nom de ces légendes auxquelles nous accordons une foi aveugle. Permettez donc à quelqu'un comme moi d'élucider une autre trame d'événements que les individus qui adhèrent à divers cadres religieux pourraient trouver complètement incroyable. Ces gens frapperont la table du poing en hurlant : « Ça va pas la tête ? La Bible explique très clairement ce qui s'est passé ! » Je réfléchis à cette assertion sans tenter de m'y opposer. (Mon système de croyances n'est pas évangélique, et il admet toute réflexion spirituelle.) Intérieurement toutefois, je voudrais tellement répondre : « Bon, d'accord, gardez votre histoire de serpent. Désolé, je ne sais pas ce qui m'a pris. »

Les théories sur l'évolution changent constamment. Jadis, nous estimions que le Grand Canyon avait pris des millions d'années à se former. Aujourd'hui, nous en doutons. Il n'a peut-être fallu que quelques siècles. La géologie se transforme rapidement, et plusieurs thèses anthropologiques sont par le fait même remises en cause. Il faut le dire – voici une chose à laquelle personne ne songe jamais :

Il n'y a qu'un seul type d'humain sur la Terre.

« Quoi ? » s'exclameront certains. « Il y a plutôt plusieurs types ! » Pas vraiment. Les humains viennent en plusieurs couleurs ou proportions, mais un seul type prévaut. Êtes-vous allé au zoo dernièrement pour observer les autres mammifères ? Ceux qui nous ressemblent ? Apparemment, il y a des dizaines d'espèces de singes – de proportions, de couleurs de la fourrure, de formes, avec ou sans queue, etc. Parmi toutes les races animales sur la planète, il existe diverses espèces, mais les humains n'appartiennent qu'à un type unique – celui que vous apercevez dans votre miroir.

Personne ne réfléchit jamais à ce fait, puisque c'est habituel au point d'être loin des yeux et loin de la pensée. Mais cette affirmation va à l'encontre de toute la théorie de l'évolution terrestre. Songez-y bien. Pourquoi n'y a-t-il qu'un seul type d'humains alors que l'évolution engendre naturellement la diversité ? Les animaux témoignent de ce principe et malgré tout, nous contredisons complètement ce moule évolutionnaire. Comment est-ce possible ?

Kryeon a apporté la réponse à maintes reprises. Vers 1990, il a commencé à nous expliquer l'ensemencement de l'ADN humain avec des traits spirituels provenant de loin. C'est l'histoire de la connexion pléiadienne et des débuts de la Lémurie. Kryeon a déclaré : « Si vous cherchez des humains à votre image, ne remontez pas plus loin que 100 000 ans en arrière. »

Les anthropologues prétendent que les humains se sont développés longtemps avant cette époque. Que veut donc dire Kryeon ? Une hypothèse très controversée veut qu'il y a environ 100 000 ans, notre ADN ait été modifié par des êtres en provenance d'un autre système stellaire. (Ne refermez pas encore ce livre ! Attendez au moins la fin de cette section.)

Kryeon nous a expliqué que des êtres d'un autre monde très semblables à nous sont venus sur cette planète au fil d'une période de plusieurs années et ont littéralement interféré (et de manière appropriée) avec l'évolution naturelle de l'homme. Ils nous ont apporté les couches d'ADN que nous considérons aujourd'hui comme spirituelles. Ils ont permis à notre race tout entière de participer au plan spirituel de l'univers et ils ont fait de nous des parcelles de Dieu. Si vous affirmez une telle chose à des gens dépourvus de toute disposition métaphysique, ils s'enfuient aussitôt à toutes jambes. La légende d'Adam et Ève leur paraît beaucoup plus acceptable. La pomme, le serpent, le jardin d'Éden, le diable, l'innocence de l'être humain, tout cela est beaucoup plus crédible qu'une histoire d'extraterrestres ! (Il semble qu'un scénario impliquant le diable l'emporte toujours sur l'histoire d'extraterrestres.)

Ce récit pléiadien n'appartient pas à Kryeon. À dire vrai, il remonte à fort longtemps ; il s'est perpétué au sein d'autres civilisations, voire depuis les débuts. Mais en métaphysique, les auteurs et les canaux de transmission le transmettent depuis ma naissance. Avec celui-ci, il y a, bien sûr, ceux qui tentent de faire une tragédie de cette histoire merveilleuse – guerres entre les mondes, scénarios de prises de pouvoir sur terre et un groupe de lézardiens (*lizzies*, surnom en anglais, NDT) terrés sous notre épiderme. Je le sais, car j'ai eu l'insigne honneur d'être un *lizzie* dans un forum public. Ce fut un jour de gloire dans ma vie (*soupir*). Le phénomène est très courant dans toute forme d'ésotérisme, tant et si bien que j'hésite à passer un commentaire. C'est dans la nature humaine; nombreux sont ceux qui adorent avoir peur et s'étourdir dans le drame. Les énergies de la conspiration sont beaucoup plus faciles à manifester que celles incitant à regarder en nous-mêmes pour découvrir la vérité. Ce sont là des manières d'éviter de grandir. Cette expérience où je fus étiqueté de *lizzie* était passablement douce comparativement à la campagne de trois mois menée, il y a quinze ans, par une femme de Tucson [en Arizona], laquelle m'avait attribué le titre de «mal du siècle». Ce fut donc gentil et mignon.

## Examinons quelques synchronicités

En 1990, j'ai participé à un cercle avec Hale Makua, un aîné grand-père d'Hawaï, sur l'île de Kauai. À l'instar des Amérindiens, les Hawaïens transmettent oralement leur histoire par l'entremise des jeunes hommes de la tribu. On leur raconte encore et encore les mêmes récits dès l'instant où ils sont capables de comprendre. Les Hawaïens dépendent de cette méthode pour inculquer correctement leur histoire et s'assurer qu'elle sera transmise avec justesse. Deux raisons expliquent ce mode de transmission orale : 1. Les tribus n'étaient pas toutes alphabétisées lorsque cette tradition a vu le jour. 2. La nécessité de protéger leur histoire contre ceux qui ne sont pas autorisés à entendre cette information sacrée (ceux en qui ils n'ont pas confiance, en l'occurrence nous).

Makua était un homme moderne; il avait servi dans la marine au Vietnam. Mais il était également destiné à devenir un chef spirituel pour le peuple d'Hawaï; plusieurs se sont tournés vers lui, en raison de sa sagesse. Perpétuant la tradition, il enseigna leur histoire polynésienne à de jeunes Hawaïens. À propos, l'accent est toujours mis sur les ancêtres. Ma présence dans un cercle externe de non Hawaïens était une courtoisie de Makua ; il exprimait ainsi publiquement son souhait que d'autres, qui partageaient une affinité de conscience, prennent connaissance de ce qu'il savait. Les Hawaïens de pur lignage font face à un défi auquel sont également confrontées nombre de races indigènes : la société moderne anéantit un grand nombre de tribus. Les mariages interraciaux altèrent la pureté de la race et notre ère moderne entraîne les jeunes hommes de la tribu vers des emplois mieux rémunérés, les éloignant ainsi des régions tribales. On constate presque mondialement que plusieurs des grands-pères autochtones se mettent à s'ouvrir à un nombre croissant de non indigènes et à divulguer des secrets sacrés appartenant à leur histoire. La décision n'est pas facile pour eux, mais elle pourrait fort bien sauver les annales de leurs peuples, leurs croyances, ainsi que leurs modes de vie.

Ce chaud après-midi s'était fondu en une douce soirée ; nombre d'entre nous, dans le cercle externe de convives, continuaient d'écouter Makua. Les ancêtres du peuple hawaïen portent un grand poids sur leurs épaules. C'était la voie de Makua et l'essence de son enseignement, car il voulait que nous comprenions tous que les ancêtres étaient détenteurs d'un savoir pur et de la sagesse. Il revenait aux jeunes hommes de cerner tout cela et de le retransmettre. Makua fit ensuite une déclaration qui m'ébranla : « Les corps de nos ancêtres lémuriens sont ensevelis là, tout près. » C'était la première fois que j'entendais le nom « Lémurie » dans la bouche d'un maître hawaïen ! D'après Kryeon et d'autres historiens spirituels, ce continent est censé avoir abrité la première grande civilisation humaine, laquelle a perduré durant des millénaires, notamment en raison de son isolement. La Lémurie se situait autour et au sommet de la plus immense montagne sur terre – la plus immense non pas en altitude, mais de la base au sommet. Il s'agit d'Hawaï.

C'est une montagne qui se trouve aujourd'hui au fond de l'océan Pacifique; elle comporte plusieurs cimes émergeant à la surface; ce sont les îles d'Hawaï. Kryeon nous l'avait révélé, mais j'ignorais que cette coutume appartenait aussi au folklore polynésien.

Je souhaitais grandement découvrir les autres renseignements que détenait Makua, lesquels étaient susceptibles de concilier l'histoire indigène et notre métaphysique. Au moment opportun, je lui ai donc posé une question qui me brûlait les lèvres : « Maître, quelle est la version polynésienne de la légende d'Adam et Ève ? En d'autres mots, comment l'humanité a-t-elle vu le jour ? » La réponse de Makua me renversa; j'en ai encore des frissons aujourd'hui quand j'y repense. Il se leva et tourna son regard vers les cieux. Lorsqu'il repéra ce qu'il savait être là, il leva le bras et pointa vers la constellation des Sept Sœurs : « Les canoës sont venus de là ! » dit-il. Makua désignait les Pléiades.

Était-il possible que l'histoire ancienne d'Hawaï, telle qu'elle avait été transmise depuis la nuit des temps, corresponde à l'histoire incroyable d'extraterrestres que Kryeon m'avait révélée ? J'étais ébranlé jusqu'au fond de mon âme, car je détenais désormais la preuve tangible que les affirmations de Kryeon au sujet des Pléiadiens étaient vraies. Ces derniers ont été les maîtres de l'ajustement spirituel de notre ADN, et cela signifie qu'un jour nous ferons probablement leur rencontre.

Mon bon ami Woody Vaspra et sa partenaire, Catie, participent activement à l'instauration d'un Conseil sur la sagesse indigène à l'échelle planétaire. Il est le président et la liaison des anciens au World Council of Elders [Conseil mondial des anciens] ; le couple a fondé ensemble cette organisation. La progression a été lente, mais en cours de processus, Woody, un Hawaïen pure souche, a franchi les années qu'il faut pour être reconnu à titre d'ancien. À Hawaï, on l'appelle Kupuna (Ancien), un titre qu'il évite de s'attribuer par modestie, lorsqu'il est là-bas.

Grâce à son œuvre pour la défense des autochtones, Woody a été reconnu comme un ancien dans plusieurs autres cercles indigènes. Parmi ses entreprises, la plus notable est celle d'*Oglala* de la nation Lakota. Ce fut grâce à son adoption et à sa participation à la Danse du soleil que Woody se vit offrir le poste de chef de la Danse du soleil internationale. Seuls les anciens y ont accès. Au fil de mes conversations avec lui, j'ai compris la profondeur du récit sur les Sept Sœurs que relatent les Hawaïens, car Woody m'a confié que ces derniers ont un nom pour désigner les Pléiadiens : c'est *Makali'i*. Ils ont même établi un jour sacré pour le rituel en octobre et novembre, lorsque les Sept Sœurs sont directement au-dessus d'Hawaï. J'ai obtenu ce renseignement même après la mort de Makua. J'avais cru ma connexion aux anciens d'Hawaï perdue, mais Woody lui a redonné vie.

En novembre 1998, Kryeon a transmis que durant la période allant de 100 000 à 50 000 ans, le nombre de types d'humains s'est peu à peu réduit. Un type en particulier a bénéficié de l'ajustement d'ADN par les Pléiadiens et s'est graduellement substitué à tous les autres. C'est peut-être dû à son intelligence ou à une compréhension accrue. Il est possible que ce type unique ait réussi à mieux survivre. Personnellement, je l'ignore, et on ne me l'a jamais révélé. Néanmoins cette assertion à propos d'un type unique d'humain n'était que de l'information canalisée – jusqu'en décembre 1999, lorsque j'ai vu précisément la même hypothèse sur la couverture de *Scientific American.*

J'étais dans un aéroport quand j'ai aperçu ce magazine. Je suis presque tombé à la renverse ! La couverture du numéro de janvier 2000 illustrait divers types d'humains. Sur cette même page apparaissait le titre de l'article à l'intérieur : « Notre espèce possède au moins quinze cousins. Nous seuls avons subsisté. Pourquoi ? »

Ce fait auquel personne ne songe jamais, mais désormais ouvertement remis en cause. L'article en question évoquait les faits révélés par Kryeon. Il semble qu'à l'instar des autres espèces animales nous ayons connu un bon départ. Notre espèce présentait plusieurs variétés, certaines ayant une queue, d'autres pas, etc. Il y a environ 100 000 ans toutefois, un événement s'est produit (selon l'article) et tous les autres types ont peu à peu disparu, ne laissant que celui que nous avons aujourd'hui – vous et moi.

Il s'agit d'une confluence de synchronicités. Autrement dit, plusieurs facteurs ont joué dans la réalité tridimensionnelle dominante pour me démontrer que les affirmations de Kryeon étaient plus justes que jamais. Je n'espère pas vraiment que la science traditionnelle acquiesce à l'hypothèse pléiadienne, jusqu'au jour où nous serons visités et qu'une silhouette humanoïde très grande émergera d'un vaisseau spatial et racontera la même histoire. Même alors, un grand nombre d'individus n'y accorderont pas foi.

La synchronicité se poursuit, car ce qui suit a été rédigé pour ce livre en dernier lieu puisque quelque chose m'est arrivé – une sorte de signe de ponctuation sur le thème des Pléiadiens. J'ai été sidéré de faire cette découverte, probablement déjà connue de plusieurs, mais qui devait m'être offerte en guise de preuve, dans un site sacré au cœur du continent australien.

J'adore visiter les endroits spéciaux sur terre quand cela m'est possible. Au début des transmissions de Kryeon, je me suis rendu en Australie à trois reprises, mais je me suis contenté de visiter quelques sites dans presque chacune de ses magnifiques cités. Même en Nouvelle-Zélande, je n'ai pu apprécier vraiment ce qui s'offre aux visiteurs – l'un des plus merveilleux paysages sur terre. Ce ne fut que plus tard, au cours de mes pérégrinations, que j'ai décidé de rester un peu plus longtemps pour voir quelques-uns des lieux les plus incroyables sur terre, souvent seul, parfois avec d'autres membres de l'équipe Kryeon. Il ne s'agit pas des villes où je canalise, mais plutôt de longues excursions vers des destinations insolites à proximité des régions métropolitaines.

En mars 2010, lors d'un cinquième séjour en Australie, j'ai voulu voir la merveille sacrée qu'est Ayers Rock. Il s'agit d'un gigantesque monolithe de grès sacré, un rocher d'un orangé vif émergeant du sol au beau milieu du continent australien (une partie du territoire au nord de l'Australie centrale). Cette forme montagneuse est entourée des mêmes rocs et des mêmes terres rouges que l'on retrouve à Sedona, en Arizona. Mesurant 335 mètres de haut, le monolithe est constitué d'un morceau de grès élégamment rainuré, une curiosité géologique.

En raison de cet incroyable coloris orangé, Ayers Rock représente également un trésor pour le photographe ; on en retrouve des photos bien documentées partout dans le monde. Sis dans un lieu qui ne possède intrinsèquement presque aucune ressource, il constitue également un centre énergétique et est en quelque sorte le nombril de l'Australie. Absolument tout doit être importé depuis les régions côtières.

Autre caractéristique du site : c'est l'une des régions les plus torrides de l'intérieur australien (souvent près de 47 °C). Elle fourmille d'insectes géants (enfin, à mes yeux, ils paraissaient gigantesques) et d'essaims de mouches comme je n'en avais jamais vu. Les fourmis pullulaient, et quelques-unes étaient vraiment énormes ; il fallait faire attention de ne pas s'arrêter, car elles tentaient d'élire résidence dans le pantalon. Il y avait une foule de tumulus de termites, et la région abrite le plus grand nombre de chameaux à bosse dans le monde (je n'en ai toutefois aperçu aucun).

Néanmoins, malgré toutes ces bizarreries, l'Australie profonde est un endroit très populaire, avec de bons hôtels dotés d'excellents climatiseurs. Les sentiers sont clairement délimités, les routes sont très plates, des transports gratuits sont offerts, et les touristes bénéficient d'une assistance. Il y avait même un hôtel cinq étoiles, des piscines et tout le reste. Je devais absolument visiter cet endroit ! J'ai donc acheté les billets dès que j'ai pu obtenir un filet contre les moustiques pour mon chapeau (un chapeau typiquement australien, naturellement !). Si vous souhaitez voir les photos de cela, elles sont sur mon site Internet.

La ville est mieux connue de nos jours sous le nom d'Uluru, car le gouvernement a rendu la région tout entière aux autochtones vers la fin des années 1980. Les aborigènes et les dirigeants de l'industrie touristique ont fait des concessions mutuelles. En certains points, on respectait au maximum le caractère sacré du rocher, mais en d'autres, il était profané. Uluru possède son propre aéroport, muni d'une seule piste ; l'endroit est entouré de cette merveilleuse poussière rouge. Des vols directs de Sydney y atterrissent, mais seulement depuis 2009.

Plusieurs sites autour du roc sont extrêmement sacrés pour les anciens et sont dès lors fermés aux touristes ; ailleurs, on interdit les photos. Des vols d'hélicoptères ne sont autorisés que pour voir le roc dans son ensemble au petit matin (pour des raisons d'ensoleillement) ; l'après-midi, ils sont restreints (un compromis que doivent faire les photographes, en vertu du caractère sacré du rocher). Certaines règles interdisent même aux pilotes d'hélicoptère féminins de survoler quelques régions – encore une fois, en guise d'obéissance aux souhaits des anciens des tribus aborigènes responsables de la région qui tiennent en compte le rôle des hommes et des femmes.

Malgré tout cela, au grand chagrin des anciens, on permet quand même aux touristes de gravir ce roc sacré ! Les anciens sont responsables et demeurent près du sentier tout le jour pour des raisons qui leur appartiennent (sans doute pour décourager les escalades), mais les alpinistes persistent. Avec le temps, les choses vont peut-être changer et ceux qui apprécient l'escalade pourront gravir d'autres hauteurs dans les parages – il y a d'autres rochers similaires à quelques kilomètres.

Nous sommes donc en mars 2010 et un groupe éclectique de « Kryonites » est venu braver les mouches, les fourmis et le soleil ardent. Je voyageais avec quelques admirateurs australiens de Kryeon (dont l'un était un garde forestier consommé) et Jorge Bianchi (mon coordinateur sud-américain). Trois heures après notre départ de Sydney, nous avons atterri, et le climat était spectaculaire. Le temps était clément, il avait même plu – phénomène rarissime dans la région. Contre toute attente, tout était donc agréable et verdoyant (merci, Dieu). Malgré tout, les mouches s'accrochaient – elles tiennent un colloque par jour, semble-t-il.

J'ai souvenir d'être arrivé dans le hall de réception de l'hôtel avec notre petite troupe. Un mille-pattes gigantesque rampait, insouciant, au milieu du salon, en route vers les cuisines (pour un petit café, fort probablement). Personne ne semblait s'en préoccuper, et ce fut la première indication que les insectes régnaient en rois et que nous n'étions que des visiteurs en leur royaume. Des dizaines de papillons de nuit et de sauterelles se prélassaient un peu partout, sur les fauteuils des invités et sur les tables autour de la piscine (*soupir*). Si vous les écartiez pour vous asseoir sur l'un de ces fauteuils, ils revenaient sur vos genoux. Ce genre d'endroit existe partout sur terre, mais je préfère pour ma part les éviter. Cet hôtel deux étoiles était censé garantir un environnement exempt de bestioles, m'a-t-on assuré. J'ignore ce que signifie une seule étoile – sans doute qu'ils possèdent un édifice bien concret.

Notre première excursion, la plus longue, fut un déplacement dans une région indigène où se trouvent leurs musées et leurs boutiques, ainsi qu'une tournée guidée par un ancien de la tribu Anangu, responsable du centre culturel. Cet ancien se prénommait Sammy. Il comprenait et parlait l'anglais, en quelque sorte, mais il eut tout de même recours à un jeune interprète aborigène, car il souhaitait nous faire visiter une portion du roc dans sa langue maternelle. Il débordait d'anecdotes familiales tirées de sa longue lignée dans la région, certaines datant même des années 1800. Plusieurs de ces récits vous couperaient le souffle – certains heureux, d'autres déplorables.

Il y eut un truc curieux avec les mouches. Ai-je mentionné qu'il y en avait? Elles étaient impitoyables. Elles le savaient si vous n'aviez pas de moustiquaire, et peu importe vos tentatives pour les éloigner, elles redoublaient leur assaut, revenant en compagnie de leur parenté. C'était la semaine «contrarions le canal de transmission», et elles m'avaient repéré! Pourtant, autour de Sammy l'ancien, il n'y en avait pas une seule! Je l'observais étroitement; elles le laissaient tout simplement tranquille.

Allez savoir! J'ai aussi remarqué qu'elles ne tenaient aucun compte non plus de notre garde forestier australien. Elles croient peut-être que si vous êtes un touriste étranger, c'est beaucoup plus amusant pour elles. Hurlements, jurons, danse de Saint-Guy et courses folles pour fuir les mouches doivent plutôt les attirer. Avec les myriades incroyables qui essaimaient autour de nous, j'ai réussi à en avaler une, mais malheureusement c'était un dîner officiel à l'extérieur – nappes blanches, mets délicats, invités endimanchés (*soupir*). J'ai bu mon verre d'eau contenant la mouche gastronomique et l'ai immédiatement régurgité sur la nappe, avec un élan soudain voulant dire: «Sortez-moi cette gigantesque bestiole, vivante et se tortillant, de la bouche!» Parfois, même les *channellers* célèbres se livrent à des actes inappropriés (*double soupir*). Cela me garde à ma place. J'ai immédiatement sauté sur mes pieds, trébuché sur ma chaise, et je suis tombé dans la terre rouge (une poussière très rouge sur mon pantalon très blanc). Quelques membres de mon groupe sentirent que c'était là le clou de la soirée (*triple soupir*).

Le lendemain, je vagabondais seul aux alentours du centre culturel, mon moustiquaire bien en place. Je lisais l'histoire et savourais la mythologie entourant l'émergence du rocher lorsque Monica, notre jeune garde forestière, me fit signe de me rendre à la galerie d'art. Elle avait découvert quelque chose – une chose qui me laissa sans voix. La galerie d'art présentait des œuvres aborigènes portant sur un thème unique. Je suis entré pour les admirer. Je n'ai pas remarqué cette chose, jusqu'à ce que je me mette à lire le thème de toutes les toiles. Ces dernières décrivaient l'histoire de la création du peuple aborigène et de sa venue ici-bas. J'avais devant moi une série d'illustrations mettant en lumière l'histoire des Sept Sœurs et de leur rôle dans la création de leur humanité. Ces peintures évoquaient l'allégorie de leur venue dans la tribu, de la manière dont ils ont été chassés, et de leur échappée vers les cieux. J'en suis presque tombé à la renverse. Je me suis assis un moment pour assimiler tout cela, car chaque toile représentait les sept symboles mythologiques et le mythe de la Création que Makua m'avait raconté dans le Pacifique Nord.

Le jeune vendeur, un membre de la tribu, relata les antécédents de cette tribu tels qu'il les avait assimilés. Il s'agissait des Pléiadiens. Il m'a également confié qu'il avait lu un livre expliquant que les Grecs, les Africains et même quelques populations de l'Europe septentrionale partageaient un passé similaire. Avec l'imminence de 2012, nous découvrons aujourd'hui que les Mayas possèdent la même histoire. Les sept principaux temples de Tikal sont à l'effigie de l'énergie des Sept Sœurs.

J'étais donc là, au beau milieu de l'Australie, dans ce centre culturel rendant hommage à des tribus aborigènes qui remontaient à des dizaines de milliers d'années (selon leurs annales), et on m'expliquait les origines pléiadiennes de l'humanité.

Les noms de quelques-uns des premiers anciens de cette tribu sont sacrés au point qu'ils ne peuvent être prononcés tout haut et qu'ils demeurent ignorés même des membres de la tribu. Seraient-ils les maîtres pléiadiens originels ? C'est là mon hypothèse et peut-être même une approche romantique des événements survenus à Uluru. Plusieurs aborigènes reconnaissent toutefois qu'Uluru marqua le début de leur civilisation, avant qu'ils ne se mettent à explorer le reste du continent.

Quelles sont les chances pour que coïncident les antécédents historiques des peuples autochtones autour du monde? Ils ne se sont jamais rencontrés, ils n'avaient aucun moyen de communiquer entre eux, et malgré tout ils possédaient la même mythologie entourant la constellation des Sept Sœurs et leur mythe de la Création. Celle-ci a commencé avec des humains doués de sens, pleinement évolués et conscients, pas avec des hommes des cavernes ou des sauvages en voie d'évolution. Les mythes de la Création sont tous ainsi, même ceux du jardin d'Éden. Au début, la légende met en scène des humains qui n'ont aucune conscience, mais qui l'acquièrent peu à peu.

Quelques jours plus tard, Kryeon transmit un message très puissant à l'intention du public néo-zélandais. Il évoqua les Sept Sœurs de la Création et la naissance, à Hawaï, de la Lémurie, une civilisation qui allait devenir la plus ancienne, avoir la plus grande longévité et être la plus harmonieuse sur terre. Il décrivit des lignes temporelles colossales qui ne se fondent sur aucune preuve scientifique, mais que l'on découvrira tôt ou tard. Il nous expliqua que lorsque les eaux se mirent à monter – lors de la fonte des glaces –, plusieurs Lémuriens d'Hawaï prirent la mer et suivirent des courants qui les menèrent directement jusqu'en Nouvelle-Zélande. Il fit remarquer que si l'Australie et les aborigènes étaient beaucoup plus proches, les courants ne permettaient pas un accès facile à la Nouvelle-Zélande. Les Lémuriens devinrent donc les autochtones de cette nation du Pacifique Sud, engendrant le peuple maori de Nouvelle-Zélande.

Selon lui, les autochtones de Nouvelle-Zélande étaient polynésiens, non pas aborigènes, et bien que l'Australie abrite plus de sept cents dialectes aborigènes qui ont évolué au fil du temps, les tribus maories de Nouvelle-Zélande ne s'étaient pas disséminées à ce point et cette nation est aujourd'hui réputée pour la sagesse et le caractère harmonieux de ses indigènes. Il est également connu que leur dialecte s'apparente aux dialectes d'Hawaï.

Pour les personnes proches des enseignements ésotériques, les choses commencent à prendre tout leur sens. Néanmoins, aux yeux des universitaires qui en prennent connaissance, le fait demeure anecdotique et se rapproche de ce que faisaient les anciennes civilisations avec les étoiles et les constellations au fil du temps. Je comprends tout à fait la logique derrière tout cela et je respecte les scientifiques qui préfèrent se dissocier d'une conjecture si complètement farfelue. À mon sens, cependant, il y a ici matière à découverte pour la science. La plupart des hommes de science s'entendent pour dire que trop de coïncidences exigent qu'on s'intéresse de plus près à celles-ci.

Pour terminer tout cela en beauté, à la fin du *channeling*, une participante du stage m'a abordé. Elle paraissait avoir des origines maories, mais je n'en étais pas certain. Plusieurs familles se sont intégrées à cette lignée; le phénomène est courant en Nouvelle-Zélande. Cette femme me prit donc à part et m'offrit quelques renseignements qui démontraient qu'en effet les Maoris perpétuaient un mythe de la Création très similaire, bien que masqué par les noms de parents, le Père/Mère Ciel et leurs six enfants. Le nom *Matariki* par lequel ils désignent les Pléiadiens s'apparente de près au nom hawaïen *Makali'i*. Les Maoris ont également instauré en leur honneur une fête des récoltes au Nouvel An, fête qui se perpétue jusqu'à ce jour. Nous constatons ici une similitude entre les récits des Hawaïens, des aborigènes et des Mayas : le mythe de la Création des Sept Sœurs. Je n'étais pas étonné, mais j'ai éprouvé quelques frissons qui me confirmaient ce mythe, comme si Kryeon lui-même me chuchotait : « Voici encore ce récit pour que tu l'entendes personnellement, ici même où il s'est déroulé. »

Parmi les diverses couches (ou énergies) d'ADN se trouvent des couches lémuriennes. Vous comprendrez dès lors l'importance de ces dernières couches, car ce sont celles qui ont été introduites là, notamment pour notre lignée spirituelle, par ces frères et sœurs venus d'un autre système stellaire visible dans le ciel depuis les deux hémisphères de notre planète.

Ce fut fait délibérément, de manière appropriée et avec l'assentiment de tous. Nous sommes ceux qui ont planifié cette terre dès ses débuts, ceux qui ont peut-être appartenu il y a fort longtemps à une autre « Terre » semblable à la nôtre dans un système stellaire appelé les « Sept Sœurs ».

*L'ADN est intelligent,*
*il « sait » ce dont vous avez besoin.*

CHAPITRE 5

# L'enseignement commence

*Lee Carroll*

Les couches. Au début de ses enseignements sur l'ADN, Kryeon nous a avertis, instruits, et pratiquement implorés de ne pas rationaliser l'ADN. Nous employons le terme « couche », qui est pourtant linéaire ; il évoque un gâteau fourré, une couche par-dessus l'autre.

À ceux qui ne sont pas vraiment au courant de ce qu'est la dimensionnalité ni au fait du vocabulaire, permettez-moi d'offrir une brève explication. Une chose linéaire est semblable à une échelle ; elle se présente en une succession. Le temps linéaire est une échelle de secondes engendrant des minutes, etc. Ce temps semble filer en ligne droite. Compter est également linéaire – un nombre est inférieur, ou supérieur, au suivant. Les mathématiques sont aussi linéaires, puisqu'elles font appel aux formules logiques d'un système linéaire. En somme, la linéarité est notre état normal en trois dimensions, ce à quoi nous sommes habitués.

Nous fonctionnons moins bien en l'absence de linéarité, car les choses paraissent alors dénuées de toute logique. Pouvez-vous réfléchir dans un monde dépourvu de nombres inférieurs ou supérieurs ? Dans une existence sans horloge ? Dans un univers non linéaire et quantique, le temps tel que nous le connaissons n'existe pas. Il n'y a que le « maintenant ».

S'il vous faut absolument « linéariser » tout cela pour préserver votre santé mentale, alors représentez-vous le temps comme un cercle, non comme une ligne droite. Concevez les chiffres comme étant pêle-mêle dans un bocal, non comme une séquence sur une page. Imaginez que vous entrez dans un ascenseur et qu'au lieu de monter et de descendre, celui-ci se rend directement à votre destination et vous y dépose – sans même avoir à se déplacer.

Si le temps est un cercle, alors il n'a ni commencement ni fin. N'est-il pas intéressant que la notion d'une existence sans fin, du passage à l'au-delà sous la forme d'une âme ou d'une vie éternelle ne nous pose aucun problème, mais que nous soyons incapables de saisir qu'il n'y ait ni commencement ni fin à tout cela ? « Aucun commencement ? Tout a un début ! Que voulez-vous dire ? »

L'esprit linéaire est sous l'influence du tridimensionnel. Les choses qui vont « d'ici à l'éternité » ne lui posent aucun problème, mais il ne peut accepter ce qui pourrait avoir existé à jamais dans l'autre sens – vers le passé. Kryeon a affirmé que nous sommes éternels dans les deux sens sur la voie du temps linéaire – nous avons toujours été et nous serons toujours.

Selon les statistiques, plus de 85 % des humains adhèrent à un système de croyances qui admet essentiellement une vie après la vie. Seul un petit pourcentage croit en « l'avant-vie ». Voyez-vous l'a priori ici ? À la naissance, votre âme surgit de nulle part, comme si elle n'avait jamais existé, qu'elle était venue de nulle part et qu'elle n'avait jamais eu d'existence antérieure. Cela me semble une contradiction spirituelle, mais c'est pourtant l'a priori qui prévaut dans la plupart des spiritualités sur notre planète.

Dieu œuvrerait-il hors du domaine de ce que nous comprenons, de ce que nous attendons ou de ce que nous croyons être la réalité ? N'est-il pas intéressant que l'expression *l'après-vie* [*afterlife*] se trouve dans le dictionnaire, mais pas *l'avant-vie* [*forelife*] ? Cette dernière ne fait tout simplement pas partie de notre façon de penser, puisque nous sommes enlisés dans le tridimensionnel. À notre avis, l'état multidimensionnel concerne les théoriciens, pas nous. D'après ce que je sais et ce que j'ai étudié, un éveil radical devrait se produire par rapport à ce qui est réel et ce qui ne l'est pas, ceci en relation avec la question quantique; et cette découverte surviendra peut-être même de mon vivant. Les astronomes s'enthousiasment en raison de leurs plus récentes observations, explicables uniquement par le postulat d'une réalité multidimensionnelle. À mon sens, nous faisons bel et bien partie d'une réalité quantique, mais nous évoluons dans une sorte d'aquarium tridimensionnel à l'intérieur de celle-ci. De ce fait, nous sommes d'une arrogance, persuadés de connaître le fonctionnement de notre aquarium – et nous affirmons à qui veut bien l'entendre que l'univers tout entier est également un bocal à poissons qui fonctionne comme le nôtre. Nous avons ainsi l'aquarium science et l'aquarium Dieu.

L'ADN est interdimensionnel ou, comme nous préférons le dire, multidimensionnel. Il faut donc l'analyser et l'étudier dans son ensemble, en évitant de le fragmenter. Nous allons tout de même devoir le diviser et nous appellerons ces fragments *couches*. Il en existe douze. « Pourquoi faire ceci, demanderez-vous, alors que Kryeon nous implore de l'éviter ? » Kryeon ne nous incite pas à les désigner couches. Il exige plutôt de comprendre qu'il ne s'agit pas de couches, même si c'est ainsi que nous les nommons, car vous et moi devons exister dans notre état tridimensionnel et les étudier ici-bas. Ainsi, au fil des pages, songez donc à ces couches en tant qu'énergies, aux fins de cette analyse. Cela vous empêchera de poser des questions linéaires évidentes telles que : « Quelle couche avoisine cette autre couche ? » ou « Et si elles étaient empilées autrement, que se passerait-il ? ». Ces questions ne se posent pas, puisque l'ADN n'est pas linéaire.

Quand j'étais à l'école, mon copain s'intéressait de près aux voitures. Il apprit la mécanique, et il adorait cela. Un jour, il me décrivit la complexité de la transmission automatique. Il souligna que, lors des cours, le professeur avait déposé une boîte sur le sol contenant une transmission automatique et qu'il s'était mis à la démonter. À mesure qu'il la désassemblait, il invitait les élèves à cerner «l'attitude» de l'engin. Il retira une pièce et précisa que la transmission ne fonctionnerait plus, car il lui fallait toutes ses pièces. En outre, l'opération des pièces dépendait de ce que faisaient les autres pièces autour. Par ailleurs, il était impossible de concevoir comment elles opéreraient séparément. Le professeur continua à la démonter, retirant les pièces une à une et les déposant sur le sol. Il expliqua aux élèves qu'une pièce se rattachait à l'autre seulement si… et il apporta des précisions sur les vitesses, les rapports d'engrenage, la mécanique des fluides, etc. Chaque pièce était fonction d'une situation, contrairement à une horloge, où chaque constituant accomplit le même travail de façon linéaire. Une fois qu'il eut terminé, le sol était jonché de centaines de pièces. De toute évidence, la transmission n'était plus en activité; elle ne servait qu'à des fins didactiques, car elle ne contenait plus les fluides nécessaires à son fonctionnement – une autre complexité dont dépend l'opération. Le professeur enseigna ensuite à ses élèves ce qu'il voulait leur inculquer. «Il faut étudier les pièces hors du système pour connaître le rôle qu'elles sont censées jouer une fois intégrées au système. Aucune d'entre elles ne fera quoi que ce soit sans le concours de toutes les autres. Elles dépendent du fait que le système tout entier soit assemblé, équilibré et aligné.»

Nous allons démanteler l'ADN spirituellement. Aux fins de l'apprentissage, nous allons prétendre que ses couches ou énergies sont linéaires, même si elles ne le sont pas. Nous ferons comme si elles opéraient pendant que nous les examinons une par une, mais il n'en va pas ainsi. Nous aurons tous fortement tendance à les concevoir comme une unité de couche complète, mais encore là, ce sera erroné.

Chacun aura sa couche préférée, mais cela importe peu. Impossible d'activer une partie de l'ADN (bien que Kryeon traite de cela dans l'une de ses communications).

Considérez plutôt un groupe d'énergies, groupe dépourvu de membrane ou de structure cellulaire et vu comme un concept. On ne peut même pas demander qu'une couche soit activée préférablement à une autre, car l'être humain ignore les règles quantiques de l'activation ; il ne connaît que les pièces jonchant le sol. L'ADN est intelligent, vous le constaterez, et il « sait » ce dont vous avez besoin.

Envisagez-le ainsi : on vous offre une soupe aux tomates. Son goût est délicieux et elle est nourrissante pour le corps. Vous adorez et interrogez le cuisinier : « Montrez-moi la saveur dans la soupe. » Impossible ! Celle-ci est amalgamée au potage, ce n'est pas un élément que l'on peut retirer. Impossible d'extraire le sel ni même les tomates. Elle opère comme soupe ; c'est désormais un « système ».

Pour sa part, l'ADN est une soupe intelligente. Voilà pourquoi nous devons découvrir ses ingrédients sans succomber à la tentation d'inciter l'Esprit à faire ceci ou cela. Ce serait des efforts futiles. Nous faisons plutôt appel à notre intention d'élever nos vibrations ou de devenir multidimensionnels. L'ADN réagit en activant les diverses énergies en lui qu'il nous sait nécessaires. Voici une proposition vraiment multidimensionnelle, pas le moindrement linéaire. Elle influe sur notre approche de celle-ci ; malgré tout, plusieurs affirmeront qu'ils activent une couche ou l'autre. Pas de problème. Suivez le courant.

Les couches sont numérotées, un procédé également linéaire. Le lecteur veut maintenant connaître le nom de chaque couche et son rôle. Une attitude très linéaire en chacun de nous, et Kryeon a donc procédé ainsi pour nous. Cependant, vous constaterez bientôt que tout n'est pas si simple. Chaque couche porte un nombre séquentiel allant de un à douze. Le nombre associé à ce que vous concevez comme « couche » semble énumérer des couches superposées, mais, comme je l'ai précisé déjà, il ne s'agit nullement d'une pile. Voilà pourquoi les chiffres deviennent des énergies porteuses d'étiquettes numériques et divulguent une histoire plus vaste sur l'énergie que vous étudiez et sa relation aux autres.

Ainsi, encore une fois, en progressant au fil de ces pages, considérez cette explication comme une présentation ésotérique d'un ADN disséminé sur une table métaphysique, sous forme de pièces et de fragments. Concevez-le comme un moteur complexe dont vous examinez chaque section, chaque pièce, chaque fil connecteur. Le voilà donc sur la table devant vous, avec ses étiquettes, ses chiffres et son mode d'emploi. Lorsqu'on l'utilise, cependant, il est assemblé de nouveau pour former un système où toutes les parties sont amalgamées – il n'y a ni couches, ni pièces, ni étiquettes.

La propension de l'être humain à la linéarité le poussera à considérer la première couche comme venant en premier et la douzième, comme venant en dernier. Cela ne fonctionne pas ainsi. Ces couches sont disposées en cercle sur la table, comme autant d'allégories visant à contraindre le mental linéaire à penser de manière multidimensionnelle.

Néanmoins, si l'on dispose des chiffres en cercle sur une table, voyez-vous à quel point il est difficile de repérer le point de départ? Observez l'illustration dans le haut de la page suivante. Allez directement au point de départ. Ce n'est pas si évident, n'est-ce pas?

## La question de l'activation de l'ADN

Combien y a-t-il de processus, d'eau, de mantras, de musique, d'illustrations et de séminaires censés «activer des portions de votre ADN»? À ce jour, des centaines probablement. Ma partenaire spirituelle, Jan Tober, détient un processus d'activation de l'ADN puissant et sur mesure. Grâce à l'énergie de votre nom et à d'autres renseignements, elle produit un CD audio adapté à vous, où elle chante et joue de merveilleux bols de cristal. C'est incroyable à entendre, notamment lorsque c'est votre énergie qu'elle reproduit ainsi.

(Pour de plus amples renseignements sur ce processus, visitez le site internet www.jantober.com.) Qu'est-ce qui est donc activé ici ? Tout ce que votre ADN désire activer. Cela fonctionne-t-il ? Interrogez ceux qui l'ont vécu. Oui ! Il se produit vraiment quelque chose. Qu'est-ce que cela signifie ?

En réalité, le mot *activation* est interprété différemment par diverses personnes. Tout d'abord, l'ADN est multidimensionnel ; ainsi, les couches ne sont pas vraiment accessibles sous forme d'objets individuels, comme un élément chimique. Pourtant, même Kryeon parle d'activer notre ADN sur plusieurs plans pour qu'il travaille mieux avec le corps ; dans la première canalisation de ce livre, il offre une explication.

La question est donc beaucoup plus complexe que de simplement se dire : « Je vais aller à l'intérieur et bidouiller cent trillions de deuxièmes couches. » Ce serait comme de dire : « Je vais tendre la main et m'emparer du violet dans cet arc-en-ciel. » (Cet exemple est également tiré de la première canalisation.)

Les choses ne se passent pas ainsi. La subtilité ici, c'est qu'il faut comprendre que cela n'a pas d'importance puisque l'ADN fera ce qu'il a à faire, peu importe le nom que nous lui attribuons. Donc, lors de cette canalisation de Kryeon, j'ai mentionné un groupe de couches qui s'activent ensemble dans cette nouvelle énergie. Pensez quantique, pensez énergie. Après avoir lu les significations de l'ADN plus loin dans ce livre, vous comprendrez qu'il ne s'agit pas de couches matérielles. Il s'agit plutôt de concepts et de la manière d'employer notre intention pour les mener à un niveau supérieur et, par le fait même, laisser l'ADN sélectionner les groupements et les énergies avec lesquels travailler.

Plusieurs excellents processus et excellentes idées voient le jour en prétendant activer l'ADN de diverses manières. Les résultats sont vraiment viables ; il se passe ainsi quelque chose de merveilleux dans plusieurs cas. Kryeon m'a toutefois affirmé (et il abordera encore ce sujet plus loin dans ce livre) que le guérisseur « augmente l'efficacité de la communication entre l'ADN et le corps». Ainsi, le mieux que puisse faire un guérisseur, c'est de travailler avec cette fréquence, ou vibration, ou avec tout ce qu'elle représente concrètement dans un état multidimensionnel.

Songez à l'analogie de l'œuf et de la poule. L'ADN est à l'intérieur des cellules, lesquelles sont à l'écoute afin de capter des instructions. L'ADN est à l'écoute de la conscience humaine, permettant ainsi de faire savoir aux cellules ce qu'il faut faire. L'ADN communique constamment des instructions aux cellules, instructions concernant l'ensemble du corps tridimensionnel. Qu'est-ce qui vient en premier, l'écoute ou la communication? La logique dicte que si personne n'écoute, l'ADN s'exprimera inutilement. En fait, la conscience humaine constitue la clé; elle déclenche toutes les couches d'ADN pour qu'elles accomplissent mieux leur boulot. La communication et l'écoute sont dès lors amalgamées dans la «soupe génétique».

Cependant, comprenez que sans communication avec nos cellules, cet ADN repose tout simplement, se livrant aux processus automatiques dans notre corps. D'après Kryeon, l'ADN est toujours à l'écoute. Voilà pourquoi il est de notre devoir d'informer notre propre ADN de ce dont nous avons besoin. Encore une fois, la clé du changement dans l'organisme humain, c'est l'information, pas la chimie.

Quelles couches travaillent le mieux? Celles qui sont censées mieux travailler. Vous objecterez : «Ouais, d'accord, mais je voudrais vraiment travailler sur la deuxième couche.» À dire vrai, vous pouvez accorder votre intention à la seconde couche, mais c'est l'ADN qui décidera des couches à activer; ce n'est pas vous ni le guérisseur. Tout cela est quelque peu ridicule, car le nom que vous leur attribuez importe peu. Lorsque vous fixez votre intention sur quoi que ce soit dans l'ADN, celui-ci formate et configure tout pour vous.

Je ne veux vraiment pas offenser les guérisseurs qui activent l'ADN, car il s'agit d'une merveilleuse modalité de conscience supérieure dans une énergie nouvelle. Je souhaite seulement introduire la petite voix qui dit : « Ne tentez pas de dénombrer l'ADN, de le nommer ou de l'étiqueter. » Car l'ADN est sacré et ses éléments multidimensionnels sont impossibles à modifier. Le guérisseur aide plutôt son patient à activer sa propre conscience pour permettre à l'ADN de s'activer de la manière qu'il sait nécessaire. En somme, quelles couches et quelles énergies seront activées reste l'affaire de l'ADN, pas la nôtre.

La diversité même des qualités de ce qui est offert dénote la complexité, mais Kryeon affirme que l'ensemble fonctionne. Car le corps et l'ADN sont minutieusement réglés en vue de « savoir » ce que vous faites et ce que vous pensez. Ce savoir y réside depuis des éons, en attente que nous travaillions avec lui et lui fournissions des informations.

Voilà ce que nous faisons désormais, et cela sert à alimenter le nouveau paradigme de traitement génétique. Nous apprécions une variété d'aliments, et peu nous importe la manière dont les nutriments sont répartis une fois dans l'estomac. Tôt ou tard, tout aboutit dans l'estomac, et ce dernier décide de ce qu'il faut en faire, pas nous. L'ADN est similaire, car il s'active par lui-même, en fonction des énergies qui en ont besoin lorsque nous déclenchons le processus lui permettant de le faire.

La première communication de Kryeon en 2010, donnée au Colorado, porte précisément sur ce sujet et est tout à fait instructive. Je la présente plus loin dans ce livre. À mon sens, c'est un sommaire sur l'activation beaucoup plus adéquat que ce que je peux offrir ici. Savourez-le !

## Numérologie

Avec les révélations sur l'ADN, Kryeon fait appel à la numérologie, une science abstruse. Abstruse, car soit vous comprenez que les chiffres sont doués d'énergie, soit vous ne le comprenez pas. C'est peut-être l'un des principes les plus ésotériques en métaphysique, et l'un des plus anciens. Néanmoins, quantité de contresens l'entourent, émanant d'une pléthore d'individus qui lui ont attribué d'autres significations, qui ont leurs propres systèmes dont ils se servent pour des visées fort différentes de ce que la numérologie représente historiquement. Saviez-vous que c'est l'une des «sciences» les plus anciennes?

Permettez-moi une autre petite digression ici. (Je l'admets, c'est une habitude.) Si j'affirme que la numérologie est l'une des sciences les plus archaïques, les gens me répondent: «Mais Lee, il ne faut pas oublier que c'était à l'époque du paganisme, de l'idolâtrie, des saignées et des pratiques occultes.» Ils s'opposent même à lui donner l'appellation de «science». Leur argument va comme suit: «Nous sommes des personnes spirituelles modernes plus que jamais nanties de renseignements sur le fonctionnement de Dieu. On nous a donné le monothéisme, la pensée d'unité, et un aperçu contemporain de ce que Dieu attend de nous (d'habitude, cela implique un prophète à révérer). Regarder en arrière n'est pas approprié, car ils étaient barbares à ces époques.»

Cet argument paraît logique et plein de bon sens, mais si l'on se demande ce que savaient exactement les anciens, on a la vague impression d'avoir peut-être perdu absolument tout ce qui était connu ou qui nous avait été accordé, et de devoir recommencer à neuf. En réalité, notre religion contemporaine ne représente peut-être que les mouvements élémentaires d'un bébé qui apprend à marcher avec Dieu, tandis que les anciens en savaient bien davantage, qu'ils possédaient peut-être même une compréhension multidimensionnelle de l'énergie spirituelle.

L'étude du Grand Alignement de 2012 constitue une merveilleuse leçon d'astronomie! Elle parle d'un cycle de 26 000 années terrestres au sein de la Voie lactée (notre galaxie) à l'origine de circonstances où l'oscillation de la Terre engendre une perception qui aligne notre Soleil sur la grande faille, ou l'équateur galactique, orientée vers le centre de la galaxie en 2012 ou vers 2012. Cette vue, ou cet alignement, avec l'équateur galactique durera trente-six ans, puis le cycle recommencera. Il s'agit là d'astronomie de base. Le plus étonnant, c'est que la plupart des anciens le savaient, en connaissaient le moment et avaient déterminé l'oscillation de la Terre ! Les Mayas, naturellement, les Aztèques, les Toltèques, les Chinois, les Égyptiens, les Hawaïens, les Maoris, nos Amérindiens, les druides, les aborigènes, etc. – tous le savaient ! Désormais, nous savons qu'ils savaient, puisque plusieurs des écrits archaïques y font référence. Ils devaient donc connaître les mouvements de la Terre au sein de la galaxie. Ils savaient tout au moins que la Terre était ronde, qu'elle orbitait autour du Soleil et que celui-ci faisait partie d'un groupe d'étoiles plus important – notre Voie lactée. Il fallait absolument qu'ils aient été en possession de ces éléments pour avoir calculé un événement décrivant notre cycle de 26 000 ans au sein des étoiles.

Nos manuels d'histoire parlent de « l'homme moderne » découvrant la science nouvelle aux XV^e^ et XVI^e^ siècles. C'était sûrement magique de vivre en cette époque de révolution de la pensée. On croyait que la Terre était plate, et Galilée était en résidence surveillée parce qu'il avait publié que la Terre orbitait autour du Soleil – le pape n'avait pas apprécié. Les marins devaient être très courageux pour s'aventurer en mer en sachant qu'ils pouvaient passer par-dessus bord de la Terre ! Que dites-vous là ?

Voilà, mes amis. Songez-y. Les Anciens d'il y a plus de 4 000 ans connaissaient le mouvement de la galaxie, et plusieurs millénaires plus tard nous nous demandions si la Terre était ronde. Ne croyez-vous pas que quelque chose s'est perdu en chemin ? Sans l'ombre d'un doute. Et si, par tout cela, l'histoire cherchait à nous dire quelque chose, à savoir que d'autres connaissances ont peut-être été perdues également ? Et si la spiritualité, le noyau semence de notre état quantique lémurien, voire de notre relation intuitive au Créateur, avait été oubliée ? Plus nous étudions les peuples de jadis, plus nous réalisons qu'ils en savaient bien plus long que nous. Pas surprenant que chaque culture autochtone rende un culte aux ancêtres. Les indigènes sont conscients que beaucoup a été perdu.

Par conséquent, il est possible que les systèmes archaïques aient fait appel à des idées très évoluées, et la numérologie était l'une de celles-ci. Il s'agit d'une modalité vraiment multidimensionnelle, puisqu'elle aborde des concepts extérieurs à la tridimensionnalité qui font parfois lever les yeux aux penseurs contemporains. Je persiste à soutenir que nous sommes à l'ère de l'ignorance spirituelle, de la vérité perdue, et qu'un jour notre époque sera dite celle de l'âge des ténèbres spirituels. Après tout, de nos jours, le préjugé humain voile la vérité divine avec ses guerres livrées au nom de qui aime Dieu le plus, qui détient la doctrine juste et qui possède le véritable prophète. Tout est amalgamé en un préjugé singulier comme si Dieu était contenu dans une boîte humaine, captif des idées tridimensionnelles et uniquement accessible à un groupe d'humains – les propriétaires de cette boîte particulière. «Mon dieu est le dieu véritable et il m'aime davantage; et puisque vous ne me croyez pas, je vais devoir vous tuer, parce que Dieu refuse ceux qui pensent comme vous.»

Ce scénario ne tient pas compte de la notion d'un Dieu immense et bienveillant qui aurait créé chacun de nous à l'image de la divinité et qui ne tient nul compte de notre communication avec le «prophète interne» ou de notre Soi supérieur. Car chaque humain possède sa propre voie, sa manière de rendre un culte et ses idées sur la façon d'aimer cette parcelle de sa réalité qui est Dieu. Et une fois que tout est terminé, que dans la mort nous nous retrouvons à l'endroit d'où nous sommes issus, ce créateur bienveillant ne protestera pas contre la couleur de la voiture dans laquelle nous arrivons (un exemple que Kryeon a repris à maintes reprises).

Considérer les choses autrement place Dieu directement dans la sphère des idées et conceptions tridimensionnelles de récompense et de châtiment, de vengeance et de colère, de guerres angéliques, tout comme les Grecs le firent de leurs personnages mythologiques de naguère.

Si je suis né à son image, alors je suis magnifique, immaculé, et nullement limité à gravir l'échelle qu'il faut et à accepter une doctrine fabriquée par l'homme qui me procurerait le caractère approprié pour être admis au « club sélect » à ma mort. Bénéficiant de la même fête donnée pour tous les autres, je rentrerai plutôt simplement à la maison couvert d'honneur, de gloire et de gratitude pour avoir tenu le flambeau de la planète.

La numérologie est une modalité multidimensionnelle de jadis, un système non conceptuel d'énergie élaboré par un groupe de penseurs spirituels beaucoup plus avancés que ceux de notre époque. Au fil des pages de ce livre, j'exposerai un système simple et directement issu de l'ancien Tibet.

## L'énergie entourant les chiffres

D'abord, une question de base sur l'énergie des chiffres : pourquoi une chose aussi élémentaire qu'un nombre serait-elle douée d'énergie ? Dans plusieurs situations, pour diverses raisons – par exemple, le chiffre *neuf* au bas d'une page dénote un sens très différent du mot *de* isolé sur la page. Le *neuf* est porteur d'un message que le *de* ne possède pas. Seul, le *de* n'a aucun sens, mais le *neuf* au bas d'une page précise que huit autres pages le précèdent. Il possède ainsi un message logique à votre intention, mais ce n'est qu'un chiffre.

Si vous regardez le chiffre *neuf* au bas d'une page, il détient un message. Il signifie *neuvième page*. Il indique que quelque part il y a huit autres pages. Donc, avait-il une énergie ? Oui. Et le chiffre qui n'est pas au bas d'une page ? Ce n'est qu'une tache d'encre sur une feuille, n'est-ce pas ? Pourtant, l'encre sur une page trace également les textes sacrés, les lettres d'amour et bien d'autres choses qui nous transforment. Mais un chiffre ? Et si ce chiffre était le nom d'une connaissance ou d'un être angélique, cela changerait-il la situation? Eh bien, c'est le mieux que je puisse faire pour élucider les raisons qui font que les chiffres sont porteurs d'énergie et de sens. Pour moi, ce sont des noms angéliques et ils apportent une interprétation totalement différente des situations sur lesquelles nous pensions tout savoir. Voyez-les comme des messages énergétiques abrégés sous forme de simples chiffres.

Les nombres appartiennent à un système de significations archaïque et s'assemblent merveilleusement pour offrir des perspectives parallèles. Jadis, ceux qui pratiquaient l'astragalomancie [une divination à l'aide d'osselets] ou qui lisaient dans les feuilles de thé se livraient au même procédé, dénombrant les pointes des os orientés dans une certaine direction, ou les feuilles, etc. Ces méthodes divinatoires étaient sans doute fondées sur quelques schémas numérologiques générés par ce qui, en apparence, était un événement fortuit (le tirage au sort).

On fait souvent appel aux numérologues pour interpréter les chiffres liés à des événements ou à des noms, comme méthode pour obtenir plus d'information à ce sujet. On les commissionne quelquefois de modifier l'énergie d'un nom. Permettez-moi de vous expliquer comment cela fonctionne, et pourquoi.

Toutefois, je vais interrompre l'explication encore une fois, car nombreux sont ceux qui m'interrogent sur le terme « énergie ». Que signifie-t-il? On l'emploie énormément en métaphysique. Les situations, les gens, les systèmes, etc., sont tous doués d'énergie. De quoi s'agit-il au juste?

Voici la définition tirée du dictionnaire métaphysique de Charles Fillmore. « Énergie : puissance interne ou inhérente, comme celle de l'esprit; capacité d'agir ou de produire un effet. » Mais qui est donc Charles Fillmore? C'est le fondateur de l'Église Unity, ainsi (vous êtes prêt?) qu'un canal.

L'énergie telle que nous la concevons est quelque chose que nous ressentons ou éprouvons à propos de n'importe quel objet, absolument tout. Elle n'est pas forcément matérielle non plus, comme l'énergie d'une situation. Ce peut être la tragédie, l'amour, « l'éléphant dans le salon », la peine, le chagrin ou l'exultation. Ou encore, le sarcasme, la frustration ou la célébration. Tout cela est doué d'énergie. Vous n'y croyez pas ? La prochaine fois que vous rirez ou que vous pleurerez en voyant un film, tentez de nier qu'une énergie vous a poussé à vous sentir ainsi. Après tout, le film n'est qu'une image mouvante accompagnée de sons. Pourtant, la configuration situationnelle est presque palpable, animant l'incroyable énergie qui entoure les situations humaines et la compassion. Nous sommes réglés sur elle et nous y réagissons.

Avez-vous déjà été assis à côté d'un inconnu dans un cinéma, pour ensuite vous déplacer ? Qu'est-ce qui s'est passé ? Appelez cela de l'intuition si vous voulez, mais l'individu était peut-être furieux, malade, perturbé, ou l'énergie semblait sonner faux (*sourire*). La plupart d'entre nous pressentent l'énergie constamment, sans toutefois la désigner ainsi. La majorité des gens qui n'ont pas de disposition métaphysique n'emploient jamais ce mot. Ils diront plutôt avoir eu une impression désagréable ou un instinct viscéral. Ils expriment ainsi leur sensation de l'énergie.

Il va sans dire que l'énergie liée à l'émotion est tout à fait évidente, mais qu'en est-il de l'énergie des objets ? Cela exige un peu plus d'effort de la part de ceux qui ont acheté ce livre par hasard dans une boutique ésotérique. Un objet est-il doué d'énergie ? Le cristal, par exemple ? Il ne fait nul doute que c'est le cas. Plusieurs peuvent ressentir celle-ci avec les mains. Et qu'en est-il d'un objet que vous chérissez, telle une photographie de votre mère, de votre père ou de votre enfant ? C'est une alliance de facteurs qui engendre l'énergie. Parfois, comme avec le cristal, elle est presque totalement intégrée à l'objet. Dans d'autres cas, comme pour les photos, il s'agit de vos souvenirs et des situations rattachées à ces photos. Dans les deux cas, néanmoins, il y a de l'énergie entourant une

« chose », une énergie produite par une vaste diversité de propriétés.

En somme, c'est l'étude de l'énergie liée aux chiffres et c'est pratiquement la chose la plus complexe en métaphysique – encore plus que l'astrologie et que les diverses interprétations liées aux mouvements des planètes.

## Les formes de numérologie

Voici où les choses se corsent, car la simplicité des explications offensera sans doute les lecteurs qui se servent de la numérologie pour gagner leur vie depuis des années. Je publie donc un démenti pour que les professionnels comprennent ce que sous-tendent ces explications.

Des dizaines de formes de numérologie existent. Ceux qui n'y connaissent rien demanderont alors laquelle est la bonne. Toutes ! Comment est-ce possible ? C'est que cette diversité d'approches représente ce que ces approches cherchent à accomplir. Si vous étiez un visiteur venu d'une autre planète et que vous constatiez les mille sortes d'aliments, demanderiez-vous laquelle convient ? Dans ce cas, on vous répondrait : « La sorte de nourriture dont l'organisme a besoin. » Il en va de même en numérologie : diverses méthodes apportent de meilleures réponses aux questions que le numérologue tente de résoudre pour vous.

Permettez-moi de vous laisser entrevoir sa complexité. (Attention, ce n'est pas facile à saisir !) Les nombres sont doués d'énergie, mais il en est également ainsi de leur relation avec d'autres chiffres. Si vous voulez procéder correctement, vous devez donc étudier la signification des relations entre les chiffres – pas uniquement les mathématiques, mais les rapports énergétiques également, comme le cercle des neuf, le nombre d'or [aussi appelé divine proportion], etc.

Il existe une numérologie super simple, basée sur la linéarité ; elle constitue un excellent point de départ pour l'étude, conduisant jusqu'à la numérologie multidimensionnelle qui fait appel aux nombres influents.

L'une des communications récentes de Kryeon (non incluses dans ce livre) soulignait ce caractère quantique. Kryeon parlait d'un chiffre qui ne fait rien, qui s'occupe de ses affaires, mais qui s'ennuie des chiffres qui l'entouraient jadis, car ils influaient tous les uns sur les autres et modifiaient leurs énergies mutuelles. C'est une allégorie… ne m'envoyez pas de lettres pour me dire que c'est absurde, que les nombres ne sont pas des animaux domestiques et qu'ils ne regrettent pas l'absence de leurs amis. Ce n'est vraiment qu'une analogie.

Même dans un système linéaire, un *deux*, par exemple, présentera une énergie différente d'un simple *deux* parce qu'il aura l'énergie influente de *un* d'un côté et de *trois* de l'autre (dans le calcul linéaire). Maintenant, connaissant l'énergie de ces autres nombres, on peut constater leur influence sur le *deux*, selon les circonstances entourant la lecture et les relations mathématiques communes entre les chiffres en général. Un *deux* est donc modifié par les circonstances qui l'entourent. Insensé, n'est-ce pas ?

C'est ici que les choses se compliquent. Si le *deux* faisait partie d'une formule, du résultat d'un calcul, d'une suite de nombre inverse ou d'une série de nombres représentant un autre système, les chiffres avoisinants le *deux* seraient différents que s'ils étaient dans un système de calcul linéaire. Et s'ils étaient dans une table de calcul avec des chiffres tout autour ? Comment ? Je vous le montrerai en exécutant une analyse numérologique simple en utilisant mon nom.

Un peu plus loin, nous examinerons une numérologie linéaire très simple pour voir ce que cette approche peut faire avec un nom courant. Nous attribuerons d'abord des significations claires aux nombres allant de *un* à *neuf*. Appelons ces significations « les significations des chiffres aux fins de ce livre », car je préfère me dissocier des modalités plus anciennes ou modernes. Par le fait même, ces qualités correspondront aux chiffres que Kryeon attribue aux couches et à leurs interactions. Je ne vous offre pas de définitions empiriques devant être considérées comme les seules définitions. Ce ne sont que celles qui sont données dans ce livre.

Encore une fois, j'ai bénéficié du concours de Barbra Dillenger ici, car, dans son travail, elle fait appel aux propriétés numérologiques depuis des années et elle a étudié les méthodes tibétaines élémentaires lui permettant d'en arriver à des définitions de l'énergie très distillées et précises, même pour un système linéaire simple. Ce sont donc des définitions qu'elle a documentées minutieusement et qui sont anciennes. Ce sont également celles que Kryeon emploie pour cette étude, et, à mon avis, ce n'est pas une coïncidence. Il y a ici une synchronicité qui me permet de mieux décrire ce que sont les énergies entourant les couches d'ADN. Pour être clair, disons que ce sont des attributions d'énergies élémentaires visant à aider ceux qui ne connaissent pas la numérologie.

Je voudrais préciser au lecteur que le Dr Dillinger se sert d'un système de flux relationnel beaucoup plus complexe dans son travail professionnel. C'est une numérologie basée sur la physique quantique inspirée de ses études sur le Tibet, pas sur le système linéaire simple que nous employons dans ce livre. Barbra a cependant collaboré aux fondements ici en cause et à cette explication, pour que nous puissions offrir une présentation juste et intègre à l'intention de ceux qui ignorent tout du sujet.

Voici les significations élémentaires de la numérologie linéaire à un chiffre contenue dans ce livre. Si vous saisissez parfaitement ces enseignements, vous comprendrez qu'il n'y a pas de bons ou de mauvais chiffres. Ils ne se rapportent qu'à votre situation et à votre voie personnelle. Chaque chiffre peut être excellent ou éprouvant, selon la situation qui se présente à lui. En soi, cela vous révèle la complexité et la multidimensionnalité de tout cela. Kryeon s'en sert d'une manière quantique, ce qui signifie simplement qu'ils sont tous sensibles à leurs potentiels. Les significations fondamentales sont les suivantes :

**Un – 1 :** Nouveaux départs
Un chiffre concernant le moi. Certains le perçoivent comme le chiffre de l'unité.

**Deux – 2 :** Le chiffre de la dualité
L'humain par rapport au divin ; la polarité.

**Trois – 3 :** Un chiffre catalyseur
La créativité. Également l'énergie de la joie et de l'enfant intérieur – très puissant.

**Quatre – 4 :** L'énergie de la Terre Mère
Le monde physique, tangible ; la compréhension ou être basé sur la Terre Mère.

**Cinq – 5 :** Le changement
Un nombre régi par Mars en astrologie, un nombre en mouvement accéléré.

**Six – 6 :** Le sacré
Les communications ; l'harmonie ; l'équilibre ; l'amour.

**Sept – 7 :** Le divin (l'énergie sacrée)
Plénitude ; perfection ; apprentissage de la vie.

**Huit – 8 :** L'énergie pratique
Structure ; pragmatisme ; manifestation.

**Neuf – 9 :** Le chiffre de l'achèvement
Aboutissement ; sensibilité et facultés extrasensorielles ; humanitarisme.

### Maîtres nombres

**Onze – 11 :** Illumination

**Vingt-deux – 22 :** Maître constructeur ; loi cosmique

**Trente-trois – 33 :** Énergie christique (christ en tant que désignation, pas en tant que nom propre)

**Quarante-quatre – 44 à quatre-vingt-dix-neuf – 99 :** N'ont pas été transmis, puisque nous n'avons pas encore la compréhension de ces maîtres nombres quantiques.

En examinant tous ces chiffres, on se demande comment quelque chose de si simple peut être à la fois si complexe qu'une science en ait découlé. Croyez-moi, ce n'est pas enfantin ! Encore une fois, je le mentionne : si vous voulez une révélation, consultez un numérologue éminent. Vous serez étonné et vous apprécierez le savoir requis pour être numérologue.

Dans la réalité tridimensionnelle, il est amusant de se pencher sur les nombres et leurs significations. Ils vous rappelleront peut-être des gens, des choses ou des situations. Le chiffre *un* est intéressant. Comment pourrait-il être associé à de nouveaux départs et au moi ? C'est une caractéristique des nouveaux départs que de concerner invariablement le moi – vous prenez les décisions, ce n'est pas la situation qui le fait. Cela personnalise cette dernière.

Je considère le *deux* comme difficile, car la dualité l'est. Mais s'il concernait le fait de s'en rendre maître ? Cela va dans les deux sens.

Le *trois* me paraît le nombre le plus excitant. Un catalyseur est une énergie qui produit une réaction ou l'accélère lorsque deux objets sans relation se rencontrent sans forcément se transformer. Dans diverses situations, c'est l'énergie qui précipitera l'événement. Le chiffre trois touche également à la joie et à l'enfant intérieur. Kryeon précisera peut-être ce point.

Le chiffre *quatre* est fascinant. La plupart des gens que je connais qui étreignent les arbres sont des quatre. En toute honnêteté, cette modalité prend tout son sens lorsque vous la percevez dans le monde tangible. J'en rigole aujourd'hui, car le club 4-H* de l'école s'occupait d'agriculture et de la nature.

* Le Mouvement « Les Clubs 4-H du Québec » est un organisme à but non lucratif créé en 1942, qui s'est donné pour mission de développer l'intérêt et les compétences des jeunes relativement à la nature, la forêt et l'environnement par des activités éducatives et de loisir dans le respect de la devise HONNEUR, HONNÊTETÉ, HABILETÉ ET HUMANITÉ

C'était une organisation importante qui existe encore à ce jour. Le quatre est lié à la Terre Mère, mais le H? C'est un double 4 (dans notre alphabet linéaire). Cultivez-le.

Le *cinq* est bien connu. C'est le changement, parfois favorable, parfois éprouvant. S'il s'agit de quitter un emploi que vous détestez, c'est magnifique. Par contre, perdre un boulot que vous adorez s'avérera peut-être pénible pendant un moment. Encore une fois, les chiffres ne traduisent que l'énergie de la situation. Dans plusieurs cas, le «changement douloureux» devient une manifestation merveilleuse. Il est simplement difficile d'apercevoir la suite lorsque Dieu ne vous offre pas de carte géographique. L'énergie numérologique n'est pas statique. L'interprétation des chiffres vous concernant changera toujours, tout comme vous-même.

Je ne connaissais pas vraiment le *six*, et je ne le comprenais pas non plus. Kryeon en a fait une pierre angulaire; il a même transmis quelques informations profondes sur le mauvais usage et les manipulations qu'on en a faits. Mais c'est l'un des meilleurs nombres (mon préjugé), directement au centre des douze. Il représente le caractère sacré, l'harmonie et l'équilibre.

Le nombre *sept* a toujours été considéré comme divin. Notre Bible l'affirme aussi, dressant la liste des arrangements en sept. On l'emploie également dans plusieurs autres textes sacrés, tel le Coran. En vérité, le chiffre sept possède un sens puissant aux yeux des musulmans.

Le terme responsabilité n'est pas souhaitable lors d'une interprétation. Néanmoins, le nombre *huit* n'a rien à voir avec votre mère vous harcelant pour que vous nettoyiez votre chambre et que vous soyez responsable de votre désordre. Il touche l'énergie pratique et la structure, et (vous êtes prêt?) c'est le chiffre de la manifestation.

Pour finir, le *neuf* est l'achèvement. C'est l'aboutissement, la fermeture, le parachèvement. Il peut s'agir d'une phase de votre vie, d'une situation, de l'énergie qui entoure toute forme de fin.

Plusieurs personnes déterminent même la numérologie de leur adresse afin d'en apprendre davantage sur l'énergie qui prévaudra dans cette résidence. Le chiffre *neuf* peut signifier que c'est la dernière maison ou celle où ils parachèveront leur leçon de vie, etc. Voilà où l'apport d'un professionnel est requis.

Les maîtres nombres parlent d'eux-mêmes. La seule singularité, c'est qu'à l'évidence il y en a neuf, mais que seulement trois ont été clairement définis au cours de l'histoire ancienne, ou traditionnellement employés. Pourquoi ? Parce que nous ne comprenons pas ce qu'ils pourraient bien vouloir dire. Incroyable ! Si j'interprète cela correctement, disons que nous n'en sommes qu'à un tiers du chemin pour cerner les énergies qui nous entourent, que trois seulement de ces maîtres nombres nous sont compréhensibles, et qu'il s'agit là d'un petit clin d'œil pour nous dire que nous sommes toujours en trois dimensions.

### Voici un exemple

Effectuons la numérologie linéaire simpliste de deux noms. Mon nom est Lee – en réalité LeRoy, mais ne le dites à personne, car je préfère que cela reste entre vous, les 100 000 lecteurs de cet ouvrage. L'autre nom sera celui d'un inconnu : Mel.

À l'instar de tant d'autres sciences ésotériques, la numérologie considère la synchronicité comme faisant partie du cycle de votre identité et des événements de votre vie. Vous saisissez ? Néanmoins, la plupart des modalités sont absolues. Voilà pourquoi on les appelle systèmes. Il faut faire ceci et cela, et surtout ne pas dévier, ou alors c'est foutu. Comme ce qu'on attend d'une recette.

Ou en métaphysique : « Oh merde alors, je me suis orienté vers le nord au lieu du sud en méditant ! Maintenant Dieu ne m'écoutera pas pendant un mois. » Vous pensez que je blague ? Voilà ce que j'ai pourtant constaté dans les cercles métaphysiques.

Il faut aborder ainsi les excellentes approches linéaires. Il y en a plusieurs, et elles sont tridimensionnelles. Parfois, une approche métaphysique excellente est suivie d'une manière très linéaire afin que la personne puisse voir le tableau plus vaste au-delà des trois dimensions ou qu'elle puisse atteindre la conscience de soi et la croissance. Cela vaut pour quelques-uns de mes collègues qui œuvrent dans le nouvel âge. Par exemple, des amis en Europe ont conscience que certains enseignements doivent être donnés graduellement, car c'est plus logique aux yeux d'un Européen. Le processus n'est cependant pas graduel aux États-Unis, car cela ne fonctionne pas pour la plupart des Américains. En ce qui concerne cet argument de la gradation, qui donc a raison ? Ils ont tous les deux raison. L'enseignement s'adapte ainsi au contexte culturel, tout en engendrant une situation où tout le monde gagne. Encore une fois, nous grimpons dans l'arbre de plusieurs manières pour parvenir au sommet, nantis du même savoir.

La numérologie est un système ésotérique ancien qui accorde foi à quelque chose dont personne ne souhaite parler – une propriété qui fait que le système connaît l'envers des événements. Voilà pourquoi ce qui vous paraît un hasard est en réalité une caractéristique de l'état quantique, où la logique linéaire en prend pour son compte et où les *potentiels* prévalent.

« Les accidents n'existent pas », nous dit-on. Il n'y a que les potentialités de ce que vous avez créé par l'énergie. « Ouais, mais c'est cet autre type qui m'a fait ça ! Je ne l'ai pas provoqué, j'en suis la victime. » J'entends sans cesse ce genre de propos. Sachez que l'Esprit perçoit *l'ensemble* du système, pas uniquement votre « accident ». Vous vous mettez dans les conditions où vous attirez cette énergie et foncez directement vers elle. Il s'agit d'un *partenariat énergétique*, et presque tout ce qui vous arrive relève de ce partenariat – un cercle ou une confluence d'énergies potentielles qui s'entremêlent et s'alignent pour façonner votre réalité.

J'affirme donc que ce qui semble le fruit du hasard possède une raison d'être et un sens, car c'est VOUS et votre énergie qui avez choisi cette carte ou tourné la roue de la fortune. C'est tout à fait multidimensionnel. Malgré tout, plusieurs considèrent qu'il s'agit là d'une bêtise suprême. En numérologie, l'orthographe de votre nom porte l'énergie de votre naissance et de nombre d'autres facteurs. VOUS ne vous êtes pas baptisé vous-même. Quelqu'un d'autre l'a fait. Voilà pourquoi votre nom porte aussi leur énergie. Dans notre culture, la manière de calculer le nombre associé au nom est aussi remise en cause par plusieurs, car elle se base souvent sur l'alphabet anglais.

« Une petite minute ! » lancera-t-on. « C'est dingue. L'alphabet anglais n'existait pas lorsque la numérologie fut inventée. Comment peut-on alors interagir avec ce procédé soi-disant archaïque ? » C'est ici que nous en perdons plusieurs, qui ne parviennent pas à concevoir au-delà des trois dimensions dans lesquelles ils ont vu le jour. Le système *sait*. Vous vous rappelez ? C'est aussi une mesure courante, même si le processus est séculaire. Pourquoi est-ce si difficile à comprendre ? Devons-nous cesser de nous servir de la prière parce qu'elle a été conçue longtemps avant les conditions où nous vivons ? Devons-nous prier en anglais ? Après tout, cette langue n'existait pas lorsque la prière a été inventée. Vous voyez ce que je veux dire ? Ce sont des questions absurdes sur un Dieu omniscient et un système de réalité multidimensionnel éclairé.

Le véritable système, c'est l'énergie qui vient de vous, de votre culture, de votre alphabet, des choix effectués par les membres de votre civilisation. La numérologie s'adaptera aux circonstances actuelles, peu importe qui vous êtes ou l'endroit où vous vous trouvez. Vous êtes, par exemple, un Américain, né en un pays où la langue parlée est l'anglais. Cela devient le noyau du hasard apparent qui s'attache à vous, et la numérologie travaillera avec celui-ci.

Réfléchissez un petit instant. Croyez-vous que Dieu gît quelque part dans un placard spirituel au moment où vous priez ? Croyez-vous même vaguement que Dieu n'a pas conscience de celui/celle que vous êtes et de l'endroit où vous vous trouvez ? D'après mes croyances, le Créateur est avec moi en tout temps ! Cela signifie que je n'ai pas à expliquer qui je suis ou ce qu'est un être humain, ou quoi que ce soit du genre. Je suis espiègle ici, je le reconnais, mais d'aucuns vivent ainsi leur vie. Le dimanche est le seul jour où Dieu est présent ; le reste du temps, ces gens estiment être invisibles pour lui. La raison qui motive ces propos devrait être évidente. L'Esprit (Dieu, la force créatrice innée) est avec nous en tout temps. Nous faisons partie du système spirituel qui s'offre à nous et nous sommes chéris et reconnus comme parcelles de la création.

Mon Dieu sait qui je suis et où je me trouve. Il connaît mon nom, mon énergie et ce que je m'apprête à dire avant que les mots passent mes lèvres. Mon Dieu connaît ma société, mes problèmes, mes leçons akashiques et ce que sont mes propensions au sein de ma casualité. La numérologie découle donc de ce système de Dieu. C'est plus qu'une modalité. Elle appartient à l'état quantique de l'Esprit et constitue un élément clé démontrant à quel point nous sommes compris et chéris par l'énergie même de la création.

Dans cette approche linéaire très simple, nous allons assigner une valeur numérique d'un chiffre au nom *Lee*. Nous employons l'alphabet anglais de vingt-six lettres, de A à Z. A correspond à *un* et Z, à *vingt-six*. Toutes les autres lettres ont leur valeur entre ces deux pôles. En épelant un nom, nous additionnons les équivalents numériques et réduisons la somme (lorsque nécessaire) à un seul chiffre avec lequel nous travaillerons. La numérologie de base que nous employons ne fait appel qu'aux chiffres *un à neuf* et à quelques maîtres nombres. Il est relativement facile d'examiner les significations élémentaires. Il s'agit d'obtenir un chiffre unique, puis d'examiner l'énergie liée à celui-ci, suivant le tableau que j'ai donné. Il nous révèlera quelque chose, même dans cet exemple simpliste.

Avant d'aller plus loin, interrompons encore une fois notre explication pour ceux qui éprouvent des difficultés avec ce concept. Que feriez-vous d'un nom en latvien? Étant donné que le latvien possède trente-trois lettres, les chiffres assignés à chaque lettre seront donc différents, ce qui changera le résultat. C'est absurde, puisque ce chiffre final sera dès lors différent pour chaque langue.

La réponse à cette question rend hommage à la synchronicité et démontre comment opèrent les malentendus. Vous n'êtes pas né en Latvie et votre mère n'employait pas cet alphabet lorsqu'elle vous a baptisé. Vous me suivez? Pour fonctionner, la numérologie se sert de la synchronicité tangible de vos circonstances personnelles. Elle «sait».

«Oui, mais je suis un Latvien et je suis venu aux États-Unis à l'âge de quatre ans. Qu'en est-il alors?» Croyez-vous vraiment que c'est un secret pour l'univers? Autrement dit, avec une modalité qui *sait*, tout cela est pris en compte. S'il s'agit d'une telle modalité, alors elle n'est pas distincte des autres systèmes. L'astrologie est très proche de la numérologie; toutes deux partagent une interface fort complexe que le Dr Dillenger comprend et qu'elle emploie dans son travail. Je ne vais pas aborder la question. C'est multidimensionnel. Impossible de berner le système par accident ou de manière délibérée; inutile de s'interroger sur sa précision simplement parce que votre situation sort de l'ordinaire. En définitive, lorsque vous constatez son efficacité, ce qu'il *sait* s'avère extraordinaire. Consultez un éminent professionnel de la numérologie avant de décider que cette modalité ne marche pas pour vous. Vous en sortirez transformé et vous vous demanderez comment un système de nombres, en s'associant à vous et à votre destinée, est capable de vous cerner si parfaitement.

Comme nous étudierons deux noms, n'oubliez pas qu'il s'agit du procédé linéaire simple, un exemple aux fins de ce livre. Mon prénom est Lee : L = 12 (douzième lettre de l'alphabet), E = 5, puis E = 5. Maintenant, arrêtons-nous. Je vous ai déjà avoué (aux fins de la leçon) que mon vrai nom, celui que m'a donné ma mère à ma naissance, est LeRoy. Ne devrions-nous pas utiliser plutôt celui-là ? Encore une fois, la réponse appartient à la synchronicité. Quel prénom est le mien dans la vie ? Lee. On ne m'appelait LeRoy que lorsque mon grand-père était présent, puisque c'est son prénom que je porte. Tous les autres détestaient ce nom affligé à un marmot. Voilà pourquoi Lee est le nom que je porte et celui qui est associé à mon énergie. Vous voyez comment ça marche ? Pendant plus d'un demi-siècle, mon corps, mon énergie furent appelés Lee et non LeRoy, et le système le *sait*.

Grâce au système alphabétique décrit, mon nom donne 22 (12 + 5 + 5). J'ai choisi mon prénom pour cet exemple puisque j'en connais déjà les propriétés et que la numérologie a une règle à propos des nombres doubles comme 11, 22, 33, 44, etc. Ces nombres sont considérés comme des « maîtres nombres », et étant donné qu'ils ont des énergies et des sens qui leur sont propres, on ne les réduit donc pas à un seul chiffre. Mon prénom est un 22. Je le laisse ainsi, car vous pouvez consulter les grilles pour obtenir la signification aux pages 99 et 100.

Interrompons la discussion encore une fois et revenons à nos propos antérieurs sur les relations entre les nombres en y ajoutant ici une couche de complexité. Malgré ce procédé super simple qui consiste à assigner des chiffres aux lettres de votre nom, il faut vous demander ceci : « Quelle est la relation entre les nombres voisins, car ils ont désormais trait aux lettres dans un alphabet, non pas aux nombres dans un système linéaire ? » Ils s'attachent au A, B, C, etc., non pas à un, deux, trois. Par exemple, Lee possède un L, qui correspond à un 12, à côté d'un E, qui correspond à un 5. Et 12 et 5 ne constituent pas une progression linéaire. Nous revenons donc aux nombres manquants ou influant les uns sur les autres (voir explications ci-dessus). Le 12 (en réalité un trois si on l'additionne) avoisine un 5 depuis toujours pour Lee. En numérologie plus avancée, le fait est important. Y a-t-il un huit là-dedans ? (*Sourire*) C'est de l'énergie, chers amis, pas forcément des mathématiques. Comment parvient-on à se l'expliquer alors ? Laissez cela à ceux qui ont étudié le sujet leur vie durant. Contentez-vous de comprendre que ces modalités comportent bien davantage que ce que vous croyez.

Voyez-vous maintenant comment un système linéaire tout à fait simple devient non linéaire dès que vous assignez des nombres linéaires à un alphabet ? Les nombres avoisinants ont une énergie qui exerce une influence mutuelle. Et dans un nom, ce n'est pas une progression linéaire. Il s'agit plutôt de lettres appartenant à un système entièrement différent (l'alphabet). Je ne mentionnerai le facteur qui suit que pour vous faire soupirer. Dans un véritable système numérologique multidimensionnel, celui qui fait l'interprétation prend aussi en compte ce qui est au-dessus de la lettre de l'alphabet. Ne me demandez pas…

### Examinons un autre prénom

Mel. M = 13, E = 5, L = 12. Mel est ainsi 13 + 5 + 12, ce qui donne 12, un nombre à deux chiffres qu'il faudra réduire encore en additionnant 1 + 2, et le *trois* devient donc le nombre associé à Mel. Comme nous le verrons, le *trois* est un nombre puissant. Mais peut-être que Mel préférerait être un moine revêche qui fait la gueule ! (J'ai rencontré de tels types à l'église du Saint Sépulcre, en Israël.) Son nom l'en empêche pourtant. C'est un mauvais nombre pour un moine revêche, puisqu'il a trait à l'énergie du catalyseur et qu'il exige des échanges sociaux. Mel souhaitera peut-être revoir l'orthographe de son prénom en ajoutant une autre lettre, ce qui donnerait Mell et ferait de lui un 42 – dont l'addition donne six. Ce nombre est merveilleux pour un moine de tout acabit.

Aussi curieux que cela puisse paraître, revoir l'orthographe d'un prénom est une procédure courante. Plusieurs le font également pour leurs animaux domestiques. En fait, c'est beaucoup plus complexe que cela, et je simplifie énormément ; voilà pourquoi il faut consulter des numérologues authentiques, car ils en détiennent la signification sous-jacente et connaissent le système d'où provient cette signification, ainsi que l'histoire de son usage. Ces éléments sont de toute première importance pour bon nombre de personnes. Si vous faites donc la rencontre d'une personne prénommée Leigh ou Sallee ou Frank, vous saurez ce qui s'est passé, ou peut-être alors leurs parents étaient-ils des visiteurs dans une réalité altérée à la naissance de leur enfant, comme dans le cas de Moon Unit (la fille de Frank Zappa, le musicien célèbre).

Pourquoi toute cette explication de la numérologie ? Parce que je suis persuadé que Kryeon a profité du numérotage des couches de notre ADN pour fournir des indices en présentant les couches de 1 à 12. Encore une fois, il ne s'agit pas vraiment de couches, et elles ne sont pas empilées non plus. Il s'agit plutôt d'énergies multidimensionnelles auxquelles Kryeon a assigné des numéros, et je les présente simplement dans l'ordre linéaire attendu (1 à 12).

Il ne s'agit pas non plus d'un ordre d'importance ; ces couches sont plutôt exposées par ordre de relations afin d'accentuer le message sur l'énergie qui est leur nature. Chaque couche que décrit Kryeon ici sera accompagnée d'une brève numérologie entourant le nombre, et de la signification dans un cadre plus vaste, afin de vous préparer à l'élucidation très spéciale, très sacrée qui suivra.

## Sommaire

Pour finir, en ce qui concerne la numérologie, je tiens à préciser ceci : en 1989, Kryeon nous a transmis le sens de deux nombres. Nous ne nous attendions pas à ce que ces derniers définissent notre époque. Kryeon s'est attardé aux deux seuls chiffres qu'il ait jamais décrits de la sorte dans n'importe lequel de ses livres. Il s'agit du 9 et du 11 (tome 1). Était-ce là une prophétie tacite ? À mon sens, ce n'était qu'un compte-rendu sur des nombres qui allaient prendre un sens considérable pour nous plusieurs années plus tard. En les réunissant, on obtient 9-11 [11 septembre]. Quelle est l'énergie ? C'est le chiffre de l'achèvement [le 9] annexé à un maître nombre [le 11] indiquant l'illumination. L'événement même du 11 septembre a redéfini le paradigme de notre ère. Il a accru la polarité, exposé la dualité et introduit un alignement mondial suscitant un conflit entre l'ancienne énergie et la nouvelle, Israël se trouvant au beau milieu.

Quel message ces chiffres portent-ils ensemble ? Réfléchissez à ceci : c'est le dénouement d'une ère passée, d'une ancienne énergie, de vieux paradigmes, et le passage vers une Terre éveillée. Cette combinaison de chiffres nous a été transmise par Kryeon en 1989, mais nous n'en avons saisi le sens qu'en 2001. Songez à l'énergie du 9-11... Simplement de l'encre sur une page, mais qui contient une formidable quantité d'informations pour la plupart d'entre nous.

Nostradamus n'avait pas repéré les événements du 11 septembre sur son écran radar. Voilà l'un des événements qui ont changé la face du monde contemporain le plus radicalement, mais il n'en a fait nulle mention. Kryeon ne l'a pas prédit non plus, mais il nous a clairement donné les nombres qui lui sont associés dès le départ, au cours de la première année de ses *channelings* en 1989. C'est à cette date que bifurquèrent à jamais la ligne temporelle de l'Histoire, notre réalité et nos propres voies.

Le surnom de la Convergence harmonique de 1987 offre une autre séquence intéressante. Il s'agit du 11:11. En effectuant une numérologie simple sur 1987, on obtient l'énergie sacrée – le chiffre 7. Et si vous savez ce qu'il signifie pour le nouvel âge, l'année 1987 fut en effet le début de la transformation sur terre dont nous sommes témoins.

Une dame prénommée Solara est l'une des authentiques visionnaires de notre époque. Elle a facilité l'activation planétaire du 11:11 en 1992, à laquelle plus de 144 000 personnes ont participé à l'échelle mondiale. Elle se décrit comme « une exploratrice intrépide de l'inconnu, où peu ont osé s'aventurer [...] dans les sphères subtiles et inexplorées de l'invisible ». Peu importe le sens que vous attribuez à cette déclaration, c'est elle qui a baptisé la Convergence harmonique le 11:11 et qui a mis en œuvre un événement planétaire lié à celle-ci. Je lui rends hommage.

De nos jours, on aperçoit les chiffres 11:11 sur les horloges digitales beaucoup trop souvent pour que ce soit le fruit du hasard. C'est un clin d'œil énergétique en provenance de l'Esprit. En numérologie, 11:11 est constitué de deux maîtres nombres juxtaposés, ce qui signifie « illumination:illumination ». Nous nous trouvons en effet au cœur de l'énergie de cette métamorphose, car nous nous disons des « artisans de la lumière » dans une attitude éclairée qui a débuté à la Convergence harmonique de 1987, baptisée le 11:11.

Parlons maintenant de l'immense puissance que recèle notre ADN, car il faudra l'entendre à quelques reprises avant de l'assimiler vraiment. En passant, livrez-vous à un exercice. Effectuez la numérologie sur l'ADN. Vérifiez-en ensuite le sens (*sourire*). Un nouveau début réside-t-il en cela ?

*L'ADN renferme l'énergie du Créateur,*
*votre énergie, l'énergie de transformation humaine*
*et celle de toutes vos incarnations.*

CHAPITRE 6

# Les douze couches d'ADN

## *Kryeon*

Le moment est venu de dresser la liste des couches et de leurs propriétés. Néanmoins, je vais me livrer à quelque chose qui n'a jamais été fait dans mon travail jusqu'ici. Je vais laisser Kryeon prendre les commandes et présenter les sections décrivant l'ADN. Le texte sera plus puissant ainsi et beaucoup plus complet.

La plupart des livres de Kryeon sont des transcriptions de canalisations en direct effectuées partout dans le monde. Très peu sont au départ des textes écrits. Seul le premier livre (*La Graduation des temps*) a été produit ainsi, avant que je ne canalise devant un auditoire. Le moment est désormais venu de revenir à mes racines et de laisser Kryeon vous transmettre ces énergies comme il le fit d'abord au fil des cinq ans qu'il a fallu pour dévoiler tout ce qui est désormais prêt à nous être accordé.

*Lee Carroll*

Salutations, très chers. Je suis Kryeon, du Service magnétique.

Béni soit l'être humain qui s'intéresse suffisamment à sa voie pour parcourir ces pages, car j'ai perçu le potentiel de ce message il y a plusieurs années. Pour moi, il avait déjà été rédigé et publié. C'est l'ouvrage que vous tenez entre vos mains. À l'époque, mon partenaire, Lee, était au stade de l'enfance de sa croissance spirituelle et n'avait pas la moindre idée de ce qu'il avait devant lui. Aujourd'hui, il le sait.

Permettez-moi de vous conduire quelque part. Pendant un instant, faites semblant que l'essence même de votre être est perceptible d'une manière nouvelle et merveilleuse. Laissez-moi vous emmener en un endroit tissé des secrets intimes de l'existence. C'est un lieu où les dimensions s'entrecroisent. Si vous étiez doués d'une vision multidimensionnelle, vous percevriez cela clairement. Comme les lignes de courants magnétiques apparaissant soudain à l'œil humain, les couleurs dansent telle la lumière miroitant sur des eaux tranquilles. Tout chante ici ! Car le chevauchement des dimensions fait en sorte que ces dernières chantent et génèrent de la lumière. On peut mesurer les photons en trois dimensions, mais les chants sont de ceux que l'on chante aux confins du monde, là où le vent solaire rencontre la grille magnétique, car les mêmes processus ont cours au sein de l'ADN.

Consentez à pénétrer à l'intérieur de l'ADN et à découvrir les aspects ésotériques et l'amour qu'il contient. Car, au-delà de la chimie, ce phénomène qu'est l'ADN définit le noyau sacré de la vie et l'amour de Dieu dans l'univers mariés aux confluences dimensionnelles et à la joie de la création. L'ADN est le carrefour où se croisent Dieu et l'homme, l'amalgame du quantique et du non quantique ; il vibre de l'essence de la vérité de l'univers. Si vous vous trouviez au cœur de la double hélice et que vous observiez les vibrations comme moi, vous seriez éblouis, car dans la structure tridimensionnelle réside l'histoire de l'univers, de l'humanité, de la race semence, de leur amour à votre endroit et de vos rapports avec l'éternité et la Terre. Le spectacle de lumières multidimensionnelles est plus grandiose que ne peut le concevoir l'esprit humain, car il s'agit de lumières qui ne peuvent être vues, mais plutôt senties. D'elles émane une sonate d'énergies en fusion qui apaise l'âme ; leurs accords sont similaires à ceux que l'on « entend » de mon côté du voile. Car l'ADN renferme l'énergie du Créateur, votre énergie, l'énergie de transformation humaine et celle de toutes vos incarnations.

Par-dessus tout cela, on chante vos noms angéliques, et vous verrez bientôt ce qui se passe – une célébration de la majesté intérieure, car toute la chimie, quantique et non quantique, s'incline devant le tout et s'aligne, prête à ce que le couronné [l'être humain] énonce ses instructions. C'est un espace où la physique rencontre la spiritualité et où sont atteintes la paix et la sérénité de conscience. La passerelle menant à la réalité du Créateur y réside ; et dans chaque molécule d'ADN se trouve un infime portail menant à un univers multidimensionnel.

Ce que vous appelez « double hélice » est sacré, unique, et il l'est seulement pour l'être humain. Car dans l'ADN d'autres formes de vie, le Créateur ne réside pas ; celui-ci est plutôt conçu pour percevoir d'autres ADN doués des attributs du Créateur. En termes plus simples, tout ce qui possède un ADN sur cette planète *connaît* l'ADN créateur de l'être humain et le révère adéquatement. Même un légume *sait* qui vous êtes et vit pour nourrir la vie qui l'entoure, ainsi que vous. Sur le plan génétique élémentaire, les animaux sont également conscients de la raison de leur présence ici et de quelle manière l'humain porte l'énergie du Créateur sur terre ; ils ne sont ici que pour le soutenir et soutenir la planète.

Une beauté spectaculaire réside à la fois dans la vision qui se présente à nous et dans la raison d'être de l'ADN. Car, malgré son existence tridimensionnelle, celui-ci est l'une des seules structures qui est d'abord multidimensionnelle, dissimulée dans une coquille chimique à trois dimensions. Suivez-moi un petit moment et réfléchissez à ce que cela représente. La structure atomique de l'univers chante aussi avec la Création ; mais elle constitue également la pierre angulaire de tout, rassemblant des composantes multidimensionnelles dont les humains ne peuvent percevoir qu'une fraction, car ils évoluent dans leur propre réalité tridimensionnelle et le reste leur paraît uniquement comme de l'espace et du vide. Néanmoins, ce brouillard dans l'espace entre le noyau et l'électron est la « soupe » de la Création, la colle multidimensionnelle qui détermine les lois permettant que la physique fonctionne. Cette colle recèle une préconception, car elle est conçue pour invariablement engendrer la vie.

Le plan atomique, infinitésimal, comporte un schéma directeur qui n'est pas fortuit, car il se configurera lui-même encore et encore afin que la vie puisse naître partout. Cela signifie que la vie est aussi sacrée que vous l'imaginez et que votre intuition vous le dicte. Vous pouvez constater que la molécule d'ADN est le produit de cette conception et non pas le fruit du hasard. C'est peut-être le moment de lui accorder le respect dont seul est capable un penseur quantique. Pouvez-vous imaginer ce que l'ADN porte en lui pour engendrer la maîtrise qui s'offre à vous ?

Suivez-moi bien ici. Quel âge croyez-vous qu'ont les chants que l'on entend au sein de l'enchevêtrement complexe des énergies multidimensionnelles ? Songez à une ère datant de bien avant la formation de la Terre et entièrement contenue dans cette double hélice multidimensionnelle. Il en existe plus de 100 trillions d'autres exactement comme celle où vous vous trouvez et elles s'expriment toutes d'une seule voix, ce qui leur permet une meilleure faculté de communication que n'importe quel processus sur la planète. La mémoire de l'ADN évoque la formation de la Terre et de l'ensemble de toute vie allant et venant. Tout est contenu là, comme dans le matériel d'enregistrement de votre technologie ; simplement, tout est sous forme multidimensionnelle – il n'y a donc aucune restriction en matière d'espace. L'infime portail dans l'ADN représente la clé, car il relie l'humain à tout ce qui est et qui a jamais été. Par conséquent, l'ADN devient un portail de connexion avec l'Esprit lui-même ; il n'est jamais sans cette connexion.

Sa puissance, son énergie ou son rôle ne sont nullement exagérés. Tout réside là, vibrant aux commandements d'un maître compositeur : l'être humain unique que l'ADN représente. Il n'existe pas deux êtres humains doués du même ADN. Même les vrais jumeaux n'ont pas un ADN identique. Seulement 47 % de l'ADN est identique ; le reste est non structuré et multidimensionnel, évoquant les existences et les expériences que chacun a vécues au fil de l'histoire de la Terre et de la Voie lactée.

Vous vous demanderez peut-être pourquoi vous pressentez un tel amour dans tout cela, car l'ADN est un plan directeur et une propriété de la création biologique, pourquoi vous êtes incités à réfléchir à d'autres sujets, et ce qui, ici, engendre un tel sentiment d'appartenance.

La réponse pourrait vous surprendre, car l'ADN est la substance maîtresse de création sur la planète. Il porte en effet l'image du Créateur et le reflète en tout. Il se livre au corps humain de manière élégante, mais il est malgré tout nanti d'une conscience supérieure dissimulée et prête à être comprise par tout individu désireux d'examiner les sources de la conscience.

Il porte en lui toute l'histoire de la Création, dont celle de la galaxie où vous vivez. C'est la colle prête à être posée dans les interstices du cœur humain qui se brise. C'est la sérénité qui s'infiltre dans toute compréhension. C'est l'ADN responsable de la conscience, non pas le cerveau ni la constitution génétique, car le cerveau n'est qu'un simple organe dans le crâne muni de synapses et les gènes ne sont que des moteurs chimiques. L'ADN émet toutefois les signaux d'instruction informationnels qui assurent la continuité du corps et déterminent l'intuition qui chuchote : « Oui, Dieu existe. » Chaque brin est identique et appartient à une âme en visite encore une fois sur terre pendant ce qui semble un bref moment. L'ADN, c'est l'énergie d'information multidimensionnelle. Ce n'est pas la chimie qui produit la conscience, mais bien l'information, et ce, depuis toujours.

L'ADN présente divers degrés d'efficience, laquelle suivant la vibration de la planète, est produite à la naissance. Dès cet instant, le genre humain se situe à une efficience de 30 % environ d'activation. Il s'agit d'un concept linéaire, mais c'est la seule image que nous puissions évoquer pour vous faire comprendre le fonctionnement des choses. Au fil des âges, les divers maîtres étaient à 100 % d'efficience, et chacun de vous est en mesure de constater ce qu'ils ont accompli. En premier lieu, tous ces maîtres partageaient une telle connexion avec Dieu qu'ils étaient eux-mêmes considérés comme des dieux. Chacun dégageait une paix qui attirait ses semblables et les incitait à tomber amoureux d'eux et à les vénérer même au-delà de leur mort. Voilà la maîtrise qui réside au sein de l'ADN, et ces maîtres qui évoluèrent sur terre sont tous venus ici-bas afin de démontrer ce qui est possible. Chacun d'eux était porteur de messages informationnels d'amour, d'unité et de paix. Quelques-uns manifestèrent leur pouvoir sur la matière, sur la vie, sur les éléments de notre planète. Ces comptes-rendus historiques ne sont pas des exagérations, car c'est en effet ainsi que cela s'est produit. Car, lorsque l'ADN opère à 100 %, la prise de pouvoir du Créateur se manifeste pleinement chez l'humain. Le facteur d'efficience n'est pas chimique, mais informationnel. Il s'agit d'énergie multidimensionnelle, non pas de chimie.

Un maître choisit le moment de son ascension, celui de sa naissance, voire la personnalité qu'il aura à son retour. Il peut puiser dans l'*akash* de son propre ADN les qualités de ses incarnations antérieures, qualités de la conscience et de la biologie.

Suivez-moi et voyez ceci, car c'est en vous et en tout humain autour de vous. Le but de la transformation imminente, et de cet ouvrage en particulier, est de vous dévoiler le pouvoir qui réside en vous et le fait que vous êtes en possession d'un processus extraordinaire, au-delà de votre logique tridimensionnelle. Pouvez-vous en accroître le pourcentage? Oui. Le moment est-il venu de le faire? Oui.

Voilà le motif de la venue de Kryeon ici-bas.

## À propos du livre

Dès le départ, cette publication fut envisagée comme la douzième [le douzième livre de Kryeon en anglais], à l'image du nombre de couches énergétiques de l'ADN. Le 12, comme on vous l'a expliqué, est en réalité le nombre 3. Il s'agit du chiffre catalyseur, celui qui «fabrique quelque chose à partir d'autre chose». Ne trouvez-vous pas approprié qu'en 2010 nous amorcions un enseignement avec cette énergie? (*Kryeon sourit.*)

Car cette information est capable de résonner au sein des éléments de votre état quantique. Juste au-dessous de la surface repose un souvenir à votre intention, souvenir qui vous demande d'être un peu secoué. Chaque humain en est doué, car voilà d'où émane la foi, cette confiance en l'invisible, une qualité tridimensionnelle complètement illogique. Vous êtes tous cernés de *trois* ici. Découvrez-les. J'en dresse la liste à l'intention de mon partenaire : c'est sa vingt et unième année passée à me canaliser, le douzième livre en 2010. Trois chiffres 3 ici. Additionnez-les et vous obtenez le 9 – l'achèvement. Le moment est venu de dévoiler l'ADN.

«Je sais simplement que c'est vrai», répond l'humain à la question «Comment savez-vous que Dieu vous aime?». Certaines énergies inhérentes existent, qui constituent la substance même de ce qui vous tient ensemble. La population humaine presque tout entière se met en quête du Créateur dès qu'elle a l'âge de contempler son existence. Le moment est venu désormais de sonder le pourquoi de cette condition et les puissantes énergies sacrées dont chacun de vous est doué.

Après cette explication, nous présenterons une canalisation transmise en un lieu où vous, la plupart des lecteurs, n'irez jamais. C'était prévu ainsi, et j'ai précisé à mon partenaire que cette canalisation devait paraître dans cet ouvrage sur l'ADN. Au moment où vous parcourez ces lignes, l'éveil survient à Riga, en Lettonie. Bien que ce pays traverse une période d'obscurité économique [2010], la population est tout de même remplie de l'espoir et de la joie d'un nouveau départ, et cette énergie convient parfaitement à la diffusion d'un message profond sur des énergies de l'ADN actuellement activées au profit de l'humanité. Si cela s'était passé ailleurs, l'impact n'aurait pas été si grand. Les Lettons entendirent donc ce message et surent d'emblée ce qu'il signifiait. J'ai souligné qu'il ne s'agissait pas d'un message « occidental ». Autrement dit, il s'adressait à tous, mais il fut envoyé aux Lettons d'abord puisque ces gens saisissaient tout à fait ce que c'était de partir de rien et de tout reprendre à zéro. Le stade était silencieux ; il y eut une réaction intense à ce que ces gens savaient être la vérité. J'ai choisi la Lettonie pour ces raisons, car les habitants de l'Occident qui parcourront ces pages sauront, eux, que le message s'adresse à l'humanité, pas à une seule société.

Vos cellules sont conçues pour *résonner* [vibrer de reconnaissance] lorsqu'elles réalisent qu'elles sont en présence de la vérité. On peut effectivement le ressentir et savoir que c'est ainsi. C'est la vérité de l'information, non pas de la chimie. Quelques-uns parmi vous frissonnent ou présentent d'autres symptômes physiques, car l'ADN dans son ensemble tente d'indiquer à leur cerveau qu'un message intègre est capté, mais qu'il n'est pas forcément celui qu'ils entendent. Ce message s'exprime dans la « troisième langue » [un autre trois] dont nous avons précisé la nature de catalyseur ; il opère un changement. Vous le saisirez donc grâce à l'explication simplifiée de mon partenaire sur la signification des chiffres. Vous voyez, la communication présente plus d'une seule manière de capter de l'information. Dans n'importe quelle circonstance, les cellules reçoivent de l'énergie. Souvent, vous la pressentez comme une peur ou un bonheur non fondés, ou comme l'impulsion d'aller faire un truc. Considérez cela comme un second cerveau, un cerveau spirituel peut-être, qui n'emploie jamais le langage linéaire. C'est un effet quantique impossible à expliquer, mais il existe et il est prêt à ce qu'on fasse appel à lui au fil de ces pages. Quelques-uns l'appelleront même « l'instinct viscéral ».

Demeurez silencieux un petit moment. Le livre peut attendre. Vous souhaiterez peut-être chacun interroger l'Esprit, , ou ce que vous croyez être l'essence de la Création : « Cher Esprit, faites que je pressente ce message pour que l'énergie du Créateur en moi confirme cette vérité. » En adoptant cette attitude, vous verrez que tout ce que je m'apprête à présenter ne sera pas nouveau du tout. Vous vous exclamerez plutôt : « Je le savais ! »

À ce stade, cher ami, nous ne sommes tous qu'*un* avec cette information ; vous n'êtes pas du tout l'élève, mais un observateur qui la bénit et qui rend hommage à son sens pour vous et pour ceux qui vous entourent. L'état de maître en vous est actif et vous vous ouvrez à la communication multidimensionnelle. Vous réalisez également que ce message est celui que vous attendiez et qu'il n'aurait pu vous être accordé avant, car l'humanité n'était tout simplement pas prête. Aujourd'hui, elle l'est.

## L'organisation des couches

Mon partenaire vous a indiqué que les chiffres et l'organisation de ce qui suit ne sont pas linéaires. Par conséquent, je vais attribuer les énergies des couches d'ADN aux nombres 1 à 12. Ce n'est pas ici une liste, ni un rang, ni un arrangement par ordre d'importance ou de puissance. Tout cela est donné pour correspondre aux chiffres de la réalité singulière et linéaire de la communication entre humains, où les listes sont systématiquement linéaires.

Néanmoins, vous constaterez aussi que j'ai choisi une séquence de regroupements qui vous permettra de mieux comprendre comment les douze couches opèrent ensemble. Classez-les donc en quatre groupes de trois couches chacun. Ces groupes portent également des noms que je vous préciserai et que je résumerai à la fin.

*Trois pour cent de l'ADN est le moteur de la biologie ;*
*le reste constitue l'antenne de la « soupe »*
*multidimensionnelle qui gouverne*
*ce moteur en vue de l'action.*

CHAPITRE 7

# Premier groupe d'ADN

## Première, deuxième et troisième couches

*Kryeon*

### Premier groupe d'ADN : les couches d'ancrage

Les couches d'ancrage sont les première, deuxième et troisième couches. Elles font référence aux énergies les plus proches de votre dimensionnalité et à celles qui vous sont les plus faciles à appréhender. Tandis que vous progressez, les couches deviennent plus multidimensionnelles et difficiles à saisir. L'« ancrage » consiste à établir des bases pour la compréhension au fil de notre discussion et des progrès de votre entendement grandissant. Les implications numérologiques sont également présentes, car les 1, 2, 3 ont pour somme le 6, la couche d'énergie du Soi supérieur (comme vous le verrez).

### Première couche : La couche biologique (voir page 336)

Nulle couche d'ADN n'a plus d'importance qu'une autre. Mais celle-ci est la plus proche de vous ; elle sert de messager pour les autres. C'est la seule qui existe concrètement dans votre univers tridimensionnel, tout en étant multidimensionnelle, à l'instar des autres. C'est pourtant la seule que vous pouvez voir.

Trois milliards de constituants chimiques collaborent en vue de façonner une réalité qui ne peut être circonscrite par une boîte logique et linéaire ; ceux qui s'intéressent à la chimie tridimensionnelle seront toujours devant une énigme.

Car cette couche est celle qui réagit aux couches multidimensionnelles. Voici une énigme pour vous, chers lecteurs : si les couches multidimensionnelles se trouvent dans la zone de 90 % de cette chimie génétique tridimensionnelle, font-elles alors partie de la première couche ou pas ? En sont-elles séparées ou pas ? Encore une fois, vous en faites une question linéaire qui ne peut être résolue ainsi. Réponse : elles sont toutes constamment dans « la soupe ». [Vous vous rappelez ?] Au début de cet enseignement, contentez-vous de comprendre les énergies qui leur sont associées, sans tenter de vous figurer où elles se trouvent.

Y a-t-il besoin pour vous de savoir d'où est diffusée l'émission de radio que vous écoutez ? À dire vrai, elle sort de votre poste de radio, mais elle est diffusée d'ailleurs (d'une tour radiophonique ou d'un studio). Cela ne répond toujours pas à la question « D'où provient cette émission de radio ? ». Et s'il s'agit d'une émission radiotélévisée comportant plusieurs présentateurs de différentes régions, d'où provient-elle ? De la tour ? Du studio ? De chaque lieu ? Du haut-parleur dans le poste ?

La vraie réponse, c'est que cela vous indiffère ; vous vous contentez de prendre plaisir à l'émission. Le présent enseignement est ainsi. Ne vous attardez pas à l'énigme linéaire, ou alors vous n'entendrez rien à ce que nous tentons de vous inculquer. Détendez-vous et savourez la programmation !

L'ADN est de ce fait le moteur et la carte dans l'exemple que j'ai prié mon partenaire de vous donner. Il est réactif et créatif. Il pousse et il tire, et à l'instar des autres énergies multidimensionnelles dans l'univers, il est conscient et disposé à vous aider à découvrir le créateur en vous.

C'est l'antenne de l'orchestration du corps. Il capte ce qui est multidimensionnel et le convertit en information, puis en action. Il n'est jamais seul; pour opérer, il a besoin du système qui l'entoure. Il n'arrive à rien par lui-même; avec les autres éléments du système, il est complet.

Dans la troisième dimension, on le perçoit comme le génome humain comportant tous les éléments de la double hélice qui constituent la molécule d'ADN. La science conçoit qu'il est entier et qu'il représente un gigantesque casse-tête, car les scientifiques l'observent par le filtre de leur propre a priori; ils ne sont pas disposés à envisager ce qu'il est peut-être vraiment : le transmetteur et le récepteur de tout ce qui vous concerne, dont l'ensemble de vos incarnations akashiques antérieures, de vos souvenirs, de vos apprentissages spirituels passés, voire de vos racines lémuriennes virtuelles.

La première couche est celle qui facilite la communication avec toutes les autres. Cette confluence de synchronicités représente le vaste inconnu et la propriété méconnue de l'ADN qui «pense à l'unisson» et collabore en tant que tout. La science n'a pas encore découvert cette propriété, mais elle subodore son existence. Cette couche établit le pont pour une force douée de sensation et consciente dans l'organisme. Elle attend silencieusement les signaux émis par la conscience humaine et sa propre mémoire multidimensionnelle. Ensemble, ils orchestrent les changements possibles qui sont régis par l'intention.

Trois pour cent de l'ADN est le moteur de la biologie; le reste constitue l'antenne de la «soupe» multidimensionnelle qui gouverne ce moteur en vue de l'action. Cette «soupe multidimensionnelle» est l'énergie à laquelle ont accédé les maîtres afin de produire des miracles dans le corps humain. Leur toucher ne fait que transmettre des instructions à l'ADN, l'incitant à modifier la chimie tridimensionnelle, un prodige que tout être humain peut désormais accomplir par lui-même. Telle est la puissance de cette couche, la seule que l'on puisse examiner et percevoir grâce à la lentille tridimensionnelle.

**KETER ETZ CHAYIM** est le nom hébreu de Dieu choisi pour cette couche. J'ai précisé ce nom à mon partenaire en 2003. La signification que j'attribue à cette épithète hébraïque désignant Dieu est «l'arbre de vie». Elle représente l'arbre de la structure chimique de l'ADN et la pierre angulaire de toute vie sur terre. Mais l'être humain est la seule entité divine capable de modifier sa structure par sa seule volonté. Les animaux sont également doués d'ADN, et leur akash y est également représenté, mais pour des raisons différentes de celles qui justifient celui de l'humain. Même les légumes en sont doués! (*Kryeon sourit.*) Mais leur rôle consiste à servir d'interface entre d'autres formes de vie au sein d'un système qui soutient l'existence humaine – l'unique raison qui fait que les légumes ont évolué jusqu'à leur niveau actuel.

L'homme adore les casse-tête. Pourquoi l'ADN de l'oignon possède-t-il plus de gènes que celui de l'humain? Qu'est-ce que cela signifie? L'argument voulant que la complexité génétique soit liée au nombre de gènes est-il erroné? Cela ne fait aucun doute! Le fait que l'humain soit au sommet de l'échelle évolutionnaire, bien qu'il ait moins de gènes qu'un oignon, est révélateur. Est-il possible qu'un autre facteur contribue à rendre les gènes humains beaucoup plus complexes que ceux de n'importe quelle autre créature? Qu'il ne s'agisse donc pas de la quantité de gènes, mais de la présence d'une énergie quantique parmi ces gènes? Nous y reviendrons lorsque nous étudierons les couches.

Notez que chaque couche d'ADN porte l'un des noms archaïques désignant Dieu. Et pourquoi donc? Parce qu'en vérité, chers amis, vous êtes chacun une parcelle du Créateur – pas une création, mais la source d'énergie de Dieu. Ce qui signifie que je vous connais et que vous me connaissez. Que vous avez toujours existé et que vous existerez toujours. C'est le point le plus difficile à saisir pour les humains; cette réalité se dissimule au sein de l'hologramme tridimensionnel où vous vivez tous. Si le phénomène était connu ou perçu, alors le rôle de la Terre consistant à générer la vibration naissante d'un nouvel univers deviendrait désuet. Voilà pourquoi il s'agit de célébrer qui vous êtes tous en tant que ma famille spirituelle.

Nous avons choisi de présenter cette couche comme étant le *numéro 1*. Dans l'état quantique, nul chiffre ne se tient seul, car le 1 s'adresse à vous dans l'immédiat : «Je suis un nombre, et les nombres sont conçus pour s'accompagner d'autres nombres.» Après tout, personne n'a créé de système numérique à un chiffre ! Par conséquent, un chiffre seul est, si l'on veut, incomplet sans un autre chiffre. Est-ce trop ésotérique pour vous ? À quoi vous attendiez-vous de la part de Kryeon ? (*Sourire*)

Ainsi, le *un* est là, et le reste des chiffres lui manque. Mais il «sait» aussi qu'au milieu du cercle où il réside, il est le premier d'une chaîne linéaire et que le dernier nombre de cette série, le *neuf*, est avoisinant [dans le cercle]. Il réalise en outre qu'en tant que *un*, il est le centre de tout, le commencement, le premier chiffre à avoir une substance, à conduire aux autres nombres de nature plus complexe.

Tout cela pour dire que le chiffre *un* est presque un nombre central. Dans le domaine digital, il signifie «*On*/allumer», alors que sans lui, il n'y aurait que «*Off*/éteindre» ou rien du tout. Il est donc plus que le premier élément. C'est l'élément central et, par le fait même, le responsable des autres dans la chaîne, puisqu'ils sont tous dérivés de lui – ils se basent sur lui et sur ses multiplications.

Vous avez déterminé le sens de «nouveau départ» pour le *un*. Néanmoins, considérant l'énergie de ce brin tridimensionnel d'ADN, il est le centre de tout l'ADN et, du coup, la clé de la communication. Ne sous-estimez donc pas l'importance de cette première couche. Ce n'est pas forcément qu'il faille un début, loin de là, car cette couche est le noyau, le pilier grâce auquel toutes les autres opèrent. N'oubliez pas aussi que l'état quantique exclut toute notion de commencement, puisqu'il n'y a pas de ligne temporelle.

Allons plus loin dans la complexité, car la chimie tridimensionnelle dissimule un phénomène qui n'existe nulle part ailleurs dans le corps humain. Cette double hélice recèle des facteurs rarement abordés, mais qui sont malgré tout les plus profonds. Si vous faites appel à l'intention, cette couche «voit» vos pensées conscientes et émet des instructions aux portions de protéines codées (le 3 % de moteur qui régit vos gènes). Si vous avez l'intention d'éveiller vos expériences akashiques, c'est la couche qui doit évaluer la dynamique d'un gigantesque système d'entreposage multidimensionnel [vos annales akashiques] par rapport aux propriétés de la chimie tridimensionnelle dans l'organisme.

Le plus ahurissant au sujet de la double hélice, c'est le fait que 100 trillions de molécules d'ADN soient informées simultanément et possèdent donc un savoir identique. Si on pouvait le voir, le fonctionnement interne de l'énergie du corps n'aurait ni queue ni tête. Comment 100 trillions d'éléments pourraient-ils tous être informés en même temps ? Aucune substance chimique ne circule entre les molécules pour transmettre un message identique. Aucune synapse électrique ne parcourt le corps en touchant chacune d'elles d'une étincelle de donnée. La réponse réside au sein du mystère de l'ADN, dans les spirales et les torsades mêmes, car chacune des 100 trillions de molécules possède son propre champ magnétique. C'est minuscule, mais les propriétés du magnétisme s'y trouvent et chacune possède un champ qui chevauche le suivant. Les torsades sont un produit de ce magnétisme, et si vous observez l'ADN sous cet angle, la symétrie est fort révélatrice. Naturellement, cette découverte est imminente.

Ceux qui étudient les voies et les propriétés électroniques connaissent les comportements mystérieux des champs magnétiques. La physique considère le magnétisme comme une énergie multidimensionnelle. Il l'est! Cela devrait vous donner un indice sur ce qui se passe vraiment, car voilà le messager magnétique de l'ADN – le moteur de communication entre l'ADN et la structure cellulaire. Il y a d'importantes découvertes à faire ici.

Grâce au processus appelé « induction », l'ensemble de l'ADN change simultanément. Si vous observiez le tout grâce à un microscope multidimensionnel apte à mesurer ce que « fabrique » l'ADN, vous seriez sidérés par la synchronisation de tout cela. Car l'ADN du gros orteil est tout aussi informé que celui du cerveau. Les 100 trillions de molécules travaillent ensemble, puisqu'elles détiennent toutes précisément le même *connaître*. Les champs magnétiques de l'ADN se chevauchent, et ce, parce que l'ADN physique ne se contente pas de rester là, tout virginal, comme un paquet d'échelles prêtes à être observées séquentiellement. La double hélice est la forme de l'ADN, mais ce dernier n'a cette apparence que sous l'œil du microscope. L'ADN inné – tel qu'il vit – s'agglutine à d'autres ADN, ce qui assure le chevauchement des champs magnétiques qui s'entremêlent partout dans le corps. C'est ainsi que l'ADN existe dans la structure cellulaire.

Au fil des ans, en raison des phénomènes que la science observe dans le corps, les médecins et les scientifiques ont déduit que l'organisme humain doit en quelque sorte posséder un second cerveau. Si la moelle épinière est sectionnée, les signaux continuent d'être émis vers le cœur et les organes pour que ceux-ci ne cessent de fonctionner. L'ADN constitue la réponse inattendue à ce mystérieux phénomène, car on pourrait dire que cette confluence de synchronisation génétique est en effet le chaînon manquant de la communication physiologique que la science ne reconnaît pas. L'induction magnétique, c'est « la transmission de signaux sans fil, lorsqu'un champ magnétique en chevauche un autre ». Votre corps est un gigantesque transformateur débordant de transmissions sans fil d'informations par les voies de la confluence génétique.

Quand plus de 100 trillions de molécules possèdent un savoir identique, autre chose se passe, soit la création de la merkabah humaine – pas dans sa totalité, mais dans l'aspect qui représente l'esprit humain. [Les autres éléments sont faits du *plan guide* que vous portez à vie.] *Merkabah* est un terme hébreu qui signifie «chevaucher». Votre être tout entier chevauche votre merkabah et s'étend au-delà des dimensions de votre corps, jusqu'à environ huit mètres. Plusieurs identifient la merkabah au véhicule d'ascension. C'est votre empreinte spirituelle sur la planète, et elle est porteuse des caractéristiques de vos annales akashiques. À votre avis, comment l'information pénètre-t-elle dans la merkabah? Par l'ADN! Plus loin, nous démontrerons que l'ensemble de vos antécédents terrestres est contenu dans chaque molécule d'ADN.

Pour la science, la double hélice physique possède donc plusieurs propriétés voilées. Premièrement, elle se compose surtout d'une chimie qui est fortuite; c'est la carte multidimensionnelle qui parle aux protéines codées de l'ADN. Il s'agit de plus de 90 % du génome souvent considéré comme «muet». Mais la seule proportion et le pourcentage de «qui» est l'auteur du travail sont tout à fait révélateurs, car la chimie des codes [des parties de l'ADN produisant des gènes] est simplement assujettie aux 90 % qui donnent les ordres.

Deuxièmement, l'ADN est le maître synchroniseur de l'organisme, pas le cerveau.

Troisièmement, la famille génétique comprenant 100 trillions d'éléments est insolite. Elle est consciente de ce que vous faites et de votre intention spirituelle. Elle obéit souvent au karma, car c'est le schème spirituel qui régit les gènes. Vous le saviez, naturellement. Permettez-moi de vous poser une question : avec tous ces éléments fonctionnels, que se passerait-il si le système conscient et à l'écoute ne recevait aucune directive? Il ferait tout ce qu'il veut. Sans les directives conscientes fréquemment données à votre corps, votre structure cellulaire [l'ADN] n'a aucun patron, aucune instruction autre que celles avec lesquelles vous avez vu le jour.

Vous savez maintenant pourquoi nous vous demandons de parler à vos cellules, car l'ADN est à l'écoute! Voilà comment la conscience peut guérir, altérer la chimie et produire un plus grand nombre de cellules immunitaires simplement grâce à l'intention. La science a démontré que c'est possible, et maintenant tout devient peut-être plus clair pour vous. Vous devez être le patron de votre corps ; l'ADN est doué d'un processus par lequel il est disposé à vous écouter.

### SOMMAIRE – PREMIÈRE COUCHE

La première couche est la double hélice, c'est la chimie visible. Elle constitue la couche passerelle, celle qui recèle les éléments tridimensionnels et multidimensionnels. Elle reçoit et transmet, car le rôle de l'énergie de cette couche est de capter l'information provenant des couches multidimensionnelles pour l'appliquer à votre structure génétique. Par conséquent, on peut dire qu'elle est vraiment au centre du fonctionnement de tout le reste.

## **Deuxième couche : Votre leçon de vie** (voir page 337)

Chers amis, qui êtes-vous ? Pourquoi êtes-vous ici ? Y a-t-il une chose que vous êtes censés accomplir ou terminer, une qualité en vous à découvrir ou à changer ? Ces questions sont toutes associées à ce que l'on pourrait appeler votre *leçon de vie*. Si cette couche avait un partenaire, ce serait la huitième couche.

Maintenant, aux fins de cette leçon linéaire, il nous faut présenter les énergies une à la fois. Par conséquent, un partenariat avec la huitième couche n'a pas de sens puisque nous n'avons pas encore abordé cette couche. Il faudra donc sortir de la linéarité pour offrir un bref aperçu de la huitième couche.

Plusieurs s'interrogeront : « Kryeon, quelle est la différence entre l'énergie apportée par le karma et notre leçon de vie ? Sont-elles identiques ? »

Étant donné que tout est relié à tout le reste, on pourrait dire qu'il n'est pas possible de dissocier votre leçon de vie du bagage d'énergie karmique ; néanmoins, considérez le karma comme une incitation à vous positionner dans un sillon d'opportunité. Le karma touche le groupe qui vous entoure, votre position dans celui-ci et les énergies émotionnelles qui en émanent. Disons qu'il est le guide par défaut pour l'ensemble des humains ici-bas. Il engendre quatre ou cinq générations de pompiers, de policiers, de médecins ou de militaires. Vous trouvez le filon de ce que vous croyez devoir faire ou de ce que vos parents vous racontent, et vous le faites.

Le cours des événements dépasse l'argument habituel « mon père le faisait, alors je vais aussi le faire ». Nous avons cette propension à emprunter une direction et à réaliser des objectifs intégrés dans notre ADN, propension qui accompagne le karma. Ce dernier comporte également les affaires non achevées, les passions liées à certaines activités, vos rapports avec la famille et avec autrui. Il incite même quelques-uns à s'associer à des partenaires maltraitants, et ce, non pas par désir d'être punis, mais pour résoudre la situation ou découvrir un moyen d'élucider le casse-tête. Résoudre ces situations a toujours été le moteur d'énergie de l'humanité, et ces résolutions élèvent la vibration de tous.

Autrefois, le karma était mû par la détermination des humains à *aller*, à *être* et à *faire*. Quelques-unes des principales religions l'ont constaté, identifié et élucidé il y a fort longtemps. Ce n'est que récemment qu'on le laissa tomber au profit d'un système spirituel de rétribution et de châtiment. Un système karmique exige de s'interroger sur le pourquoi des choses et de travailler sur celles-ci, mais un système de rétribution et de châtiment permet le contrôle total par les dirigeants de l'organisation, qui indiquent ensuite aux adeptes la *voie vers Dieu* par l'entremise de règles élaborées par les hommes. Les masses adorent ce système en raison de sa simplicité ; il en a vraiment conduit plusieurs vers le Créateur et il est tout à fait approprié. En vérité, tout ce que les humains élaborent pour trouver la voie menant à Dieu dans n'importe quelle culture est perçu par Dieu comme une voie adéquate, car son amour ne se préoccupe pas du genre de chemin du retour façonné par les humains.

En 1987, la situation s'est mise à changer sur la Terre, et comme nous l'avons décrit à maintes reprises lors de communications antérieures, votre réalité tangible s'est transformée. De nouvelles modalités spirituelles, de nouveaux processus et une lucidité nouvelle sont à l'œuvre depuis. Nous avons qualifié cela de « passage vers l'illumination », et c'est désormais le 11:11, comme si l'ancienne énergie se mettait au niveau de la nouvelle. Pourtant, bon nombre d'entre vous se rendent compte que ce n'est que le souvenir de ce qui était vôtre autrefois.

Cette énergie et ces moyens nouveaux ont apporté une série inédite de facultés à l'humanité. L'une d'elles fut abordée à mon arrivée en 1989. En effet, mon premier livre soulignait qu'il est désormais possible de vous défaire des attributs karmiques avec lesquels vous êtes tous nés et de créer votre propre rythme, qui ne correspond pas à celui que vous fournit le système temporel [le karma]. Nous avons incité chacun à procéder ainsi, car le karma est un processus d'apprentissage très lent et à long terme qui se prolonge en fait sur plusieurs existences. Grâce à cette nouvelle énergie, nous demandions à chacun de se mettre aux commandes de sa vie et de décider lui-même de sa passion.

Après toutes ces années, plusieurs y sont parvenus, dont mon partenaire. Ce processus apporte parfois un groupe d'amis entièrement différents tandis que d'autres s'éloignent, car ils ne comprennent pas que vous vous dégagiez du jeu du karma ou que vous rejetiez la pensée spirituelle de l'heure. Vous avez perdu tout intérêt pour le drame familial ? Vous devez être cinglé ! [Disent-ils.] Quand vous vous êtes ainsi détaché, plusieurs membres de la famille se sont éloignés. Les lois karmiques au sein des familles ont été déterminées antérieurement ; il est très difficile de les discerner si vous y êtes immergé. Le membre de la famille qui représente le « sable dans votre huître » a été conçu précisément ainsi ; ce n'est donc pas par accident que vous avez participé au drame tout ce temps. Cependant, vous avez désormais choisi de vous en dissocier, et ce membre de la famille est furieux que son protagoniste dans la tragédie refuse de danser, et il s'en va.

Le karma est ainsi. Il date de longtemps et il prend son temps. L'humain nouveau a le choix, mais ce choix s'accompagne de conséquences. La question de la responsabilité doit être bien comprise et assimilée. Il n'y a plus de victimes ni d'accidents. Votre entière responsabilité par rapport à tout ce qui vous entoure, voilà la nouvelle entente.

Les leçons de vie, par ailleurs, sont beaucoup plus personnelles. Bien qu'elles soient peut-être liées à l'énergie karmique, elles demeurent avec vous lorsque les effets karmiques se sont dissipés. Vous savez ainsi qu'elles sont plus profondes que le karma et qu'elles appartiennent à votre âme, non pas à un groupe. À l'instar du karma, on les transporte avec soi d'une vie à l'autre, mais de manière différente. Elles possèdent des caractéristiques transmissibles, tout comme le karma. Ce dernier comporte les situations avec d'autres humains, les affaires inachevées, les sentiments à résoudre et un système d'interaction. Les leçons de vie sont absolument et parfaitement personnelles ; elles ne concernent que vous. Nous avons dressé à votre intention la liste des leçons de vie typiques à assimiler. Sachez que celles-ci vous appartiennent en propre seulement si vous avez l'impression qu'elles vous concernent. Chaque être humain en possède une, ou plus, qui surplombera sa destinée. Une fois qu'il les aura résolues, cette résolution sera reportée sur la vie ultérieure et la leçon n'aura plus jamais à être assimilée.

Apprendre à aimer.
Apprendre à écouter.
Apprendre à recevoir.
Apprendre à vous aimer vous-même.

Apprendre à dire votre vérité.
Apprendre à n'être plus une victime.
Apprendre à ne laisser personne vous définir.
Apprendre à ressentir votre état de maître.
Apprendre à vivre avec d'autres humains.
Apprendre à cesser d'accuser les autres.
Apprendre à vous extirper de la dualité [à laisser tomber votre karma].
Apprendre à prendre soin de vous-même davantage que des autres.
Apprendre que vous méritez d'être ici et que vous n'êtes pas entaché à la naissance.

Ces leçons sont profondément personnelles. Elles ne concernent pas la famille, le rythme karmique ou l'énergie de groupe. Elles vous appartiennent en propre et vous y travaillez durant plusieurs vies, à l'instar du karma. Néanmoins, au sein de l'énergie nouvelle, toutes se présentent pour être résolues. La question des leçons de vie ne s'est pas distinguée du karma jusqu'à récemment. Jusqu'en 1987, en fait, l'ancienne énergie empêchait d'acquérir une compréhension capable de transformer concrètement ce qui semblait être « votre manière d'être». Si vous êtes venu ici-bas sous l'apparence d'un imbécile qui n'écoute jamais personne, d'un être misérable et apparemment incapable de fonctionner avec autrui, on vous a étiqueté et perçu comme une «personne difficile», point final. On croyait auparavant qu'il était impossible de changer «votre couleur». Avant cette époque, les adeptes du nouvel âge avaient une tâche ardue puisque rares étaient ceux qui comprenaient ce point et qui étaient en mesure de travailler avec cette notion d'une métamorphose intégrale de la personne.

**TORAH ESER SPHIROT** est le nom hébreu de Dieu attribué à cette couche. J'ai précisé le nom de cette couche à mon partenaire en 2003. Voici l'interprétation que j'en donne pour ce livre : « schème divin de la loi ». Vous vous demandez peut-être pourquoi cette interprétation. Là réside la nuance que quelques-uns ne sont pas prêts à entendre, à assimiler ou à comprendre. Le terme *loi* évoque les règles de l'homme, mais qu'en est-il des lois de la nature, des lois de l'offre et de la demande, ou de la loi de la gravité ? Ces lois ne sont pas inscrites noir sur blanc, mais elles expriment l'ordre des choses. Vous pouvez donc attribuer à cette expression le sens de « schème divin dictant le fonctionnement de tout », à votre guise.

Il existe en effet un plan qui régit le fonctionnement des choses pour l'être humain. D'aucuns l'appellent la nature humaine, d'autres sont d'avis que cette loi engendre un certain type d'individu et que tout cela fait partie de la diversité de la vie. Les gens sont comme ceci ou comme cela, et les psychologues les classent sous diverses étiquettes. On a le sentiment qu'ils sont ainsi pour la vie, que rien ne les fera changer. Voici la bonne nouvelle : les humains peuvent modifier n'importe quel aspect d'eux-mêmes, à leur guise. Rien n'est gravé dans la pierre. Phobies, peurs, types de personnalité, talents, tous ces aspects sont changeables grâce aux moyens que nous avons abordés auparavant. La huitième couche est à l'origine de ces dons. (Nous y voilà !) En bref, nous aborderons plus loin la huitième couche comme étant l'une des deux couches porteuses des annales akashiques de chaque individu. Nous nous pencherons sur son nom et sur ses caractéristiques, mais vous en savez déjà beaucoup à son sujet puisque vous en connaissez le chiffre.

Expliquons les nombres. Nous en sommes à la deuxième couche. Le *deux* a trait à la polarité, à la dualité de l'existence. Cette dualité se définit comme l'opposition de deux concepts au sein d'une conscience singulière. C'est donc ici l'humain charnel et biologique qui est également une parcelle de Dieu. Au fil de l'histoire, on l'entrevoit dans les antithèses : le bien/le mal, l'intégrité/la malhonnêteté, Dieu/Satan.

La dualité est une force si puissante que l'essentiel de la mythologie religieuse dans le monde comporte un ange déchu qui devient la cause du mal sous toutes ses formes. On soutient ensuite qu'au fil de son existence chacun de vous est accompagné par Dieu et par cet ange déchu qui chuchote à son oreille ce qu'il doit faire. N'est-il pas intéressant de constater que la mythologie tire son origine de l'état sacré ? Au commencement, l'obscurité n'existe pas. Selon cette interprétation, le mal n'est engendré qu'à partir de la lumière.

L'être humain est tout à fait libre de choisir. Il peut devenir une mère Teresa ou un Adolf Hitler. Sur terre, le noir le plus sombre, le mal le plus virulent commence par l'humain qui l'engendre à partir de sa propre dualité. L'individu est doué du libre arbitre lui permettant de choisir, et aucune énergie sacrée ici-bas ne l'en empêchera. Voilà le véritable libre arbitre dont nous parlons. Chacun a son interprétation de ce qu'est la dualité. Elle est parfois représentée comme la lutte entre un « vous supérieur » et un « vous inférieur ». Aussi étrange que cela puisse paraître, nombreux sont ceux qui ont vécu cette lutte et qui se sont rendu compte que l'aspect divin en l'homme correspond à l'aspect connu et que tout le reste n'est qu'un leurre.

C'est par conséquent l'un des principes les plus profonds en l'humain. D'aucuns affirment que le test consiste à découvrir le créateur intérieur ; ils ont raison, car c'est bien de cela qu'il s'agit. D'autres préfèrent croire qu'il faut découvrir le Soi supérieur ou cet aspect en eux qui est équilibré et paisible. Peu importe votre opinion, humains, vous avez sans doute conscience que les idées diffèrent pour chacun. D'aucuns semblent en paix avec la destinée, d'autres doivent lutter sans cesse pour y parvenir. Cela témoigne de la vaste diversité des voies offertes à l'individu et du fait qu'il n'existe pas de solution efficace pour tout le monde.

C'est la linéarité qui prétend que chaque humain appartient à la même voie spirituelle. Même les guides métaphysiques conçoivent souvent la spiritualité à l'image du corps humain constitué des mêmes organes chez chacun, ce qui est faux ! Supposez qu'une personne vous consulte pour que vous puissiez l'aider avec certains de ses problèmes. Imaginez aussi qu'il vous soit possible de lire ses annales akashiques – les incarnations qu'elle a eues, ce que contient son « réceptacle spirituel » d'apprentissage, si elle est un enfant ou bien un maître en termes d'expérience et d'apprentissage spirituels, si elle présente un attribut karmique élémentaire ou avancé, si elle est une vieille âme ou une âme toute neuve.

D'après les réponses, la personne sera apte à recevoir l'enseignement le plus élevé ou devra reprendre au début certains concepts que vous, lecteurs de cet ouvrage, connaissez déjà et mettez en pratique depuis des années. Voyez-vous comment le *deux* et la dualité s'associent à l'énergie de la leçon de vie ? En vérité, je vous assure que lorsque la dualité est équilibrée chez l'être humain, on aperçoit la leçon de vie beaucoup plus clairement.

En effet, voyez comment la deuxième couche de l'ADN et la dualité vont de pair. Comprenez-vous maintenant que la numérologie révèle parfois ce qui reste à découvrir pour résoudre les questions complexes que chacun de vous est venu éclaircir ? Comment pouvez-vous découvrir votre leçon de vie et travailler sur celle-ci en l'absence d'équilibre ? Cette fois, vous êtes au courant d'un autre élément d'information primordial ; occupez-vous de la question de la dualité d'abord, et plusieurs autres pièces du casse-tête se placeront d'elles-mêmes. Nul être humain ne peut entreprendre le parcours vers l'illumination avec une dualité en déséquilibre.

On pourrait s'arrêter là, mais il faut mentionner encore une fois que ces couches sont toutes interactives et qu'elles collaborent les unes avec les autres ; elles s'entremêlent et s'amalgament. Le simple fait de les identifier séparément ne signifie pas qu'elles sont pour autant dissociées les unes des autres. Mon partenaire vous l'a précisé, mais je le répète encore une fois. Chaque couche s'accompagne d'énergies avec lesquelles elle travaille et d'autres couches qui deviennent souvent partenaires du casse-tête. La première couche, le moyeu, travaille pour sa part avec les onze autres. La deuxième couche s'allie particulièrement bien avec la huitième.

La huitième couche comporte la totalité des annales akashiques d'un individu. Tout ce qu'il a jamais été, tout ce qu'il a jamais appris ou tout ce qu'il a jamais accompli s'y trouve – chaque sexe, chaque expérience, chaque incarnation. Ceci s'allie à la quête de dualité et à la leçon de vie, car ce sont ces antécédents énergétiques qui ont engendré les qualités donnant à la personne son caractère unique. Je vous ai posé un nombre de questions à propos de cet être qui se tient devant vous avec ses problèmes à résoudre. Chaque humain est doué d'une constitution où sont inscrits des problèmes fondamentaux issus de vies antérieures.

Voyez-vous maintenant comment le casse-tête se construit ? Il débute par l'akash et se développe à partir de là. À votre naissance, l'information akashique se diffuse dans chaque cellule en s'alliant à l'héritage tridimensionnel – à savoir l'apport de vos parents – ainsi qu'à ce que l'on nomme « la poussière de la Terre ». Voilà notre manière de dire que tout ce qui s'est jamais produit appartient en vérité à la double hélice, dès les commencements de l'humain.

En numérologie, le *huit* signifie responsabilité et manifestation pragmatique. Comme nous le verrons, c'est le nombre parfait pour représenter les annales akashiques. Il évoque votre identité, votre responsabilité envers la planète et votre capacité à vous structurer en trois dimensions, bien que vous soyez des créatures tridimensionnelles. Il est fort intéressant de constater ce qui se passe à la naissance, car vous n'êtes jamais quantiques comme à cet instant. Pendant les premières années de la vie, la réalité tridimensionnelle lutte pour obtenir le contrôle et, règle générale, elle l'emporte. Avez-vous déjà remarqué à quel point les jeunes bébés sont captivés par des objets autour d'eux que vous ne voyez pas ? Ces objets sont pourtant bien réels, mais il faut du temps à ces enfants pour s'habituer à ne percevoir que les choses en trois dimensions. (Kryeon sourit.)

### Sommaire – Deuxième couche

La deuxième couche est le schème divin du principe de dualité. Elle représente la quête de la leçon de vie individuelle et collabore harmonieusement avec la huitième couche, que nous étudierons plus loin. Par schème divin, il faut entendre l'interaction de cette couche avec la couche akashique, car un schème est le mot qui signifie «plan enregistré».

Par le fait même, c'est la couche d'ADN qui infuse l'être humain du sentiment de sa mission et de sa direction. Elle est porteuse des propriétés de la vie et de tout ce qui s'est jamais produit – non pas sous forme d'archives, mais plutôt sous forme émotionnelle.

Quelques-unes des couches recèlent nos souvenirs, tandis que d'autres portent en elles les moyens permettant le passage à l'acte à partir des souvenirs. Une couche sera le menuisier, l'autre sera le bois, tandis qu'une autre encore constituera le plan de travail. Même à l'intérieur de deux couches, vous comprenez peu à peu leur collaboration mutuelle?

## Troisième couche : ascension et activation (voir page 338)

C'est peut-être en effet la couche la plus difficile à décrire, chère famille humaine tridimensionnelle. Mon partenaire, qui sait où je vais avec tout ça, m'avertit d'offrir une explication plus pratique et de préciser ce qu'est cette couche et ce qu'elle n'est pas.

«Kryeon, nous n'arrivons déjà pas à comprendre! Pourquoi y a-t-il une énergie d'ADN qui touche l'ascension? C'est un processus, non pas quelque chose qui se trouve dans le corps. Et l'activation? Votre partenaire nous a déjà dit que nous n'activons pas l'ADN, que ce dernier s'active lui-même. Alors, qu'est-ce que tout cela veut dire?»

Revenons un peu en arrière et soyons moins intellectuels. Considérons un élément d'ensemble pendant un moment, à savoir que l'ADN dans l'organisme commence à dévoiler ce qu'il est vraiment. Chaque couche à partir d'ici appartient à la boîte à outils d'un maître. Les maîtres qui ont vécu ici-bas possédaient une forme biologique. Les dons que certains d'entre eux manifestaient sont légendaires – un seul toucher, par exemple, suffisait à diffuser de l'énergie curative capable de rendre la vue à un aveugle ou de guérir un paralytique. Croyez-vous que l'ADN de ces maîtres était différent, ou simplement «activé»? En fait, ces maîtres possédaient le même ADN que vous, mais leurs couches opéraient toutes à 100 %, tandis que les vôtres agissent à peine à 30 % (en termes tridimensionnels). Vous commencez peut-être à entrevoir qu'en vous réside le pouvoir d'accomplir à peu près tout ce que vous avez jamais vu dans les Écritures. Vous ne recevez pas un nouvel ADN chaque fois. On vous accorde plutôt l'énergie nécessaire à la mise en valeur de ce que vous possédez déjà.

Attardons-nous à ces deux termes (ascension et activation), et au cours de la discussion, pensez comme un *maître*, non pas comme un *humain*, car voici quelque chose qui doit absolument se trouver dans la boîte à outils puisque les maîtres vous ont déjà démontré qu'il y est grâce à leurs pouvoirs miraculeux. Dans cette nouvelle énergie, l'*ascension* est définie comme étant le passage à l'existence subséquente sans avoir à mourir. C'est en effet un processus, mais un processus pour lequel vous possédez déjà les outils. Un humain peut-il vraiment réussir un tel prodige? Des milliers y sont déjà parvenus. Ils ont annulé leur karma, équilibré la dualité en eux, travaillé sur leur leçon de vie, et ils sont littéralement devenus quelqu'un d'autre. Si on les interroge, ils affirmeront que leur ancien moi n'est même plus discernable. Le processus qu'ils ont subi était régi par cette couche d'ADN.

Le mot activer signifie «convertir quelque chose en une forme réactive». Cette couche est vraiment celle qui porte l'état de maître en vous! Vous possédez plusieurs de ces couches touchant la maîtrise, comme vous le verrez, mais celle-ci est la couche de l'ACTION. C'est elle qui gouverne les processus chimiques dans le corps (par l'intermédiaire de la double hélice), afin d'inciter ce qui est latent à devenir actif. On pourrait ainsi dire que c'est l'activateur de la chimie dans l'organisme permettant d'exécuter ce qu'exige votre conscience. Je viens de vous offrir un indice sur un point qu'il faudra aborder.

L'ADN ne reste pas là à attendre qu'on l'améliore. Rien ne peut l'améliorer ! Au contraire, et les guérisseurs le savent, l'ADN reste là à attendre qu'on lui donne des directives. Grosse différence. Supposez que vous avez une pile dans l'armoire et que vous en avez besoin. Sur son panneau externe, elle porte un drôle de bouton de commande, un renfoncement dans lequel poser votre main. Résoudre les casse-tête dans votre vie, c'est poser la main dans cette cavité pour que la pile vous fournisse une énergie supplémentaire. Mystérieusement, cette pile pressent ce que vous avez fait, et ce, par l'entremise de votre main. Réfléchissez maintenant à ce qui se passe : votre main n'est pas aux commandes de l'aptitude de la pile à fournir de l'électricité. C'est votre conscience qui l'est, et vos intentions se mesurent par votre main. La pile réagit subséquemment et vous procure ce dont vous avez besoin. Permettez-moi de vous poser quelques questions. La pile change-t-elle ? Non. Activez-vous la pile ? Pas vraiment. Elle dégage déjà une pleine charge électrique ; simplement, vous n'en bénéficiez pas tout le temps. Que faites-vous donc ? Vous intensifiez l'efficacité de la pile au-delà du point où elle se trouvait il y a un moment. L'activation, c'est le scénario de votre intention, la mesure, et la pile qui fournit plus d'électricité.

Le terme activation est attaché au nom de cette couche, car, à l'instar de la pile, celle-ci est pleinement chargée et prête à fonctionner, mais elle mesure continuellement votre vibration spirituelle. Tandis que vous résolvez les casse-tête de la dualité, que vous instaurez la paix dans votre vie, que vous retrouvez le pouvoir du créateur en vous, l'ADN le sait et cette couche servira à accroître la capacité de votre structure cellulaire à vivre plus longtemps, à penser de manière équilibrée, à maîtriser la peur, à se guérir et à passer à un paradigme totalement nouveau. C'est donc au contraire cette couche qui vous active. Elle vous active selon la définition que nous vous avons donnée plus haut.

Qu'est-ce que cela vous révèle sur ceux qui sont censés « activer l'ADN » ? Encore une fois, comme l'a souligné mon partenaire, ils sont bénis et appropriés dans la réalité tridimensionnelle, car si la procédure marche, peu importe le terme qu'on emploie. Si vous roulez dans une rue dont le nom est mal orthographié, est-ce à dire que vous ne roulez pas vraiment dans cette rue ? Non. Cela signifie seulement qu'il faut changer la plaque de rue sans rien changer toutefois à la fonction de cette rue. La personne qui procède à l'activation de l'ADN déclenche un processus qui accroît votre conscience. Cela vous transforme, vous et votre vibration. Elle modifie la confluence vibration au sein de la molécule d'ADN, la communication entre les constituants. Cela signifie tout simplement que l'ADN est complètement conscient de vos actions spirituelles, nuit et jour. N'oubliez pas, l'ADN est une propriété spirituelle quantique du corps humain ; il ne provient pas entièrement de la Terre (nous y reviendrons plus loin). Du coup, lorsque ce guérisseur d'ADN vous traite, il rend votre mesure différente pour ce dernier, qui, à son tour, active des éléments et des composants de votre chimie tridimensionnelle manifestant ce sur quoi vous travailliez dans cette réalité.

L'ADN est l'antenne du corps. Il est à l'écoute de vos épiphanies, de vos moments de grâce, des percées dans le tissu étriqué de la peur et de la frustration. Il jauge les sommets de votre joie, les zéniths de vos passions ; il aperçoit le sourire sur vos lèvres au moment où vous comprenez enfin que la voie vers Dieu a toujours été ouverte et accessible. Il réagit en organisant la structure cellulaire, de manière à améliorer celui/celle que vous êtes et à complémenter votre existence terrestre. Il se sert à la perfection de chaque couche de sa magnificence en vue d'engendrer la soupe de guérison, une confluence de création bienveillante, et d'adresser un hommage à l'être humain. Enfin, les humains se rendent compte de l'état de maître en eux !

Nous avons choisi ici le nom hébreu de Dieu **NETZACH MERKAVA ELIYAHU**. L'interprétation que j'en donne aux fins de cet ouvrage est « ascension et activation ». Ces mots hébreux sont doués de puissance. Il ne faut pas les prononcer ou les entendre dans le but d'acquérir un pouvoir – jamais. Ce sont plutôt des directives permettant à la fois de rendre hommage et de célébrer les couches de la maîtrise qu'ils représentent.

Le chiffre *trois* convient parfaitement à cette couche. Vous souvenez-vous de ce qu'il représente ? C'est le chiffre catalyseur, et j'ai déjà expliqué de quoi il s'agit. Cette couche ne s'altère ni ne change jamais. Malgré tout, elle est responsable de la transformation potentielle de votre existence spirituelle tout entière. Le *trois* est un chiffre puissant dont les propriétés sont celles d'un catalyseur. Par ailleurs, il est associé à la joie et à l'enfant intérieur, deux éléments liés à la découverte lorsque l'humain travaille avec la troisième couche.

La joie mérite sa réputation, car c'est ce qui équilibre l'être humain en quête d'une voie menant hors des affres de la dépression et de la souffrance. Un instant de joie est capable d'effacer des mois d'incertitude et de chagrin chez celui/celle qui a désespérément besoin d'apercevoir les lumières du rire. La joie est l'aliment par excellence des enfants qui la recherchent, l'exigent et en font pleinement usage. L'état naturel de l'enfant est le rire, et tout ce qui le réprime est inapproprié.

J'ai spécifié à maintes reprises que l'énergie de l'enfant intérieur est le propre de tout être humain ; avec le temps, néanmoins, ce dernier s'en détourne. Plusieurs ont critiqué Kryeon parce qu'il a introduit cette énergie. Ils soutiennent n'avoir pas eu d'enfance heureuse et que ces souvenirs les poussent à revivre des expériences terribles. Ceux qui affirment une telle chose sont tellement empêtrés dans leurs problèmes reliés à l'enfance que l'idée leur échappe complètement. Ils ramènent tout à leurs propres ennuis au lieu d'y voir la lumière; leurs commentaires sont révélateurs, car tout ce qu'ils vivent a trait à la victime qu'ils ont été dans l'enfance. Béni soit celui qui apprend à se dissocier de ce vécu et à construire autour de ce qui est joyeux dans l'instant présent. L'enfant intérieur ne fait pas forcément partie de *vos* antécédents, mais il appartient certainement à l'humanité en général. Si vous avez connu une enfance merveilleuse, alors servez-vous-en pour évoquer cette période libre de problèmes, où vous n'aviez qu'à vous soucier du temps passé à jouer. Les soucis pécuniaires ou les tracas avec vos relations amoureuses étaient loin alors. La famille ne vous préoccupait pas et les jours de tristesse étaient rares, car vous étiez inconditionnellement chéris.

Kryeon n'est pas dans l'ignorance totale de la vie des lecteurs ou des auditeurs présents durant les canalisations. Nous savons bien que quelques-uns parmi vous n'ont pas connu ce genre d'enfance. De toute évidence, nous n'avons nul désir de vous y ramener.

L'idée ici consiste plutôt à chercher l'enfant intérieur qui effectivement jouait – l'enfant imaginaire ou celui qui s'animait lorsque vous étiez endormi. Il représente l'attitude globale de l'enfant – la joie, le jeu, la paix. Même si vous ne la possédiez pas, vous la connaissiez tout de même. Vous y aspiriez si ardemment que le fait de ne pas l'avoir obtenue vous a traumatisé. Je vous demande dès lors de la faire naître en vous comme si vous l'aviez vécue. Non seulement cela vous aidera à vous couler dans l'instant présent, mais cela vous permettra de guérir l'akash et de vous conduire au pardon envers ceux qui vous en ont privé. Une expérience authentique de l'enfant intérieur attendrit le cœur et produit une lumière où l'obscurité ou la haine n'ont pas cours.

Non, Kryeon sait parfaitement qui vous êtes, cher humain. Façonnez l'enfant que vous souhaitez être, puis immergez-vous en lui et vautrez-vous dans le rire et les rigolades, dans un espace libre de soucis ou de tragédies. Ressentez alors l'allégement de votre cœur et de votre destinée, car, ne l'oubliez pas, au-delà des nuages le soleil brille toujours là où réside l'enfant et là où vous êtes libre de gambader dans l'herbe auprès du Créateur – ce que vous avez fait des éons durant.

C'est l'état qui avoisine l'état de maître, car les maîtres sur cette terre semblent toujours « enfantins » si on les observe de plus près. La troisième couche en eux opérait au maximum. C'était des êtres ascensionnés ; ils avaient activé tout le potentiel de leur structure biologique. Ils ne faisaient qu'un avec la nature, et celle-ci, le constatant, obéissait à leurs injonctions. Lorsque quelques-uns parmi eux furent conduits à la mort, ils entonnèrent même des chants avec le sourire. D'aucuns les auraient traités de cinglés, mais ceux qui ont connu cet état savent de quoi il en retourne. Car, dans cet état, l'humain ne perçoit que la vue quantique. L'amour de Dieu est ainsi ; il permet la paix là où elle ne devrait pas régner et le réconfort alors que le monde tridimensionnel prétend qu'on devrait plutôt se fermer.

### Sommaire – Troisième couche

La troisième couche est celle de l'ascension et de l'activation. Elle ne change jamais et ne peut être altérée. C'est plutôt elle qui modifie les autres couches et la chimie de l'organisme pour induire l'éveil spirituel. C'est la couche de l'action, puisqu'elle est toujours à l'écoute des changements dans notre conscience.

*Un ascenseur contient-il votre destination ?*
*Non. Ce n'est qu'une petite cage qui vous y emmène.*
*À mesure que vous devenez plus multidimensionnel,*
*l'ADN prend le même caractère.*

CHAPITRE 8

# Deuxième groupe d'ADN

## Quatrième, cinquième et sixième couches

*Kryeon*

### Deuxième groupe d'ADN : Les couches humaines/divines

Les couches de la divinité humaine sont les quatrième, cinquième et sixième couches. En avançant, vous verrez que les énergies contenues dans l'ADN deviennent plus quantiques [multidimensionnelles] et plus difficiles à expliquer. Mon partenaire en est conscient ; voilà pourquoi il m'a confié le soin des explications. Je lui rappelle toutefois qu'il est l'interprète de la canalisation et qu'il participe ainsi tout autant que moi à la conversion des informations non linéaires à l'intention d'une population humaine à la pensée linéaire. En numérologie, l'addition des couches quatre, cinq et six a pour résultat le *six*, comme pour le premier groupe de couches. La sixième couche est comprise dans ce groupe ; vous comprendrez sa signification profonde à mesure que nous avancerons.

**Quatrième et cinquième couches : Votre nom angélique**
(voir page 339)
Parmi les couches, c'est celles-ci qui dérouteront le plus. De quoi s'agit-il ? Et pourquoi deux couches ? Le penseur tridimensionnel réagira ainsi, car le seul mot servant à vous identifier sur la terre est le *nom*. Dans le royaume angélique, l'énergie servant à vous identifier n'est pas singulière, même si elle l'est pour vous. À la question « Quel est votre nom angélique ? », vous répondriez par un mot qui vous identifie et vous vous associeriez ensuite à toutes les autres « choses » sur terre, comme une *table*, un *nuage*, le *ciel* ou une *pierre*. « Une petite minute Kryeon, direz-vous. C'est complètement faux. Sur terre, les pierres n'ont pas de noms personnels, mais nous portons chacun un nom unique. Ce n'est donc pas du tout comme pour les objets. » Bien, baptisons donc les pierres et les cailloux. Ils sont toujours singuliers, et le terme qui les identifie ne porte pas d'énergie allant au-delà de la réalité tridimensionnelle.

Nous vous percevons comme un groupe quantique d'âmes. Le moment est venu d'élucider la fragmentation de ce groupe d'âmes lors de sa venue sur terre. Nous avons transmis cette information à maintes reprises, mais la revoici aux fins de ce livre, sous forme condensée.

En premier lieu, deux questions préciseront ce que nous allons vous enseigner :

Si vous cocréez chacun pour vous-même, cela influe-t-il sur un autre être humain vivant ? Si vous créez activement ce dont vous avez besoin – un foyer, une relation amoureuse, un travail, un espace de stationnement (*Kryeon sourit*) –, le faites-vous dans une sorte de vide ou cela influe-t-il sur quelqu'un d'autre ? Bien sûr qu'il y a influence dans ce cas ! Voire plusieurs. Voyons maintenant la seconde question.

Qu'est-ce qui vous donne le droit de faire passer votre cocréation comme un bulldozer sur la destinée d'autrui ?

On dirait deux questions ésotériques insolubles sur l'intégrité spirituelle, n'est-ce pas ? Si vous comprenez le *système* du fonctionnement de tout, vous saisissez alors au maximum la justesse de tout cela.

Au cours d'un *channeling*, l'entourage que je convie souvent à m'accompagner s'assoit et baigne vos pieds d'amour. Vous vous demandez peut-être pourquoi nous agissons ainsi. Qu'est-ce qui se dissimule si absolument au point que l'Esprit vient s'agenouiller à vos pieds ? Voici la réponse, une réponse remplie d'émerveillement et de respect admiratif pour l'immensité de ce que cela représente.

Au moment de votre « vent de naissance » – votre anniversaire de naissance, selon notre désignation –, nous disons adieu à la partie qui, en vous, appartient à l'essence de Dieu de notre côté du voile, et une série extraordinaire d'événements multidimensionnels survient alors. Même le savoir spirituel le plus élémentaire soutient qu'il vous serait parfaitement impossible d'exister sur terre sous votre forme divine intégrale.

Par conséquent, vous devez savoir intuitivement que quelque chose se passe à la naissance qui modifie ce que vous croyez être votre parcelle divine, afin de vous permettre de naître en ce monde et d'exister ici-bas. Vous vous fragmentez en plusieurs morceaux, dont quelques-uns vous surprendront. Ou encore, vous serez peut-être en désaccord avec ce que vous lisez du fait que vos enseignements terrestres sont singulièrement biaisés quant à la véritable nature des événements. La plus grande part qui se fragmente de votre groupe d'âmes est le Soi supérieur. Il se scinde du moi humain de manière quantique. À vos yeux, le Soi supérieur est quelque part, ailleurs, peut-être dans les cieux. En vérité, le Soi supérieur, c'est l'ADN ! Mais il n'est pas tridimensionnel et il se dissocie si complètement de l'expérience tridimensionnelle, qu'il n'appartient pas à la réalité de votre existence. Cette vérité appartient à la plupart des éléments sacrés et spirituels chez l'humain, lesquels éléments ne sont jamais distincts de vous, sans être apparents puisqu'ils existent dans un état quantique. Encore une fois, la personne voit les choses de manière singulière et n'admet même pas le concept de Dieu en tant que groupe, ou d'elle-même en tant que groupe. Dans la réalité tridimensionnelle, tout est singulier, dans un contexte temporel singulier, une longévité, un début et une fin acceptables. Voilà le syndrome « bout de corde » témoignant du formidable préjugé que vous entretenez dans la troisième dimension et démontrant à quel point chacun de vous est incapable de penser au-delà de ce préjugé. Vous êtes semblable à la corde – simple, singulier, avec un début et une fin.

Ce qui ensuite se sépare de votre groupe d'âmes sacré, ce sont les guides et les anges qui seront vôtres pour la vie. Cette croyance est controversée, puisqu'elle va à l'encontre des illusions réconfortantes sur ce que sont les guides, leurs noms singuliers et ce qu'ils font. En vérité, ils sont tous des fragments et des éléments de votre propre groupe d'âmes. Le concept de « vous avec vous-même » demeure inconnu de l'être humain, car, encore une fois, il n'est pas singulier et ne correspond pas à la logique de ce que vous croyez être.

« Comment ? » s'exclameront quelques-uns. « Vous voulez dire que mes guides et mes anges ne sont que moi ? C'est décevant ! » Ce commentaire est fréquent dans la bouche de celui qui saisit le sens de nos propos, et c'est ainsi parce que les chefs spirituels affirment aux populations qu'elles naissent indignes et que toute bonne chose vient de là-haut. En vérité, toute bonne chose vient de Dieu, mais celui-ci est en vous et pas ailleurs, sur des nuages accompagnés d'accords de harpes.

Cette affirmation concernant les guides et les anges trouve une confirmation fort intéressante. En effet, il y a vingt et un ans, je soulignais dans mon premier livre que si vous modifiiez votre vibration, votre série de guides s'éloignait de vous. Vous souvenez-vous de cela ? Un peu comme si vous en obteniez de nouveaux. C'est là une autre pièce du casse-tête qui vous conviendra, car le système permet que l'être humain modifie la vibration ou l'efficience de son ADN. Dans de tels cas, vous vivez une épiphanie, une réalisation ou un épisode de rencontre avec Dieu. Bien qu'il porte plusieurs noms, le phénomène constitue une transformation intégrale de la vie spirituelle ou un changement authentique dans la manière dont votre ADN communique avec vous et avec le monde qui vous entoure. Soudain, vous avez pleinement foi en des principes qui vous indifféraient auparavant, qui n'avaient aucun sens pour vous ou qui vous paraissaient absurdes.

Toutes les religions du monde font état de ce phénomène, car c'est un trait commun au genre humain. Il survient dans n'importe quel système spirituel, mais on le désigne toutefois par divers noms. Malgré tout, observez les similitudes et les éléments qui lui sont rattachés.

Si un être humain réussit cette métamorphose spirituelle et génétique, les guides s'éloignent. Il le faut, car l'individu altère sa vibration ; son ADN change. Ce dernier vit une période déroutante, car l'ancien état disparaît et il voit plus clairement ce qui est nouveau. Si vous passiez subitement de l'esprit d'un enfant à celui d'un adulte, instinctivement, les gens de votre entourage vous laisseraient tranquille, car vous seul êtes en mesure de mettre de l'ordre dans cette transformation pour vous sentir à l'aise avec cette identité nouvelle. Il en va de même avec les guides et les anges qui sont *vous* et qui prennent leur distance tandis que vous vous réajustez.

Pendant cette période de rajustement, l'être humain éprouve un sentiment de solitude, comme si un être cher venait de disparaître. Il verse des pleurs et il a l'impression que la vie n'a plus sa raison d'être. Ce n'est que son ADN qui s'habitue à une vibration et une capacité nouvelles. Le phénomène est fréquent chez l'homme au moment de toute transformation spirituelle.

Une fois l'équilibre de retour, les guides reviennent et ont l'impression d'être pratiquement nouveaux. Pourquoi ? Parce qu'ils sont désormais capables de communiquer beaucoup mieux qu'avant. Même dans les systèmes spirituels qui n'accordent pas foi aux guides ou aux anges, la personne se sent beaucoup mieux par rapport à sa place dans l'univers, sur la Terre et dans sa vie. Néanmoins, au cours des heures, des jours ou des mois de rajustement, le sentiment de solitude est très intense.

Selon les écrits, le Christ était cloué sur la croix, à l'agonie. Il était en effet à l'article de la mort, et si on ne l'avait pas enlevé de là rapidement en raison des «lois sur la crucifixion au crépuscule» de l'époque à Jérusalem, il serait mort là-haut. Les gardes firent état du fait que ce «fils de Dieu» avait prononcé les paroles les plus inconcevables : «Mon Dieu, pourquoi m'as-tu abandonné ?»

Ce maître juif était en contact plus étroit avec Dieu que n'importe qui d'autre à l'époque et, soudain, il se sent délaissé ? Vous pigez ? Il vivait une métamorphose extraordinaire qui parvint à dissocier le maître de son essence même.

Voilà qui éclaire le sens de cette phrase et démontre que les guides font partie de vous à tel point que s'ils vous quittent même un petit instant, c'est traumatisant. L'être humain n'a que peu conscience d'être à ce point entouré par l'énergie sacrée du Créateur.

Même les historiens bibliques ne s'entendent pas au sujet de cette phrase prononcée par le Christ; certains soutiennent qu'il s'agissait d'une «prose» délibérée citant une prophétie ayant trait à sa mort, afin de prouver à tous qui il était vraiment. Les humains sont capables de beaucoup, mais conjurer un poème en étant crucifié à sa dernière heure reste un effort terrible, même pour le Christ.

Nous avons désormais deux instances de fragmentation de *vous* à la naissance; abordons maintenant la troisième, ainsi que la réponse à la question posée initialement sur l'intégrité lors de la cocréation. La dernière fragmentation est celle de «l'entourage de votre groupe d'âmes». Ni votre logique ni votre préjugé dimensionnel ne peuvent l'expliquer; imaginez donc une foule de *vous* résidant de l'autre côté du voile. Pourquoi ? Je le préciserai un peu plus loin.

Avec votre essence et le noyau de votre âme fragmenté, vous arrivez sur la planète Terre sous la forme d'un bébé humain baignant dans l'a priori tridimensionnel et singulier, et ne conservant qu'une fraction de votre identité intégrale. Vous le faites de plein gré pour les motifs que nous vous avons déjà précisés – vous vous préoccupez suffisamment de l'univers pour aider à façonner ce qui vient. Tout cela a déjà été canalisé et forme une autre leçon. Sachez toutefois ceci : nous voyons ce qui s'est passé, et vous voilà en train de lire ce volume ! Savez-vous qui vous êtes ? Nous, si ! Nous voyons ainsi le formidable être humain, cet artisan de la lumière, venu en ayant conscience d'avoir tout oublié jusqu'au jour où le libre arbitre le réveillera, l'incitant à se lancer dans une quête. Remarquez d'ailleurs ce qui se passe lorsque l'individu atteint un certain âge. Il se met à la recherche du Créateur. Plus de 85 % de la population s'implique dans une spiritualité soutenant une vie après la vie. C'est une intuition profonde qui provient directement de la structure cellulaire. Elle sait que quelque chose manque et se met à sa recherche pour le trouver dès que possible.

Je le répète : béni soit l'être humain qui perçoit l'énergie du Créateur partout. Partout ! On ne passe aucun jugement sur sa manière d'y parvenir, la doctrine ou la voie utilisée. Ce n'est peut-être pas celle qui correspond à la vôtre, mais s'il apaise à sa façon ce qui, en lui, a besoin de réconfort et de l'amour de Dieu, alors celle-ci convient. Elle convient tout à fait, car c'est le premier pas d'un voyage vers le Soi supérieur, peu importe la voie ou les paroles choisies. La guérison survient dans tous les systèmes. Le saviez-vous ? Il en va de même pour les révélations et la métamorphose de la destinée. Ne permettez jamais à votre a priori singulier de vous laisser croire qu'il n'existe qu'une voie vers Dieu. Vous êtes déjà Dieu, et mille voies existent pour vous amener à le percevoir en vous.

Ce dernier groupe – l'entourage de votre *vous* – demeure de mon côté du voile. Cet entourage fait en effet partie de votre groupe d'âmes. «Alors, demandez-vous, que fait-il?» Quelle question linéaire! Elle fait bien rigoler l'Esprit. Oui, ce dernier s'amuse avec ses partenaires humains; nous sourions et rendons hommage à l'apprentissage chez tous ceux qui décident de franchir ce portail de leçon quantique. L'entourage ne «fait» rien, il existe purement comme compensation pour l'humanité, procurant une passerelle vers votre propre état de maître.

Cet entourage ne possède ni nom ni forme. Imaginez-le comme un représentant énergétique de votre coin d'humanité, mais habitant de mon côté du voile. Considérez-le comme un congrès rassemblant des trillions de fragments d'âmes qui collaborent en vue de soutenir l'ensemble du genre humain et, notamment, les êtres de l'autre côté du voile qui sont doués de leur essence [les humains dans la réalité tridimensionnelle]. Comment cela fonctionne-t-il? Permettez-moi d'offrir la plus simple explication possible : ces fragments d'âmes représentent les potentiels de chaque décision susceptible d'être prise par les humains. Immergés dans l'état quantique, ce sont des potentiels en apparence aléatoires qui ne se structureront qu'avec votre autorisation et par votre intention de votre côté du voile. Nous vous l'avons dit déjà, votre intention constitue l'une des forces les plus puissantes sur la planète, car elle transforme votre ADN et donne lieu à la cocréation.

Ah, la cocréation! Nous nous retrouvons encore une fois au début de cette leçon, avec nos deux questions. Voici les réponses : vous cocréez non seulement avec votre entourage mais également avec le groupe d'âmes de tous les participants, de proche ou de loin, de votre cocréation.. Avez-vous constaté combien votre cocréation bénéficie à autrui? Même si vous cocréez un nouvel emploi qui vous procure exactement ce que vous voulez, avez-vous remarqué que c'est une situation où tout le monde gagne? Quand vous cocréez une situation éprouvante où vous devez quitter une relation amoureuse, avez-vous observé que celui ou celle que vous avez quitté profite tôt ou tard de l'absence de drame ou du changement de vie entraîné par votre départ ? Vous apercevez maintenant l'ensemble du tableau. Votre entourage collabore avec l'entourage des autres humains en vue de faciliter les changements qui valent mieux pour tous. En définitive, votre cocréation recèle davantage que l'intégrité, car elle profite à ceux qui vous entourent.

Ici, cher humain, réside le secret qui permet à votre cocréation pour vous-même d'apporter des bienfaits à l'ensemble de l'humanité et à la vibration de la Terre. Car ce que vous faites pour vous-même, apparemment par opportunisme, sert de moteur au changement vibratoire de la planète. Tout ce que vous pouvez cocréer spirituellement profite à tous. Maintenant, vous savez. Voilà pourquoi la cocréation vient ainsi en temps et lieu et ne survient pas au moment attendu. Pour l'être humain, ignorer le moment où ces choses vont se manifester constitue la plus importante contrariété. Très souvent, il a l'impression que ces manifestations sont censées s'ajuster à son programme. Il apprendra rapidement que ce casse-tête comporte davantage. Et maintenant, vous savez pourquoi, car ceux qui vous entourent participent continuellement à ce processus sacré. Considérez-vous dès lors comme le *manifesteur* en chef au lieu du simple cocréateur de votre propre destinée. Car vos manifestations servent à ceux qui vous entourent, grâce à l'autorisation des fragments de leur propre entourage, dans un lieu que vous ne pouvez pas imaginer.

## QUE DÉNOTE UN NOM ?

Me voici à un événement où les humains sont assis [une canalisation en direct]. Par la réalité de mon partenaire, nous vous pressentons sur votre siège, mais nous ne percevons que les noms angéliques qui vous désignent. Chaque nom est une énergie qui permet de reconnaître et de témoigner le respect envers cette parcelle de Dieu que chacun de vous est dans l'univers. Laissez-moi vous préciser ce que ces noms dénotent.

Nous percevons en premier lieu les fragments qui se sont détachés. Nous voyons votre identité intégrale ; nous reconnaissons ainsi une parcelle de nous-mêmes ! Car, pour Dieu, il n'existe ni individualités ni fragments. Ces derniers ne sont que des produits de votre venue dans la réalité tridimensionnelle.

Nous sommes multidimensionnels et, soudain, nous « voyons » l'aspect quantique de la famille en vous. Vous n'en êtes pas conscients, mais nous si, et nous débordons de joie lors de la réunion, car les humains nous offrent rarement l'occasion de circuler parmi eux. A cette réunion, les humains émettent clairement cette intention de nous laisser circuler et ainsi ressentir leur âme, comme au cours d'une réunion familiale.

Nous « voyons » ensuite l'entière expérience humaine, puisque nous examinons les annales akashiques contenues dans l'ADN de chacun de vous. Si vous avez vécu cent vies sur cette planète, nous les percevons toutes. Là où nous résidons, le temps n'existe pas et nous pouvons dès lors revivre chaque vie contenue dans l'akash personnel intégré à votre ADN. Nous sommes de ce fait en mesure d'apercevoir le spectre tout entier de vos expériences antérieures – tout ce que vous avez jamais accompli sur terre, jamais appris, jamais pleuré ou célébré. Nous sommes présents à votre naissance, à votre mort et à tout ce qui survient entre vos incarnations. Nous le sommes pour constater ce que vous avez appris et ce qui vous conduit sur ce siège ou qui vous incite à lire ces pages.

Voilà pourquoi, très cher humain, tout ce que j'ai précisé dans les paragraphes ci-dessus forme votre nom. Comprenez-vous l'envergure de tout cela pour nous ? C'est aussi considérable dans le contexte de l'intégration de ce nom dans votre ADN, car ce nom requiert une double énergie comparativement aux autres couches ou énergies en trois dimensions. Par conséquent, vous pourriez affirmer qu'il s'agit du nom de votre famille divine, et il est immense.

C'est le nom inscrit dans la Caverne de la création, sur le cristal individuel de votre âme que nous évoquons depuis plus de vingt ans. La Caverne de la création renferme des annales interdimensionnelles de tous les groupes d'âmes sur la planète – un cristal par âme. Chaque cristal représente un Soi supérieur, le même à chaque incarnation. Même si vous avez vécu plus de cent existences sur la planète, celui-ci sera toujours représenté par un unique cristal interdimensionnel. Il demeure sur la Terre tant que celle-ci durera et même si vous n'y êtes pas. Car l'énergie de ce que vous et d'autres avez fait appartient à celle de Gaia, et elle persiste. C'est pourquoi nous sommes à même d'affirmer que l'empreinte énergétique de tout ce que vous avez jamais fait demeure ici-bas. Vous activez le cristal à chaque venue et le désactivez en quittant ce plan d'existence, mais l'énergie de votre importance historique subsiste comme une bibliothèque éternellement attachée à Gaia.

**Urim ve Tumim** et **Aleph Etz Adonai** sont les deux noms de Dieu conjugués que nous avons attribués aux couches du nom angélique, les quatrième et cinquième couches d'ADN. Voici le sens que Kryeon leur accorde : « Lumière et pouvoir » et « Énergie du noyau cristallin ». Ces sens devraient ressortir dans la description de « ce que dénote un nom » plus haut. Vous êtes en effet la lumière de cette planète et l'unique pouvoir capable d'exercer un impact concret. Votre nom est dès lors un nom divin en soi, mais il n'est pas en hébreu ; nous le chantons dans la lumière en vous accueillant. Vous n'avez pas la nature d'un bout de corde ; vous êtes plutôt semblable au tissu même du temps, invariablement présent, sans commencement ni fin, toujours à nos côtés dans notre intégrité divine. Vous êtes dès lors la famille première.

Les nombres ont tous leur importance, car ils s'expriment seuls et en association. Prenons le chiffre *quatre*. L'explication élémentaire l'associe à la Terre Mère, à la structure et à la compréhension de cette structure dans un univers matériel. C'est ainsi votre partie singulière et celle de votre relation à Gaia.

Prenons ensuite le chiffre *cinq*, qui représente le changement à l'état pur. C'est le nombre de la planète Mars ; son énergie peut être très rapide – une énergie qui procure à l'humain l'aptitude de se transformer de manière dimensionnelle. Ces nombres associés l'un à l'autre sont linéaires et à l'aise ensemble. Le *quatre* se colore vaguement du potentiel du *trois* dont nous avons abordé l'énergie très puissante avec des nuances de catalyseur. Le *cinq* repose près du grandiose, le Soi supérieur ; il est donc incité à évoluer vers le spirituel. Voilà qui explique pourquoi vous êtes poussé à découvrir le Créateur, comme nous l'avons souligné déjà.

Examinons maintenant la somme du quatre et du cinq, soit le *neuf*. C'est un nombre intuitif très sensible. Il ne concerne pas que l'achèvement, ce serait trop simple. Il s'agit plutôt d'un accomplissement de la fusion entre les dimensionnalités, ce que dénote votre nom angélique par son existence au sein de l'ADN.

C'est ainsi un achèvement sensible qui vous apporte le sentiment d'être apte à ériger une passerelle vers l'autre côté. De ce fait, ce nombre possède un aspect intuitif.

### Sommaire – Quatrième et cinquième couches

Les quatrième et cinquième couches sont l'essence profonde de votre expression – de cette vie en particulier sur terre –, et votre nature divine sur la planète. Elles représentent le nom inscrit sur le cristal des annales akashiques. Ensemble, elles peuvent être vues comme l'attribut spirituel primaire le plus important d'entre tous, soit l'arbre de vie, la famille. Il s'agit des noms de Dieu, et on ne devrait jamais les envisager comme des couches distinctes. Elles font partie du groupe ; leur énergie est si considérable qu'elle occupe deux couches ou deux groupes énergétiques parmi les douze présentés dans ce livre.

**Sixième couche : le Soi supérieur** (voir page 340)

Jusqu'ici, tout sert de base à la compréhension de cette couche. Désormais, vous savez que cette portion de Dieu en vous se scinde de cette autre partie de vous qui deviendra ultérieurement un être humain. Vous savez dorénavant pourquoi le Soi supérieur doit absolument résider dans l'ADN. En fait, il est le couple frère/sœur formant la divinité absolue. Lorsque vous pressentez le créateur en vous, c'est plutôt le Soi supérieur que vous éprouvez. Il sert d'interface avec l'autre côté.

Encore une fois, la majorité ici-bas a l'impression que Dieu est distinct et que l'être humain se restreint à la biologie. La personne croit que, grâce à une série d'épiphanies et de décisions, elle parviendra à s'unir à une énergie plus vaste et à devenir partie intégrante du système divin. Il n'y a rien de bizarre là-dedans, puisque cette idée correspond au préjugé de singularité qui imprègne la réalité tridimensionnelle.

L'être humain croit en un moi individuel et biologique. S'il ne perçoit pas une chose en trois dimensions, alors elle n'existe pas. Même si la science reconnaît l'existence de dimensions invisibles, ce genre de chose ne semble pas s'appliquer à la vraie vie. Par conséquent, l'homme est seul, impuissant et il doit découvrir une source singulière autre de pouvoir spirituel. Sa quête s'achève lorsqu'il tombe sur un système spirituel conforme à sa culture et aux découvertes de ses pairs. Souvent, cela transforme sa vie. Il s'agit parfois d'une simple réponse qui lui donne un sentiment de complétude, et sa quête prend fin. Il respecte cette réponse, sans toutefois changer de vie.

En vue d'équilibrer ce préjugé singulier, les maîtres sont venus ici-bas afin de dispenser de merveilleux enseignements sur le fonctionnement de la famille et sur ce qui est possible. Cependant, on les considérait comme des dieux; ils furent souvent assassinés, révérés au-delà de la mort, comme nous l'avons souligné. Tout cela est très linéaire et parfaitement compréhensible dans le cadre du préjugé linéaire propre à l'humain.

Aujourd'hui, toutefois, le moment est venu de vous en défaire et de concevoir une vérité plus complète.

Cette pensée nouvelle donnera naissance à un Dieu beaucoup plus vaste que celui que l'on vous a inculqué initialement. Elle ne rend pas faux ce que vous avez déjà appris; elle améliore simplement votre compréhension du tout. Un rapport nouveau à l'Esprit émerge, et vous avancez avec une attitude qui admet que les autres voies spirituelles puissent convenir à ceux qui les suivent. Il n'y a nul jugement ni a priori sur l'existence d'un chemin unique menant vers Dieu. Tout devient plutôt une célébration des voies vers Dieu. Car tôt ou tard vous rencontrerez la famille au complet et vous réaliserez que vous tous ne faites que gravir l'arbre de vérité en découvrant les semences une à la fois, que vous vivez au fil de la croissance de chaque incarnation en escaladant cet arbre.

Par conséquent, le Soi supérieur n'est pas distinct ni séparé de l'humain. Il est Dieu en vous; c'est la vérité la plus difficile à laquelle vous habituer. Car, encore une fois, l'être humain préfère imaginer que Dieu est beaucoup plus intelligent et digne d'amour qu'une partie de lui-même. En vérité, le Soi supérieur est parfaitement digne d'amour, car il appartient au système de l'amour et, effectivement, il n'est pas singulier. Invariablement accessible dans l'ADN, il fait partie du portail que nous avons décrit. Voilà pourquoi l'une des leçons de vie primordiales consiste à apprendre à vous aimer vous-même. Cette leçon procure l'aptitude à échanger avec un Soi supérieur qui fait partie de vous et à communiquer avec celui-ci.

Si vous vous mettez à réfléchir en termes plus interdimensionnels, vous êtes alors en mesure de vous représenter l'ADN comme un véhicule ou un portail vers autre chose. Au lieu d'imaginer que l'ADN contient tout cela, vous prenez conscience qu'il vous y conduit. Un ascenseur contient-il votre destination? Non. Ce n'est qu'une petite cage qui vous y emmène. À mesure que vous devenez plus multidimensionnel, l'ADN prend le même caractère. Envisagez-le comme un ascenseur vers le Soi supérieur. Car lorsque vous «y montez», vous êtes transporté vers un lieu beaucoup plus immense que vous l'auriez cru. Vous en serez contrarié, car il vous sera impossible d'éprouver toute l'émotion ou la transition dimensionnelle qui surviendra au moment d'entreprendre ce périple. Cela se manifestera d'ailleurs par des migraines, des nuits d'insomnie et des maux d'estomac.

L'individu contemple donc tout cela et se demande pourquoi l'Esprit le rend malade alors que tout ce qu'il souhaite, c'est découvrir le Soi supérieur. À l'évidence, sa quête bouleverse tout. Si vous entreprenez un parcours vers la découverte de soi, toutes vos cellules sont concernées, pas seulement votre cerveau. L'ADN est présent dans l'ensemble de la structure cellulaire; par conséquent, tout participe. Nous vous avons également donné la solution à ces problèmes : parlez à vos cellules et à l'Esprit, et offrez-leur une direction – «Ne me donnez que ce que je peux endurer, sous la forme d'un processus lent.» Cela vous place aux commandes de votre propre épiphanie; vous l'atteignez ainsi sans heurt. N'est-ce pas révélateur de la personne qui détient le pouvoir dans tout cela?

L'être humain entendra les conseils dans un message comme celui-ci; il s'en servira dans son processus de pensée linéaire, se mettra à changer, puis s'arrêtera pour se demander s'il fait les choses correctement. «Qu'a-t-il dit exactement? Dois-je le faire le matin, ou le soir? Combien de fois par jour?» Il existe une réponse tout à fait honnête à ce genre de questions. Imaginez un instant que vous êtes le roi ou la reine d'un empire. Vos sujets s'inclinent devant vous et sont prêts à recevoir la sagesse des âges dont vous êtes porteur. Vous êtes aux commandes d'absolument tout – l'heure de vos repas, les gens que vous recevez, les endroits que vous visitez et les moments où vous dispensez votre sagesse. Voyez-vous clairement la scène? Maintenant, est-il vraiment opportun de vous interroger : «Quels mots devrais-je employer à l'intention de mes serviteurs cellulaires? Seront-ils toujours là demain matin ? » Non, ils n'ont que faire du protocole ! Les cellules sont suspendues à vos lèvres, elles ne dorment jamais, elles attendent vos directives – n'importe quelles ! Vous pigez ? Encore une fois, c'est le préjugé linéaire qui incite l'humain à se demander s'il fait ce qu'il faut au sein d'une structure qu'il aura lui-même façonnée.

Les lois humaines entourant les doctrines spirituelles ne sont que ce qu'elles sont – des lois humaines. Détachez-vous de cette idée et comprenez ceci : si votre Soi supérieur réside en vous, vous avez certainement un accès direct à la divinité. Sans nul doute ! C'est un premier pas merveilleux. Le Soi supérieur devient de plus en plus accessible pour vous en raison de l'attitude différente que vous avez acquise par rapport à celui-ci. Certains cercles l'appellent « Esprit saint ». Il s'agit d'une énergie qui rend visite à l'humain lorsque ce dernier doit accomplir de vastes prodiges. Voilà également la définition du Soi supérieur. L'élément est reconnu comme appartenant réellement à l'énergie spirituelle universelle ; il possède plusieurs noms.

Grâce à cette énergie dans votre ADN, vous possédez un chemin vers la manifestation. Lorsque vous vous mettez en contact avec cette partie de vous, votre destinée change. Votre compréhension de la totalité de l'énergie présente en vous et de votre nature divine s'affine. Voilà pourquoi c'est l'énergie à laquelle vous aspirerez en méditant ou en priant. Et vous aurez raison. Car, dans son optique singulière, l'humain souhaite prier quelqu'un ou quelque chose qui est supérieur à lui-même. L'idée de vous prier vous-même vous paraît totalement inadmissible. Vous vous tournez donc vers une entité, même vers Kryeon. Nous suggérons plutôt que l'acte de prier ou de méditer débute comme une célébration, puis qu'il se poursuive par la traversée du portail, grâce au secours du Soi supérieur, pour que vous parveniez enfin à un espace vous permettant d'entretenir une relation avec la famille qui vous entoure et avec les fragments et les pièces qui se sont détachés de vous. La prière et la méditation sont votre connexion à votre foyer ;

vous aurez vraiment cette impression. Il s'agit de communiquer avec l'ensemble des parties de *vous*. C'est également la raison pour laquelle nous l'appelons «couche de prière et de communication».

Nous préférons désigner le Soi supérieur par «couche de prière et de communication», un conduit vers l'autre côté du voile. Il se sert de votre énergie sacrée, et le fait est capital. Imaginez un instant que l'humain se tient à la porte du paradis et qu'il se demande s'il est digne d'y pénétrer ou même de frapper à celle-ci. Le repoussera-t-on? Il n'est après tout qu'un humain. Il se prosterne donc pour que celui qui ouvrira la porte aperçoive l'hommage et le prenne en pitié. Vous appréciez cet exemple? Il représente la majeure partie de l'humanité et sa manière de prier. Maintenant, imaginons la scène autrement.

Vous êtes un membre de la famille et vous vous tenez devant la porte de votre domicile. Il vous est impossible de la franchir pour l'instant, mais vous pouvez l'ouvrir et communiquer. De l'autre côté se trouvent des parents et amis disparus depuis longtemps. Ils ignorent que vous vous tenez à la porte jusqu'à ce que vous frappiez. Devriez-vous le faire? Vous pigez? En tant que membre de la famille, vous avez ce droit. En outre, vous imaginez déjà leur joie lorsqu'ils découvriront qui frappe à la porte. Puis s'ensuivront des retrouvailles et des échanges inoubliables accompagnés de larmes de joie. Membre de la famille, vers qui vous prosternez-vous d'abord? (*Kryeon sourit.*) L'Esprit vous perçoit comme étant aussi parfait, aussi digne et aussi égal que n'importe quelle entité dans l'univers. Le Soi supérieur devient le véhicule que vous empruntez pour y parvenir; l'état de maître en dépend. Nous nous y attarderons à la neuvième couche.

**Ehyeh asher ehyeh** est le nom hébreu de Dieu que nous avons choisi pour cette couche. Ce nom en particulier est en effet grandiose, car il signifie «Je suis ce que je suis». Plusieurs parmi vous l'ont déjà entendu. Il est sacré aux yeux de quelques systèmes spirituels; l'histoire veut que ce soit la réponse de Dieu à la question de Moïse « Qui est là ? ». Qu'est-ce que cela peut bien vouloir dire ? On dirait une énigme, mais ce n'est pas le cas. Ce n'est que dans les langues autres que l'hébreu que la syntaxe est biscornue. Le sens littéral est plutôt : « Je serai ce que je serai. » L'interprétation de cette assertion reste tout de même mystérieuse. Considérez-la donc ainsi : « JE SUIS », dans le sens *Ceci est mon nom*; « JE SERAI », dans le sens *J'existe à jamais*. Vous avez ainsi une phrase complète : « Je suis Dieu, et je le serai à jamais. » C'est en effet l'énergie du Soi supérieur, celle du Créateur, car c'est l'aspect de Dieu en chaque être humain, sans exception. C'est le portail de la communication avec Dieu.

Pourquoi est-il « supérieur » ? demanderont quelques-uns. Comment l'envisagez-vous, être humain ? Plane-t-il dans les nuages ? Se trouve-t-il dans les cieux ? Nous vous avons déjà expliqué qu'il est en vous. Quel est donc ici le sens de *supérieur* ? Nous vous révélons également que c'est la partie en vous qui est douée d'une *vibration supérieure* à celle de toute autre structure cellulaire tridimensionnelle. Le Soi supérieur ne se situe pas au-dessus de vous, mais il vibre à la fréquence du Créateur; il demeure invisible et voilé. Pas surprenant que nous vous conseillions d'ouvrir la porte avec précaution.

La numérologie de cette couche possède plusieurs niveaux. Quand le *six* est seul, il présente l'énergie des communications, de l'équilibre et de l'harmonie. En soi, il complète la définition du Soi supérieur, mais il y a davantage. Le *six* avoisine le *cinq*, le changement, de même que le *sept*, qui a un sens sacré. Vous voyez maintenant comment fonctionne la numérologie quantique ? Il faut vraiment voir d'où proviennent le chiffre et ses voisins dans la séquence linéaire ou non linéaire qu'ils représentent.

Laissez-moi maintenant vous dévoiler que certaines couches demeurent incomplètes, à moins de s'associer à d'autres couches. J'avais précisé déjà que l'explication allait se compliquer; ce moment est venu. En effet, la couche du Soi supérieur ne peut exister seule au sein du système génétique. Ce dernier dépend de son interactivité avec des énergies spécifiques qui l'entourent et quelques-uns des nombres dans le *cercle des douze*. Encore une fois, nous évoquons l'exemple de la transmission automatique que mon partenaire a déjà utilisé. Même la roue principale qui déclenche le moteur doit travailler avec les pièces plus petites, afin de déterminer les proportions et les vitesses que celui-ci atteindra. Nous vous avons incités à envisager l'ADN comme un cercle de nombres plutôt qu'une liste ou une pile. Considérez-le donc comme une pièce du moteur génétique.

La sixième couche collabore avec l'énergie du *trois*. Revenez en arrière et revoyez les explications sur la troisième couche d'ADN ; vous saisirez peut-être les raisons qui sous-tendent cette collaboration. Car le catalyseur représente ce qui est possible lorsqu'une énergie aide à en produire une autre tout en demeurant semblable à elle-même. Voilà ce qui explique que l'être humain découvre le Soi supérieur dans la vie de tous les jours. L'humain se transforme et le Soi supérieur demeure le même.

Une fois de plus, examinez la coopération entre le *six* et le *trois* ; ils produisent encore un *neuf*. C'est un thème commun aux énergies génétiques qui collaborent, car l'achèvement dans ces circonstances correspond au terme de l'ouverture d'un portail vers le Soi supérieur grâce à l'action de la joie comme catalyseur.

### Sommaire – Sixième couche

Cette couche est un authentique portail vers la partie de vous la plus importante à s'être fragmentée lors de votre venue sur la planète Terre. Elle facilite la communication avec Dieu par l'entremise de la prière et de la méditation ; c'est la couche « Je suis ». On la représente comme ce qui vous conduit de l'autre côté du voile, et on la nomme souvent « Esprit saint ». C'est également la dernière couche du groupe de la divinité humaine, et elle collabore avec votre couche multidimensionnelle, la troisième.

*En accélérant le véhicule, vous donnez des instructions*
*à la transmission automatique très complexe*
*de passer à la vitesse supérieure et d'aller de l'avant.*

CHAPITRE 9

# Troisième groupe d'ADN

## Septième, huitième et neuvième couches

*Kryeon*

### TROISIÈME GROUPE D'ADN : LES COUCHES LÉMURIENNES

Les septième, huitième et neuvième couches sont lémuriennes. En poursuivant, vous constaterez encore une fois que les énergies intégrées à l'ADN deviennent plus interdimensionnelles. Ces couches divulguent toutefois l'histoire de la Création et dénotent la profondeur de ce qui se trouve vraiment dans l'ADN; elles en font «la bibliothèque de l'humanité sur la Terre».

### Septième couche : Première couche lémurienne (voir page 341)

Chers amis, comment parviendrons-nous à vous expliquer une telle bizarrerie, une telle invraisemblance? Vos grandes religions préconisent que la pensée spirituelle provient d'un espace angélique. Ces mythes débordent de métaphores, mais rares sont celles qui affirment que votre essence spirituelle tire son origine des étoiles.

Remarquez en premier lieu que les légendes relatant la naissance de la conscience spirituelle mettent en scène des êtres humains qui, comme vous, possédaient une intelligence développée. Aucune mythologie religieuse ne fait référence à un premier homme préhistorique dans une grotte, tabassant sa dernière proie avec les os d'une autre bête.

Au contraire, toutes évoquent un humain évolué ayant atteint un stade de développement très similaire au vôtre. Le fait est capital, car c'est très exact et véridique. Les humains ont reçu la semence du savoir spirituel quand ils ont atteint le stade où leur intellect fut en mesure de l'appréhender.

Malgré tout, il fallut des millénaires à nos frères et sœurs pléiadiens pour ensemencer le genre humain. Le processus fut long et il exigea des générations pour y parvenir.

Comme mon partenaire l'a décrit plus haut, le genre humain a suivi la même ligne évolutive que les autres mammifères, qui se sont diversifiés pour permettre à l'espèce de survivre. Cependant, pour que cette planète acquière une conscience spirituelle et devienne l'unique planète où règne le libre arbitre, il fallait qu'un seul type d'humain prévale.

La notion de « seule planète où règne le libre arbitre » en déroute plusieurs. Permettez-moi de rappeler que cela signifie qu'à l'heure actuelle, dans l'univers, la Terre est l'unique planète où un être spirituel est libre d'accepter ou de rejeter le créateur en lui. C'est ici seulement que l'on peut se rendre maître de la vibration de l'énergie de Gaia ou des taux vibratoires de la Terre. Par conséquent, cette dernière peut déterminer son taux vibratoire au sein d'un système qui, subséquemment, déterminera la vibration donnant naissance à un autre univers. Aucune autre planète ne possède ce système. Cependant, il y en eut d'autres déjà, et l'une d'elles est toujours en orbite autour de l'une des étoiles de la constellation des Sept Sœurs.

Des univers voient le jour sans cesse. Votre théorie du *big bang* est absurde pour les deux raisons suivantes :

Elle est le produit de l'a priori tridimensionnel scientifique qui cherche un commencement à tout. Néanmoins, ce qui possède un caractère quantique n'en a aucun. La science ne semble pas se préoccuper du fait que l'atome n'a intrinsèquement aucun commencement puisqu'il a contribué au *big bang*. Pourtant, l'univers doit avoir un début. Voilà pourquoi, de l'avis de la science, le *big bang* naît d'atomes qui sont en quelque sorte des particules divines, car elles n'ont ni début ni fin et elles provoquent une explosion marquant la naissance de votre univers.

Pour que cette naissance corresponde au préjugé de la linéarité, l'atome indestructible doit être mystérieusement activé. Cette théorie postule qu'en l'espace d'une nanoseconde *tout apparut à partir de rien*. Dès cet instant de création, toutes les lois de la physique furent suspendues pour permettre cette naissance. Cette explication a été donné afin de satisfaire l'humain dans sa linéarité de savoir «comment tout a commencé»; à l'image d'une ligne droite dans votre géométrie, ligne qui doit avoir un début quelque part. Cette ligne peut se prolonger éternellement, vers une fin hypothétique, mais c'est votre pensée linéaire et tridimensionnelle qui exige qu'elle ait un commencement.

Faisons une petite pause pour valider la notion de temps, car celle-ci pèse lourd sur vos processus logiques. Les scientifiques remontent le fil du temps grâce à des télescopes sophistiqués et aperçoivent ainsi un univers naissant [la lumière diffusée il y a des milliards d'années le prouve]. Cela ne fait que consolider l'idée qu'il y eut un début, un moment où les galaxies n'étaient pas ce qu'elles sont aujourd'hui. Ainsi, les hypothèses postulant un développement semblent corroborer le fait qu'il y eut un commencement et que les galaxies se sont constituées à partir de quelque chose de nouveau dépourvu de forme.

Permettez-moi de vous le redire, puisque nous traitons de l'espace : votre univers existe depuis toujours et il existera à jamais, car un cycle dimensionnel fait en sorte de ne pas entraîner l'effondrement de l'univers sur lui-même. Grâce à ce cycle, l'univers évolue jusqu'à un point où il se fragmente en fonction des lois quantiques de l'énergie. Ce phénomène entraîne une transition interdimensionnelle similaire à une collision entre les dimensions. Voilà en effet ce qui se passe, car les lois quantiques déterminant les caractères dimensionnels relèvent de l'énergie. Par ailleurs, un état quantique se transforme même d'un type à un autre. Dans la réalité tridimensionnelle, cela peut ressembler à une explosion.

Vous interprétez ce phénomène comme une reconfiguration de la matière tridimensionnelle. La vie telle que vous la connaissez disparaît pour ensuite se recréer une fois que la matière s'est reconfigurée en un nouvel état dimensionnel. Autrement dit, un univers se fragmente pour en engloutir un autre, mais ce dernier n'est que la continuation de l'autre sous une forme supérieure. D'une certaine manière, il y a eu un début à votre configuration actuelle, mais il ne représente que la continuation d'un état antérieur.

À l'arrière-scène se joue l'influence de ce que vous nommez « trous noirs », les véritables parents dimensionnels de chaque galaxie. Ceux-ci fournissent une énergie équilibrée *push-pull* qui permet le mouvement unifié de la galaxie et l'agglutine grâce à des propriétés quantiques que vous n'avez pas encore découvertes.

Ce sont ces trous noirs qui sous-tendent votre matière sombre et le quotient énergétique de l'univers, et qui expliquent une expansion constante. Toutefois, il ne s'agit pas vraiment d'une expansion des proportions, mais bien de l'énergie quantique. Une expansion d'énergie quantique est une propriété de l'énergie qui augmente en dimensionnalité, pas en quantité. Au fil de cette expansion, l'énergie déplace des objets que vous percevez comme la distance dans la réalité tridimensionnelle. Cette perception résulte du fait que vous ne voyez pas encore les processus interdimensionnels. Les galaxies s'éloignent-elles les unes des autres ? Oui, dans la réalité tridimensionnelle, mais pas dans un état multidimensionnel, où elles demeurent les mêmes. Pourtant, ce que vous concevez comme de la matière sombre se dilate.

En vérité, de l'énergie invisible est créée et elle repousse la matière dans la réalité tridimensionnelle loin d'elle-même. La molécule à l'intérieur d'un ballon que l'on gonfle ne voit que la membrane du ballon qui s'éloigne du centre à une vitesse croissante. La molécule n'a pas conscience qu'une quantité croissante d'air invisible pénètre dans le ballon. L'énergie, qui demeure invisible pour vous en tant que force interdimensionnelle, est produite sans relâche. Vous n'avez pas encore défini cette énergie, vous ne l'avez même pas identifiée. Vous savez simplement qu'elle est présente en quantités formidables, mais vous ignorez sa nature. Ce sont des principes que vous ne commencez qu'à envisager; il faudra donc un certain temps aux scientifiques pour corroborer ces informations. N'oubliez pas que vous l'aurez découvert ici, lorsqu'ils en arriveront là ! (*Clin d'œil de Kryeon*)

Le résidu énergétique que la science tient pour preuve du *big bang* confirme seulement que quelque chose a changé et qu'une transformation majeure est survenue. C'est ainsi, car une transition dimensionnelle est survenue, et non une explosion mystérieuse où tout serait magiquement apparu à partir de rien, explosion dont la structure atomique demeure inexplicable. Voyez-vous où le préjugé humain l'emporte parfois sur la science cartésienne ? Vous êtes partial et assujetti à une pensée linéaire; vous croyez forcément qu'une ligne doit avoir un commencement.

### Les Pléiadiens entrent en scène

Délibérément, une race très évoluée d'êtres spirituels se mit à collaborer avec l'humanité. Ces êtres étaient venus sur terre à maintes reprises, attendant le moment opportun pour entreprendre leur travail. Ils décidèrent de rester, à leur manière, et s'assurèrent que l'ADN qu'ils modifiaient au sein du genre humain était adéquat.

Le plan divin dictait leur présence ici. Ils n'avaient nul désir de conquérir la Terre ou de se l'approprier, ni d'inséminer l'humanité avec leur semence pour ensuite revenir et devenir maîtres des lieux. Toutes ces histoires ont été inventées par l'homme ; la peur les sous-tend, tendance très humaine, pas pléiadienne. Les bobards sur une conspiration continuent à prétendre que ces créatures se dissimulent à l'intérieur d'êtres humains et qu'un beau jour elles captureront leur âme ou mettront en œuvre un plan sinistre.

Je vous le demande donc, cher humain : croyez-vous que Dieu est envahissant dans votre vie ? Cherche-t-il à capturer votre âme et à vous conduire quelque part contre votre gré ? Vous semble-t-il le conquérant ultime de la force vitale ? Déambule-t-il dans les rues pour épier les humains et informer son quartier général de vos activités ? La réponse est évidente ! Pourtant, il y a encore des gens qui préfèrent le drame et la conspiration pour rendre leur vie plus excitante. C'est leur choix. Est-ce le vôtre ?

Dans votre Univers, les Pléiadiens représentent le summum de la réussite telle que vous pouvez l'imaginer. Leur planète fut la première « seule planète où règne le libre arbitre ». Ces êtres ont exercé une influence spirituelle sur l'énergie de la création de votre système solaire. Leur civilisation précède la vôtre. De peu seulement en termes universels, mais suffisamment pour avoir livré leurs guerres, subi leurs tribulations et décroché leur diplôme en étant nantis d'une mission : poursuivre leur œuvre en accordant leur vibration à la génération subséquente de formes humanoïdes. Ils y parvinrent en transmettant la portion quantique [interdimensionnelle] de leur ADN directement au mammifère nommé « homme » sur la planète Terre. Le moment était venu. La Terre était prête. C'était il y a environ 100 000 ans (selon vos années terrestres), une période infime par rapport au temps qu'il fallut à la Terre pour parvenir au stade où ce prodige fut possible.

Nous n'avons toutefois pas mentionné le fait que les Pléiadiens ne furent pas les premiers visiteurs venus d'ailleurs. Nul besoin de s'y attarder, car cela n'a rien à voir avec votre spiritualité. Il suffira de dire que lorsque les Pléiadiens entamèrent leur œuvre, les autres races de l'espace s'étaient déjà désintéressées de ce que la Terre avait à offrir. Il n'y a jamais eu de guerres des étoiles, ni d'affrontements ou de conflits. Les Pléiadiens ont accompli leur travail au moment opportun, comme le prescrivait l'énergie du Créateur. Ce fut une œuvre adéquate et juste pavant la voie à l'étape évolutive subséquente qui consistait à ensemencer l'énergie du Créateur dans l'ADN humain.

Les Pléiadiens possèdent une technologie quantique et ils ont compris les deux lois additionnelles de la physique que vous n'avez pas encore découvertes. Par le fait même, ils peuvent s'entremêler à l'état quantique de l'univers et voyager presque instantanément. Sachant cela, vous comprenez pourquoi ils n'ont nul besoin de se dissimuler dans la forme humaine, de mystifier, d'escroquer ou de se déguiser. Cela leur semble parfaitement absurde, car ils viennent ici quand bon leur semble.

À ce jour, la technologie moderne surveille régulièrement des zones de l'espace par vision à longue distance, grâce à des caméras produisant un flot d'images même en l'absence d'opérateurs. Autrement dit, vous êtes en mesure de voir directement l'endroit dans le périmètre de la caméra. Il y a moins d'un siècle, ce prodige aurait éveillé la crainte parmi la population de l'époque. On l'aurait qualifié de « diabolique », de sorcellerie, puisqu'il permet de voir directement des lieux lointains. Les théories sur la conspiration se seraient multipliées, ainsi que les décisions mues par la peur. Ces gens auraient simplement supposé que vous étiez dans la pièce à leurs côtés, et non pas assis ailleurs à observer un écran vidéo. Vous pigez ? Votre perception de la réalité est modulée uniquement par ce que vous connaissez, et l'humanité redoute systématiquement l'inconnu, y voyant le mal.

Le vaisseau interdimensionnel pléiadien est également notable, et on l'a aperçu. Les objets dans un état interdimensionnel n'obéissent pas au mode tridimensionnel pour leurs déplacements. Si vous entendez parler d'un objet qui « scintille » et se déplace à des vitesses impossibles pour s'arrêter brusquement puis repartir, il s'agit de mouvements dans une dimensionnalité étrangère à la vôtre. Votre science ne possède encore rien de tel, car tous les objets mobiles évoluent dans un seul type de dimensionnalité – la vôtre. Cela réduit tout à vos attentes tridimensionnelles. Pourtant, les scientifiques ont déjà remarqué des signes de matière dans un état intriqué, à savoir de la matière présente à deux endroits tridimensionnels simultanément. Considérez ainsi le phénomène : vous êtes partout à la fois ! Tracez un cercle dans le sable ; à l'intérieur de celui-ci il y a des fourmis. Posez votre doigt sur un point dans ce cercle et faites sursauter une pauvre fourmi. Brusquement, posez votre doigt sur un autre point. La fourmi croira que vous vous êtes déplacé d'un point à l'autre à une vitesse terrifiante ! Elle ne voit que le doigt. Vous pigez ? De votre côté, vous êtes demeuré au-dessus du cercle sans bouger. Voilà ce qu'est l'intrication ; c'est l'un des principes de base du voyage interdimensionnel.

Vos frères et sœurs pléiadiens n'étaient pas spécialistes des modifications génétiques. Ils n'ont pas reconstitué l'ADN humain et ne lui ont rien ajouté non plus. Ils n'ont pas installé de laboratoires où effectuer des chirurgies sur quelques spécimens pour ensuite les renvoyer dans la société. Ils n'ont enlevé ni terrorisé personne. Au contraire, leurs actions furent conformes à vos croyances, et grâce à un processus d'intégration des caractéristiques de la naissance, ils façonnèrent graduellement un hybride d'eux-mêmes. Le produit fut un être humain doué de leurs attributs génétiques spirituels – un être jusque-là complètement absent de l'espèce. Par ailleurs, au cours du processus, le genre humain devint partiellement pléiadienne. Vous possédez leurs caractères spirituels, qu'ils vous ont accordés par l'entremise du processus de l'héritage génétique. Avez-vous conscience qu'ils y sont parvenus sans nuire à qui que ce soit ? Voilà en effet ce qu'ils firent, car ils se sont intégrés à votre société. Le fait indique aussi que leur apparence est identique à la vôtre.

Comment vous y prendriez-vous si c'était vous ? L'assimilation s'est accomplie avec une formidable intégrité et avec amour. Ils vivaient parmi vous. Ils passèrent de nombreuses années ici-bas, bien au-delà de la limite de leur vie (une durée de vie considérable) ; le processus se prolongea sur des dizaines de générations. Une fois celui-ci achevé, ils quittèrent la planète.

Permettez-moi encore une fois de vous répéter ceci, chère famille humaine. Un beau jour, lorsqu'ils seront de retour pour une rencontre dans la troisième dimension, vous éclaterez de rire en les apercevant, car ils vous ressemblent trait pour trait ! Ils sont peut-être un peu plus grands, sans plus. Vous resterez pantois, car leur identité sera évidente – ce sont vos parents par semence stellaire, une famille bienveillante.

Peu à peu, les portions quantiques de votre ADN reçurent ce que les Pléiadiens souhaitaient que vous possédiez : un système leur appartenant qui comportait l'énergie du Créateur, les annales akashiques et toutes les autres qualités que vous dites aujourd'hui spirituelles.

Les trois couches lémuriennes représentent ainsi le noyau de ce qu'ils vous ont accordé. Cette septième couche est ainsi la couche de faculté extradimensionnelle. Encore une fois, impossible de définir ce qu'ils vous ont accordé en termes de couches ou d'éléments distincts, car leur contribution occupe toute l'étendue de votre ADN quantique. Aux fins de cette explication, toutefois, je présente les éléments principaux sous forme linéaire ; j'ai donc classé ces trois énergies sous l'appellation « couches lémuriennes ».

Pourquoi lémuriennes ? Parce qu'à mesure que les autres types d'humains s'éteignirent sur la planète, ceux qui étaient porteurs de l'ADN pléiadien survécurent et instituèrent leurs propres civilisations. Bien que les semences pléiadiennes fussent diffusées à l'échelle mondiale, une société prépondérante acquit un savoir et une puissance exceptionnels. Les humains n'évoluent pas tous dans la même direction. Jetez un regard autour de vous aujourd'hui. Les peuples sont-ils uniformes ? Les Africains sont-ils nantis de ce que les Nord-Américains ont – gouvernements stables, ressources, inventivité, technologie, et sagesse culturelle ? Non. Ils sont pourtant ici depuis aussi longtemps que vous. On constate dès lors chez les humains une grande variété de manières de fonctionner avec ce qu'ils ont ou n'ont pas.

Comme nous l'avons mentionné à maintes reprises, la société la plus évoluée se situait au milieu de l'océan Pacifique, sur un continent appelé à devenir les îles d'Hawaï. Par conséquent, on pourrait affirmer avec raison que les Polynésiens furent les premiers à acquérir la connaissance intégrale de ce qu'avaient réalisé les Pléiadiens. Notez, pour ceux que cela intéresse, que le premier type d'être humain parfaitement réalisé sur le plan spirituel avait une peau de couleur. (*Clin d'œil de Kryeon*)

La Lémurie est du coup la première civilisation sur la planète où les humains étaient à votre image. Oh, plusieurs autres civilisations étaient douées de l'ADN quantique un peu partout dans le monde, mais aucune n'avait l'évolution de la Lémurie. La langue employée est aujourd'hui une langue morte ; une forme élémentaire a néanmoins survécu dans le dialecte ancestral d'Hawaï, car il s'agit de leur lignage et du lignage de ceux qui quittèrent la *grande montagne* en raison de la montée des eaux et qui se dispersèrent aux quatre coins du monde pour l'ensemencer. Ils se rendirent d'abord là où les courants les emportaient naturellement, puis ils naviguèrent contre le vent.

Plusieurs m'ont interrogé. « Kryeon, la langue actuelle à Hawaï ressemble-t-elle au lémurien ? » Un peu, mais pas autant qu'on pourrait le croire. C'est la nature des choses, les langues se transforment au fil du temps ; il y a des ajouts et des pertes. C'est la norme, et ces transformations linguistiques surviennent au fil de périodes considérables. Il n'existe rien aujourd'hui qui ressemble au lémurien. L'exemple le plus approchant serait un amalgame de japonais et d'hawaïen. À mesure que se dispersait la population lémurienne, plusieurs cultures virent le jour et contribuèrent à la diversité linguistique.

« Kryeon, la science ne reconnaît pas la Lémurie ; elle situe le berceau de la civilisation humaine au Moyen-Orient. Qu'en dites-vous ? » J'affirme que la vérité est la vérité. Je l'ai précisé, la semence pléiadienne fut dispersée sur les cinq continents. Ce sont les découvertes scientifiques qui dictent les faits. À mesure qu'elles évoluent, les faits corollaires changent. La science continuera de se transformer grâce à la découverte. La vérité demeure la même – le milieu de l'océan Pacifique, vers le nord, a vu naître la plus ancienne et la plus évoluée des sociétés humaines.

Clarifions un autre point ici. Avant que les Pléiadiens n'accomplissent leur œuvre sur vous à l'échelle mondiale, la constitution humaine ne présentait aucun caractère divin. Vous n'étiez pas habités du Créateur. Vous étiez pareils aux autres formes de vie dans l'univers, car les hommes supposent que toutes les formes de vie sont identiques, ce qui est faux. Seule une fraction des créatures dans l'univers s'est alliée à la divinité du Créateur ; vous comptez parmi celles-ci. Grâce à vos frères et sœurs qui l'ont mise en œuvre, vous faites partie de leur lignée et de la mission de leur planète. À propos, cela signifie qu'à un certain moment, il y eut une « première » – le premier humain à incarner le créateur intérieur. Ce ne fut pas facile, et ceux qui l'entouraient n'étaient pas prêts. Il fallut des siècles pour faire converger l'ensemble de la population et lui accorder l'ADN que nous étudions aujourd'hui dans ces pages. Le processus fut jonché d'épreuves, de terreur. Ne pensez pas qu'il fût réalisé du jour au lendemain. Le premier humain fut assassiné. Les gens s'effrayèrent de sa lumière. Plusieurs autres connurent le même sort, marquant ce que l'on appelle aujourd'hui « la crainte de l'illumination ». Les vieilles âmes l'éprouvent souvent, avec raison.

Si vous souhaitez en apprendre davantage sur le sujet, sachez que nous avons donné bon nombre de canalisations sur la Lémurie, sur le style de vie et les contextes temporels d'une humanité naissante. Nous n'allons pas les revoir ici. Je vous répète toutefois que le processus fut béni par Dieu et qu'aux yeux de ce dernier il est parfaitement approprié. En venant sur terre pour ensemencer un type d'humains avec la propriété spirituelle et quantique de leur ADN, les Pléiadiens obéissaient à leur intuition et à la synchronicité de l'Esprit. Avant leur venue, vous en étiez totalement dépourvus.

Du fait d'être désignées « première et deuxième couches lémuriennes », ces énergies (ou couches) sept et huit sont très spéciales dans le cadre de l'histoire religieuse. Voilà pourquoi je vais vous donner non seulement les noms hébreux qui s'y rattachent, mais aussi les noms lémuriens complets et leurs significations. Car, pour moi, le lémurien demeure une langue vivante.

**KADUMAH ELOHIM** est le nom hébreu de Dieu associé à cette septième couche. Le sens que lui attribue Kryeon est : langue maternelle de l'ADN et divinité révélée. Cette signification indique que la langue du « foyer d'origine » a été implantée en l'être humain. « Le foyer d'origine » n'est pas la Lémurie ; il ne se situe pas non plus dans le système stellaire pléiadien. Ce foyer d'origine est le côté du voile que je représente et depuis lequel tout amour est généré. Ce foyer est dès lors l'endroit où réside Dieu selon vous. Cette couche comporte donc ce que nous avons appelé « troisième langue ». Avez-vous remarqué le *trois* ? C'est le catalyseur du changement. Cette troisième langue s'avère désormais la connexion lémurienne et le langage quantique de la révélation divine.

La propriété même de la réalisation divine est contenue dans cette couche. Elle représente la quête d'un créateur, que l'homme ressent intuitivement dès sa naissance. Il recherche ce qui lui manque ; c'est cette couche en lui qui alimente cette quête.

HOA YAWEE MARU est le nom lémurien de cette couche. Je l'ai transmis à mon partenaire par canalisation il y a des années. Il a donc eu du temps pour saisir les concepts afin qu'à la rédaction de cet ouvrage il soit en mesure de les enseigner. Il est impératif que vous compreniez l'énergie et le temps investis dans ces explications. Aujourd'hui, quand je les lui transmets, ces notions lui sont déjà familières et les explications sont par le fait même moins cryptiques.

Le sens lémurien de Hoa Yawee Maru est « divinité révélée ». Sans celle-ci règne l'obscurité. Mais grâce à elle, vous avez une raison d'être ici. Elle marque la fin de l'ère de l'innocence et équivaut ainsi à la réalisation de Dieu. Elle est l'exposition aux principes d'obscurité et de lumière, de conscience d'intégrité et de non intégrité, et de ce que d'autres prétendent être le bien et le mal. Néanmoins, vous savez déjà que nous la désignons par « ce qui révèle Dieu chez l'homme ».

Le chiffre *sept* correspond à la divinité, à la complétude, à la perfection et à ce que nous qualifions souvent « d'apprentissage de la vie ». Car les épiphanies de l'homme sont toutes associées à l'apprentissage divin à chaque étape. Voyez-vous comment le *sept* est de ce fait l'allié parfait de la première couche lémurienne ? Par ailleurs, il y a le chiffre *un*. L'aviez-vous remarqué ? Comme il fait partie du nom, il faut voir comment il influe sur le tout. *Un* est donc le nombre des nouveaux débuts, et il concerne le moi. Comprenez-vous que ces deux chiffres en disent long sur cette couche ?

Si vous ne connaissiez rien d'autre que les nombres, vous sauriez du moins qu'il s'agit ici d'une énergie de complétude divine. Elle représente la perfection, un nouveau départ, et concerne le moi. Voilà pourquoi elle se doit d'en être une de révélation pour l'humanité. On n'en trouve pas de meilleur exemple ; les chiffres illustrent l'énergie qui sous-tend les paroles linéaires sur cette page. Il y a beaucoup plus à apprendre ici que les simples mots, chers amis. Ressentez-vous l'hommage que nous rendons à cette couche et le fait qu'après toutes ces années, vous êtes désormais en mesure de la découvrir ? C'est le miracle de la Grande Transformation. Cette couche démontre tout le chemin que vous avez parcouru – le fait qu'un livre comme celui-ci, présentant ces vérités, puisse être accepté.

### Sommaire – Septième couche de l'ADN – Première couche lémurienne

Voici l'une des trois couches lémuriennes accordées à l'humanité il y a près de 100 000 ans par les Pléiadiens. Elle a par la suite donné naissance à de nombreuses cultures, mais la plus avancée d'entre elles fut la civilisation lémurienne, qui remonte à environ 50 000 ans. Notez que les cinquante mille ans entre l'ensemencement et la naissance de la civilisation constituent le temps qu'il a fallu pour créer un nouveau type génétique au sein de l'humanité et faire en sorte que les autres types d'humains disparaissent, ne laissant que le type fondamental sur la planète en l'absence des variations que l'on retrouve chez les autres mammifères. C'est là une couche de révélation divine représentant *la fin de l'innocence et le début de la conscience spirituelle*.

## Huitième couche : Les annales akashiques maîtres (voir page 342)

Cette couche est la deuxième couche lémurienne. C'est l'une des plus profondes énergies dans l'ADN et le constituant majeur de l'aspect quantique dans la double hélice. Elle forme les annales akashiques maîtres, et j'ajouterais qu'elle collabore avec la deuxième couche de l'ADN, déjà étudiée.

Voyons brièvement de quoi il s'agit. Quand nous parlons de l'akash, nous nous reportons aux énergies de Gaia, en référence à l'humanité. Cette propriété est de ce fait basée sur la Terre, mais elle ne peut exister en l'absence de l'être humain.

Ce sont les annales personnelles de tout ce que l'humain a jamais vécu.

Au début des transcriptions des enseignements de Kryeon, nous avons décrit la Caverne de la création. Il s'agit d'une grotte tridimensionnelle bien tangible qui est toutefois douée de caractères quantiques. Ce n'est pas si inhabituel, car il en va de même pour l'être humain nanti de caractères tridimensionnels et quantiques. De nature cristalline, cette grotte a trait à l'humanité sur terre. En raison de son emplacement, de sa profondeur et du fait qu'elle soit dissimulée, elle ne sera jamais découverte. Aucun homme ne peut y pénétrer, car elle n'est pas propice à l'existence humaine telle que vous la connaissez. Tout cela est approprié, puisqu'elle n'est pas destinée à être découverte par l'homme. On pourrait l'appeler « comptabilité spirituelle terrestre ». La Caverne de la création contient les annales de chaque âme venue ici-bas ou qui y viendra. C'est l'aspect quantique puisqu'il ne s'agit pas de bonne aventure ici, mais uniquement d'une dynamique en transformation perpétuelle des prochains actes de l'humanité en ce qui a trait au cycle des incarnations sur terre.

Par conséquent, la Caverne de la création est la mémoire planétaire de chaque être humain et elle renferme donc les annales akashiques de l'ensemble de l'humanité. Chaque âme possède des annales cristallines et chaque incarnation s'imprègne dans le cristal de ces annales. Voilà pourquoi il n'y a pas de cristal pour chaque incarnation humaine, mais seulement pour chaque âme. Plusieurs existences sont ainsi gravées sur une structure cristalline représentant une âme qui s'est incarnée à maintes reprises.

Contrairement à la Caverne, l'ADN est personnel. Il porte les annales akashiques tout entières d'un individu, c'est-à-dire celles de toutes ses existences. Comme elles ne sont pas tridimensionnelles, il n'y a donc pas de couches de vie ou de tiroirs pour chaque année, par exemple. Au contraire, ces annales existent sous forme quantique ; elles sont un amalgame de tout ce qui a jamais été appris, apparemment en une seule énergie.

Par ailleurs, ces annales au sein de l'ADN recèlent les aspects interdimensionnels de l'énergie personnelle, car elles façonnent votre identité à chaque incarnation, outre la chimie biologique et tridimensionnelle que sont les gènes encodés pour produire des protéines. Ces annales sont inscrites dans la chimie quantique et aléatoire, et ne constituent pas une représentation linéaire des vies antérieures. Au contraire, il s'agit d'une « série d'instructions permettant de vous relier à la bibliothèque principale » sous forme quantique, forme que vous concevez comme une autre dimension. Je tiens à le préciser, puisqu'une supposition court voulant que ces annales akashiques soient intégrées dans l'ADN physique, ce qui est faux. En effet, seuls les indicateurs vers la bibliothèque s'y trouvent. Cependant, même les indicateurs occupent un espace tridimensionnel au sein du génome humain.

Je ne m'attends pas à ce que vous saisissiez ces subtilités, mais que vous les reconnaissiez sur le plan ésotérique comme partie intégrante du fonctionnement des choses. Et spécifions qu'elles ne sont pas linéaires, car cette énergie est trop importante pour être comprise dans l'ADN. Il faut maintenant souligner que votre nom angélique, ou votre énergie, inscrit dans les quatrième et cinquième couches, est de même nature. Nous avons attendu jusqu'ici pour vous l'indiquer, car, en passant aux énergies des couches supérieures, l'énigme devient plus quantique, plus aléatoire en apparence et plus difficile à percer.

Ces annales akashiques comportent non seulement les vies antérieures, mais le karma. Elles portent les raisons expliquant le choix de vos parents, de votre groupe et des épreuves que vous devrez affronter. Elles sont à l'origine des craintes, des propensions au drame, de la sagesse, de la sérénité et des solutions. Elles sont émotionnelles, puisqu'elles se souviennent des bribes et des parties de vies antérieures qui sont source de blocages, voire d'habitudes. Votre identité est beaucoup plus complexe que ce qui est à la surface. Comme l'a mentionné mon partenaire, l'individu vient au monde avec des traits génétiques biologiquement hérités de la chimie tridimensionnelle des parents. Les traits prépondérants de la personnalité proviennent toutefois des annales akashiques et des expériences accumulées sur terre par cet individu dans ce que vous nommez « le passé ».

Cette couche contient l'organisation de la vie actuelle et peut être passablement éprouvante. Voilà pourquoi elle collabore avec la deuxième couche, celle de la leçon de vie, et elle a trait à la dualité. Voyez-vous comment toutes ces couches sont liées ? Aucune des couches énergétiques de l'ADN n'opère seule.

Abordons brièvement la question des vies antérieures. Vous aimez considérer ces existences comme un chapelet en forme de bouts de corde – encore ici, sous l'effet du modèle tridimensionnel. Vous préféreriez croire que chaque incarnation possède une durée spécifique et que ces vies s'empilent toutes les unes sur les autres. Vous voudriez également penser que plus l'incarnation remonte loin dans le passé, plus il est difficile d'y accéder en raison de son éloignement temporel.

Cette idée est fausse. Tout ce que vous avez jamais vécu participe à la toile mère de votre identité actuelle. L'artiste cosmique mélange les teintes et marie les couleurs, et ainsi apparaissent les existences que vous avez vécues, en vue de positionner votre énergie et votre spiritualité là où elles sont aujourd'hui. Par ailleurs, l'expérience terrestre dans son ensemble est également contenue là. Les incarnations en tant que mère, guerrier, comptable ou paysan sont toutes présentes. Voilà pourquoi vous avez vécu presque tout ce qu'un être humain peut vivre et qui se trouve dans l'ADN sous forme d'une immense toile qui continue de s'étendre et d'évoluer.

Plusieurs souhaitent accéder à une vie antérieure comme ils aimeraient accéder à une couche d'ADN. Ils recherchent la simplicité du mode linéaire tridimensionnel, mais c'est impossible.

Songez-y un peu en imaginant ceci : vous vous trouvez dans une galerie d'art et vous vous tenez devant une toile. Appelons-la « George ». Vous l'adorez. La voici dans toute sa gloire et, béat d'admiration, vous êtes séduit par sa vitalité, sa beauté. Un inconnu s'approche, il ne connaît rien à l'art et il est incapable de voir l'ensemble du tableau. Au contraire, il en analyse les parties et raconte des âneries : « Il serait intéressant d'identifier le pigment employé dans cette zone rouge de "George", dit-il. Je me demande si je pourrais gratter un peu de peinture pour le déterminer. » Vous êtes sidéré ! Ne sait-il pas que ce pigment a été soigneusement mélangé par l'artiste lorsqu'il a peint la toile il y a un siècle ? Et ne sait-il pas que le pigment original est disparu depuis longtemps, puisqu'il s'est mêlé à d'autres couleurs, puis au vernis qui le recouvre ? La réponse est non, il l'ignore.

C'est exactement comme de tenter de capturer l'essence d'une vie antérieure dans l'ADN. Elle n'est pas dans un contenant ni sur une ligne temporelle génétique. C'est au contraire le chef-d'œuvre de votre identité. À la surface, vous saisissez son énergie, car certains peuvent y pénétrer, la linéariser et « déchiffrer » un profil de vie antérieure. Néanmoins, ce n'est pas vraiment y accéder dans le but d'en faire usage maintenant. Voir les vies antérieures ne consiste qu'à pressentir ce qu'elles ont pu être et leur influence sur l'ensemble du tableau.

On peut lire un ouvrage sur un auteur ou un peintre célèbre, mais il est impossible de faire revenir ces derniers d'outre-tombe pour une petite causette, car ils se sont entremêlés au tissu de l'énergie terrestre et l'aspect tridimensionnel de leur incarnation antérieure a disparu. Leur énergie demeure toutefois ici-bas, ainsi que leurs écrits ou leurs œuvres. Voilà pourquoi on peut affirmer qu'ils sont toujours présents, manifestés par la conscience de leur art. L'aspect quantique est ici, mais pas l'aspect physique.

Certains souhaitent tout de même travailler sur une vie antérieure dans la réalité tridimensionnelle, comme si elle leur appartenait encore de manière linéaire. C'est là une erreur. Sur le plan personnel, elle fait partie d'eux de manière à préciser leur identité. Elle s'est intégrée à la soupe de leur essence vitale ; c'est l'une des teintes de la toile grandiose.

## Puiser à même l'akash

Si nous abordons ce point, c'est qu'au cœur de cette énergie nouvelle, nous pouvons vous faire savoir que vous êtes en mesure de manifester dans votre existence actuelle certains traits d'une vie antérieure. Nous n'affirmons pas pour autant qu'il vous est possible d'identifier une vie antérieure en vue d'en faire usage. Nous affirmons plutôt que votre ADN « sait » ce que vous avez vécu, celui ou celle que vous avez été, et la manière dont vous avez été « peint ».

La transition imminente de votre planète accroît vos capacités, et votre ADN réagit. Les enfants naissent doués d'une perception (conceptuelle) quantique et vous prenez peu à peu conscience de la présence du créateur en vous et de l'état de maître en vous, état dont vous avez entendu parler. Vous l'intégrez au lieu de le connaître uniquement sur le plan intellectuel. L'invitation devient donc plus quantique et beaucoup moins linéaire. Ce processus implique ce que nous entendons par « puiser à même l'akash ».

Les incarnations vécues conduisent à celle que vous vivez à présent. Chacune vous a procuré informations, expériences et sagesse en vue de celle-ci. « Comment ! s'exclameront certains. Je connais beaucoup de gens qui ne sont pas très conscients et qui se préoccupent très peu de la spiritualité. Ils n'ont aucune sagesse, mais un clairvoyant percevant les vies antérieures affirme qu'il s'agit de vieilles âmes. Qu'en pensez-vous, Kryeon ? »

Voici où les choses se compliquent. À partir de maintenant, tout exige une intention résolue et réalisée. Cela signifie que même si vous êtes en possession de la bibliothèque d'expériences d'un maître, celle-ci demeurera latente jusqu'à ce que vous soyez persuadé de pouvoir en faire usage. Il faut éprouver une ferme conviction, pas une simple curiosité. Il faut assumer le concept pour que cela soit possible ; bon nombre ignorent complètement comment s'y prendre. L'idée leur plaît, mais ils n'arrivent pas à comprendre comment l'appliquer. Nous ne pouvons pas l'enseigner, car vous êtes sur la voie de la certitude ou vous ne l'êtes pas. Plusieurs affirment l'être, mais leur vie témoigne pourtant du contraire. Généralement, c'est dû à la peur, mais le plus souvent, ils ne sont tout simplement pas prêts.

Pour ceux qui le sont, toutefois, le processus s'avère magnifique. Mais puisque ce dernier n'est pas linéaire, l'être humain ne peut dire : «J'aimerais activer la vie numéro 102, où j'avais des talents d'orateur et j'étais auteur.» Même s'il est persuadé qu'il s'agissait bien de la vie numéro 102, parce qu'il a consulté un voyant, cette qualité de ses antécédents a disparu. Son énergie existe plutôt dans la soupe de son identité actuelle. Elle est dissimulée, prête à se manifester et à servir de nouveau. Ce n'est pas le «vous» d'aujourd'hui, mais l'un des *vous* que vous avez déjà vécus et connus ; il fait donc intégralement partie de votre être. Voilà pourquoi le processus est de nature quantique et vous pouvez l'aborder ainsi : «Chère structure cellulaire, j'aimerais posséder les qualités que j'avais au cours de ce que je nomme mon passé, qualités susceptibles d'améliorer ma capacité à vivre plus facilement et avec grâce. Je voudrais me souvenir de ce qui me permettra de vivre plus longtemps, de faire mieux mon travail et de me consacrer avec paix à ce que je cherche à accomplir. Je souhaite puiser à même l'akash pour ces qualités présentes dans mon ADN personnel.»

Voyez-vous ce qui se passe ici ? Vous donnez des directives à votre structure cellulaire, mais rien de spécifique. Vous laissez votre ADN déterminer quelles incarnations seront pertinentes. Comprenez-vous sa profondeur ?

En accélérant le véhicule, vous donnez des instructions à la transmission automatique très complexe de passer à la vitesse supérieure et d'aller de l'avant. Vous ne vous adressez pas sciemment à chaque vitesse, lui dictant les choses à faire et sa rotation, la formule pour la dynamique des fluides ou la manière d'interagir avec la vitesse subséquente. La transmission automatique sait ce qu'il faut faire quand vous lui dites « allez ! ». L'ADN est identique, car il réagit à votre intention globale.

Vous pouvez aussi vous adresser directement à votre structure cellulaire (ADN) pour enrayer une maladie ou retrouver une santé rayonnante. L'expression « rémission spontanée » évoque-t-elle quelque chose pour vous ? Savez-vous que cette expression réfère à l'être humain qui a fixé consciemment ou inconsciemment son intention, d'habitude dans une situation potentiellement fatale, afin de retrouver la structure cellulaire d'une vie antérieure exempte de maladie ? Réfléchissez. Ce sont les dons nouveaux que vous portez en vous, accordés par les Pléiadiens.

**ROCHEV BAARAVOT** est le nom hébreu de Dieu associé à la huitième couche. Je lui accorde le sens de « cavaliers de la lumière ». Je n'ai jamais révélé les motifs qui sous-tendent cette signification : c'est en fait un clin d'œil aux Pléiadiens qui vous ont offert un tel ADN. Ils ont partagé leur lignée et leur sagesse, vous faisant un don qu'il fallut des millénaires pour assimiler et mûrir. Ils sont effectivement ceux qui ont chevauché la lumière des étoiles pour vous conduire à cet espace de divinité. Quelque chose d'autre se dissimule ici, car vous aussi chevauchez la lumière. Le terme hébreu merkabah signifie « chevaucher ». Nous éluciderons ce point un peu plus loin.

Cette couche porte également un nom lémurien : AKEE YAWEE FRACTUS. Cela signifie « sagesse et responsabilité ». C'est tout à fait lémurien, car la Lémurie est la première société d'importance dont les membres étaient conscients d'être différents, vaguement spirituels, doués d'attributs quantiques [nantis d'une conscience interdimensionnelle], et responsables de découvrir leur raison d'être spirituelle. Ce sont les Lémuriens qui ont accordé la sagesse aux autres et qui ont semé la graine de savoir qui devait bientôt se diffuser partout sur terre.

Aujourd'hui, l'être humain se met en quête du créateur dès qu'il est en âge de le faire. Cette prédisposition vient du sentiment que cet autre aspect manque en lui. Intuitivement, vous savez que vous êtes une parcelle de Dieu, que l'essence de votre âme n'est pas que biologique. Cela incite même l'athée à appeler Dieu juste avant son départ de la Terre, sur son lit de mort – parfois seul, parfois entouré. Car dans son ADN, au sein des douze énergies, il est associé à l'empreinte de Dieu en lui.

Le chiffre *huit* suscite d'énormes malentendus. Les significations que la numérologie lui attribue sont : responsabilité, structure, choses pratiques, manifestation. Devant cette liste, plusieurs ont l'impression qu'elle a été dressée par leurs parents ! (*Humour de Kryeon*) Au contraire, cette liste magnifique précise comment les annales akashiques se concrétisent dans la dualité humaine. [Lee : *Revoici cette deuxième couche lémurienne !*]

*Akee Yawee Fractus* ressemble un peu à une formule, n'est-ce pas ? C'est un fait, car en lémurien il s'agit d'un adage. Je ne l'ai jamais expliqué auparavant, j'attendais une élucidation plus exhaustive dans les pages que vous parcourez. Cet adage était affiché sur le Temple de rajeunissement, un lieu où les Lémuriens étaient en mesure de prolonger la vie grâce aux propriétés magnétiques de la géologie de leur environnement. Ce dicton était : « La solution à vos problèmes se trouve aux pieds des choses pratiques. » L'expression n'est pas très élégante, car, ne l'oubliez pas, cette civilisation n'était pas encore très sage, mais l'axiome en était un de sagesse incitant ceux qui en prenaient connaissance à s'occuper de l'aspect pratique de la vie avant toute affaire ésotérique.

Ce dicton est précurseur de plusieurs idées contemporaines soutenant que si vous vous connaissez d'abord vous-même, alors tout ira bien. Ce n'est pas une pensée noble ou ésotérique, mais plutôt une attitude pratique qui suggère de se tourner vers l'intérieur pour résoudre les problèmes extérieurs; c'était l'une des croyances fondamentales parmi les Lémuriens. Elle poussait ces gens à l'action et à l'invention plus rapidement que d'autres sociétés ultérieures, car ils concevaient que le pragmatisme est complètement aligné sur les valeurs spirituelles.

En Lémurie, le terme *Yawee* se rapportait aux deux couches lémuriennes, puisqu'il réfère à la sagesse dans cette langue. Dans toutes ses instances, il signifiait que ce qui suivait référait à la sagesse. C'était aussi un hommage au grand scientifique lémurien, Yawee, le concepteur des designs techniques de presque tous les appareils servant à la guérison.

La langue lémurienne associait les mots linéaires dans une construction syntaxique (comme sur ces pages) et des termes symboliques, comme *yawee*. Ainsi, la lecture linéaire, comme la vôtre ici, était impossible. Cette activité était plus conceptuelle. Par la suite, les mots symboles prirent la forme de signes similaires à ceux qu'on utilise en sténo; *yawee* était l'un de ceux-là. Il existe des langues contemporaines qui se servent toujours du signe *yawee*. Investiguez-les, vous sourirez à la révélation de l'origine de ce signe.

Le chiffre *huit* associé au *deux* produit un *dix*. Nous revoici avec de nouveaux départs! [10 = 1] Voici un autre signe, n'est-ce pas, que la numérologie de ces couches divulgue la signification entière de leurs caractéristiques. Le sens numérologique de ces couches est donc sagesse et responsabilité, lesquelles conduisent à de nouveaux départs, le tout inclus dans les annales akashiques de la personne.

J'espère que vous aurez conscience que la manifestation est l'élément primaire du *quatre*. Peu importe ce que sont les autres principes (responsabilité, pragmatisme, structure), ensemble, ils constituent une énergie créatrice et voilà, c'est la manifestation. Ils conduisent à la sagesse qui procure la sérénité. Le sens premier de cette couche, c'est la clé de l'énigme humaine – comment défaire les blocages en vous et mener une vie plus paisible où le karma n'est plus un problème et les échanges sociaux n'éveillent plus l'anxiété. C'est l'énergie au sein de l'âme ésotérique qui exige qu'on l'examine et qui promet même des solutions à la maladie et au déséquilibre. Les annales akashiques en vous représentent l'un des outils les plus formidables qui s'offrent à vous.

### Sommaire – Huitième couche de l'ADN
### Deuxième couche lémurienne

Cette couche constitue le procédé spirituel le plus puissant à la disposition de l'être humain : les annales akashiques personnelles de l'âme centrale. Chacune de vos incarnations s'y trouve, et tout ce qui s'y rapporte. Ces annales sont interdimensionnelles, donc pas vraiment présentes dans l'ADN ; elles forment toutefois une série d'instructions dynamiques présentant un lien direct avec des informations énergétiques beaucoup plus vastes et profondes, systématiquement accessibles dans la Caverne de la création. Les propriétés interdimensionnelles étant dépourvues de point focal ou de linéarité, elles sont donc difficiles à cerner. Nous disons qu'elles sont dans un état quantique où les constituants infinitésimaux sont transférés à l'ensemble de la création, à l'unisson.

C'est la deuxième couche lémurienne. Elle fait partie de l'information divine accordée par les Pléiadiens au début de l'ensemencement d'une humanité spirituelle.

**Neuvième couche : La couche curative** (voir page 343)

Cette couche curative est la troisième couche lémurienne. Elle correspond à un processus multidimensionnel dans l'organisme. Quelques-unes des couches sont conceptuelles, d'autres sont des portails apparents, tandis que celle-ci constitue un processus ou une action que l'organisme produit au sein de l'ADN souvent considéré comme mystérieux. C'est une couche lémurienne, non pas pléiadienne. Cela signifie que les Lémuriens l'employaient comme méthode de base pour obtenir la guérison.

Les cours donnés par mon partenaire qui portent sur cette information éveillent la curiosité des participants à la mention de cette couche curative. Les humains ne peuvent s'en empêcher – leurs réactions initiales appartiennent invariablement à la réalité tridimensionnelle ! (*Kryeon sourit.*) Ils prennent connaissance du nom et de la signification de cette neuvième couche et cherchent aussitôt à l'activer ! Il ne s'agit toutefois pas de ce qu'ils croient.

La double hélice, les éléments encodés qui servent à produire des protéines, porte des séries d'instructions à l'intention des gènes. Nous vous l'avons expliqué déjà. Dans les gènes se trouvent des instructions complexes codées qui régissent leur performance, leur position dans le schème évolutionnaire de l'humanité et les réactions chimiques tridimensionnelles gouvernant l'immunité. Les globules blancs se lancent ensuite vers l'endroit où est survenue la blessure dans la peau ; ce n'est *pas* sous l'action de la neuvième couche. Même lorsque les défenses de l'organisme sont en alerte rouge en présence d'un virus qui l'agresse, la neuvième couche ne participe toujours pas. Tout cela ne relève que de la chimie et d'un excellent système immunitaire appartenant à l'organisme tridimensionnel et à son schème de survie. Mais ce n'est que la moitié du processus.

À l'instar de ces autres couches d'ADN au-delà de la première, celle-ci est multidimensionnelle. Elle collabore avec la première couche [la double hélice tridimensionnelle, les protéines encodées] puisqu'elle participe pleinement à la guérison de l'organisme tridimensionnel ; elle n'est toutefois pas la chimie des gènes. On peut, au contraire, lui donner le nom de « conscience physique innée, intuitive et curative ».

La médecine chinoise traditionnelle traite les méridiens énergétiques du corps. Touche-t-elle au système immunitaire ? Interrogez les pratiquants de cette approche. Ils soutiendront que si, mais de manière indirecte, en passant par la conscience énergétique innée du corps. Des dizaines de systèmes sur la planète, récents et anciens, font appel à la conscience du corps et travaillent ainsi avec la neuvième couche.

Avez-vous déjà songé au noyau du système de communication corporelle qu'est la kinésiologie ? Ce système fait appel à l'évaluation musculaire, une évaluation où le corps signale son acceptation ou son refus à certaines questions concernant sa santé. La personne doit parfois tenir un remède dans sa main pendant que le praticien interroge le corps pour déterminer si ce remède convient ou non.

Les scientifiques jugent que cette méthode est pure supercherie, car leur univers est allopathique et opère suivant une série de lois tridimensionnelles créant des interactions chimiques qu'ils n'ont même pas fini de déterminer. Ils ratent complètement ce qu'ils ont sous le nez, comme l'éléphant au milieu du salon. Le corps « sait » en quelque sorte ce qui se passe bien au-delà des processus chimiques dans le sang ou dans la structure cellulaire. Voici la preuve de l'existence de la neuvième couche de l'ADN, celle qui réside dans le corps et qui est conçue pour susciter la guérison du système, mais pas de manière linéaire.

La neuvième couche réagit à l'énergie multidimensionnelle. « Et qui est ? » demanderez-vous. Eh bien, cher humain qui parcourez ces lignes, si c'était l'énergie la plus élégante : la conscience humaine ? Au fil de l'histoire, vous avez constaté ses résultats et vous la désignez par plusieurs noms : la prière, la méditation, l'adoration, la foi et la pensée positive.

Résultats ? Miracles, rémission spontanée et guérison complète. Entrevoyez-vous le tableau ici ?

On pourrait donc dire que le système immunitaire possède deux branches. L'une est la chimie tridimensionnelle qui forme la première défense ; elle doit cependant travailler avec la neuvième couche, mais cela lui est souvent impossible. Voici la révélation : la neuvième couche est multidimensionnelle dans chaque composante de l'ADN, mais elle est latente et elle n'agira que si l'être humain ou une autre énergie multidimensionnelle lui parle. Cette deuxième branche du système immunitaire est profonde [neuvième couche], mais elle n'est pas assujettie aux lois chimiques. Elle peut au contraire modifier les portions très magnétiques de la structure cellulaire, provoquant une sorte de guérison inexplicable qui semble relever du miracle, mais qui est multidimensionnelle et plus puissante que n'importe quelle réaction chimique de l'organisme.

« Kryeon, je ne comprends pas. » Quelques-uns s'interrogent ici. « Voulez-vous dire que nous avons en nous quelque chose qui est capable de nous guérir complètement, mais que nous l'ignorons parfaitement ? » Oui. C'est exactement ce que j'affirme. Ce second aspect du pouvoir de guérison ou si vous voulez du système imunitaire chez l'homme reste à découvrir, soit par la croyance, soit par l'activation, grâce à certains procédés multidimensionnels. Il peut s'agir de la conscience, de systèmes énergétiques ou (préparez-vous) d'appareils que l'on découvre sur la planète, appareils porteurs d'une série d'informations-instructions multidimensionnelles auxquelles la structure cellulaire réagira.

Les Lémuriens possédaient quelque chose dont vous êtes tous dépourvus. Ils émergeaient fraîchement de l'ensemencement par la civilisation pléiadienne. La multidimensionnalité était pour eux un style de vie ; comprendre un objet dans l'état quantique en apparence aléatoire ne leur posait aucun problème. Étaient-ils avancés scientifiquement ? Non. Ils ne possédaient ni ordinateurs ni télescopes. Malgré tout, ils connaissaient l'ADN. Ils connaissaient aussi le système solaire, voire la galaxie. Vous êtes-vous déjà demandé comment un tel nombre d'Anciens pouvaient connaître les mouvements de la galaxie alors que lorsqu'il s'est mis à voyager par ses moyens contemporains, l'homme moderne redoutait de tomber des confins de la Terre ? Il n'admettait même pas que la planète est ronde ! Apparemment, l'humanité avait oublié tout ce qu'elle savait au sujet des étoiles et recommençait à neuf – on peut dire que c'est exactement ainsi que cela s'est produit.

À mesure que l'homme moderne devenait plus scientifique, il devenait aussi plus tridimensionnel. Les idées derrière la pensée quantique ont pris la forme de la religion et de la spiritualité. Une partie s'en est détachée pour devenir occulte, voire magique. Mais, en vérité, ces idées n'étaient pas perçues comme scientifiques, car elles étaient impossibles à prédire, elles demeuraient invisibles et n'avaient aucun sens en trois dimensions. Paradoxalement aujourd'hui, c'est la science qui découvre l'état quantique, où les particules se comportent de manière aléatoire et peuvent se trouver en deux endroits simultanément. C'est elle aussi qui a découvert que l'univers semble programmé en vue de la vie, contre toute attente. C'est elle encore qui, un jour, découvrira l'élégance de l'énergie multidimensionnelle, ironiquement avec l'aide de ceux qui ont un penchant ésotérique et qui ont passé des années à travailler avec cette énergie.

Les Lémuriens avaient leurs Temples de rajeunissement. Les « appareils » dans ces lieux n'étaient pas vraiment semblables à ceux que vous connaissez ; c'étaient plutôt des espaces de pensée consciente et intensifiée. N'est-il pas intéressant qu'ils les aient nommés temples ? Ultérieurement, vous avez défini un temple comme un lieu d'adoration, mais les Lémuriens ne pratiquaient pas de culte ; ils s'occupaient plutôt de leur temple intérieur. Ces lieux présentaient une énergie et une information intensifiées, et tout s'effectuait grâce à la conscience et à la magnétique, en un processus conçu par un célèbre scientifique lémurien qui a survécu à la plupart. Je m'arrête ici, car vous avez déjà vu tout cela dans d'autres publications, il y a presque vingt ans.

Les Lémuriens travaillaient donc activement avec la neuvième couche, qui, à son tour, parlait à la première couche (la double hélice tridimensionnelle). Grâce à ce processus, ils obtenaient une longévité considérable, ils étaient exempts de maladie, et ils connaissaient une évolution culturelle considérable. Désormais, vous savez : les énergies multidimensionnelles dans votre corps sont conçues pour s'adresser aux éléments tridimensionnels, engendrant ainsi un lien de conscience conjugué aux gènes et, de ce fait, un mariage parfait – une expérience complète du corps. Pour comprendre cela à fond, vous devez d'abord croire que l'organisme est doué d'une intuition qui va bien au-delà de ce que vous apercevez sur le plan chimique. Ensuite, vous devez l'honorer et le développer.

Vous avez perdu cette expérience intégrale du corps, et la majeure partie de l'humanité ne travaille qu'avec la chimie tridimensionnelle. La chimie seule, en l'absence de directives du patron humain, de la conscience de la personne, est semblable à un bateau sans gouvernail. Elle peut atteindre sa destination (la guérison et une santé rayonnante), ou non. Elle trébuchera souvent, tournera en rond et, le plus souvent, échouera complètement, sans jamais atteindre le port.

Ne vous paraît-il pas étrange, cher humain, que votre système immunitaire ne puisse même pas vous le faire savoir si vous avez un cancer ou un virus potentiellement fatal ? Vous devez aller chez le médecin pour faire des analyses ! Quel genre de système immunitaire est-ce là ? Je vous le dis, ce n'est que la moitié d'un système immunitaire. La partie intuitive reste inactive et paresseuse.

Il y a plus de vingt ans, nous vous avons expliqué que la conscience humaine établirait une distinction apparente entre ce qui avait survécu et ce qui n'avait pas survécu. On le constate aujourd'hui. Au fil du temps, vous noterez une corrélation entre ceux qui parlent à leurs cellules et le fait qu'ils vivent une existence longue et en santé. Contre toute attente, et à l'encontre de l'intuition scientifique tridimensionnelle, quelques individus sembleront maîtriser leur santé par la pensée. Vous le verrez dans les faits, et ces événements susciteront peut-être même de la peur. Car si un groupe prolonge sa durée de vie au-delà de la longévité du reste de la population, cela sera perçu comme diabolique. L'ancienne énergie de la logique humaine opère ainsi ; elle repère et mesure d'abord le drame potentiel, et elle redoute même les miracles.

La neuvième couche réagit à l'énergie multidimensionnelle. Le moment est venu pour votre société de découvrir des inventions thérapeutiques multidimensionnelles. Pourquoi ? Parce qu'il serait difficile et éprouvant qu'un groupe de penseurs ésotériques soient les seuls survivants. Cela entraînerait en effet un schisme, une tragédie, voire la guerre. Comme dans tous les événements antérieurs, il doit y avoir un équilibre. Parmi ces penseurs, certains offriront des inventions interdimensionnelles. Ils permettront d'établir deux lois supplémentaires de la physique et, ultérieurement, d'observer et d'apprécier les six lois. Les scientifiques pousseront un soupir de soulagement, car les six lois de la physique renferment les réponses qui persistent à leur échapper depuis des siècles.

Les humains à l'échelle mondiale seront en mesure de profiter des inventions qui s'adressent à la neuvième couche dans le cadre de l'intention de l'invention quantique. Ce n'est pas facile à expliquer, mais à l'instar de la conscience humaine, une invention multidimensionnelle est imprégnée par la conscience de l'inventeur et celle du patient. Dans l'état multidimensionnel, le temps n'existe pas. De ce fait, on pourrait affirmer que l'intention de ceux qui créent et utilisent l'invention est ensuite «perçue» par l'ADN. Bien qu'ils ne soient pas aussi efficaces que la conscience de l'individu agissant sur son propre organisme, ces appareils travailleront dans certaines situations. La plupart traiteront des maux incurables par les méthodes tridimensionnelles. Il ne s'agit pas des instructions subtiles que la personne donnerait à la neuvième couche pour engendrer une vie longue et en santé. Ces appareils s'emploieront à la survie de base.

Permettez-moi ici de vous emmener quelque part, de vous conduire vers une époque où l'on menait une expérience sur terre dont les détails doivent rester secrets pour l'instant. Tôt ou tard, cette expérience sera validée scientifiquement, mais pour qu'il en soit ainsi, il faut pour l'instant respecter le protocole de vos institutions médicales et suivre le processus d'élaboration.

Vous serez tous témoins d'événements incontestables. Les scientifiques aborderont les inventions multidimensionnelles avec suspicion, mais ils réaliseront bientôt l'impossibilité de réfuter des chiffres correspondant à la lettre à leurs protocoles et la possibilité de démontrer cela à maintes reprises. L'énigme sera passionnante pour eux : une bizarrerie dont la preuve pourra être faite!

Laissez-moi vous conduire à un endroit où un agonisant repose à côté d'une machine. Cet appareil retire le sang du patient, le nettoie et le réinjecte en lui. Un virus mine cet homme, et la purification du sang n'est qu'une mesure palliative, car la charge virale sanguine est trop importante et ne peut être éliminée par aucune méthode connue. Il n'est possible que de ralentir l'infection, et de peu. Le mourant le sait. À son chevet, le médecin lui administre le traitement.

Le patient et son médecin ont accordé leur autorisation à un traitement inusité. Deux hommes pénètrent dans la pièce pour installer un appareil qui dirigera un filet de lumière dans le tube par lequel le sang est réinjecté dans l'organisme du patient. Le nouveau dispositif est imposant et il nécessite une énorme quantité de puissance. Les dimensions de l'engin changeront avec le temps, mais pour l'instant il est encombrant et il pompe les circuits électriques de l'édifice. Tout est installé et prêt. La purification du sang commence et l'appareil est mis en marche. Il s'agit d'un appareil multidimensionnel, le premier en son genre sur terre.

La purification du sang est terminée, et on sort le patient de la chambre. On fait des prélèvements aux fins d'analyse, comme en règle générale; le malade quitte l'hôpital. Pas très spectaculaire, n'est-ce pas? Le filet de lumière que l'on a projeté dans le tube de sang réinjecté agissait sur une fraction du sang. Moins de la moitié du sang dans le tube fut exposé à la lumière, ce qui signifie qu'en aucun cas la lumière n'a touché l'ensemble du sang. Malgré tout, les médecins étaient enchantés d'avoir la chance d'appliquer cette procédure, car d'après leurs expériences en laboratoire, ils s'attendaient aux résultats obtenus.

Les analyses du sang de l'agonisant indiquèrent des résultats stupéfiants, car il n'y avait plus aucune trace du virus. La charge virale est passée de très lourde à presque nulle, réduite à une quantité si insignifiante qu'elle fut indécelable par analyse courante.

Les résultats correspondaient à ce qu'attendaient les hommes de science, et contredisaient la logique; ils étaient hors de tout ce qui était linéaire ou tridimensionnel. C'était la première fois qu'un humain vivant était traité pour ce virus mortel par un tel procédé, et qu'un effet quantique était mesuré par des analyses chimiques sur un patient succombant à une infection virale systémique.

Si tout le sang n'avait pas été exposé à la lumière thérapeutique, alors comment cette dernière avait-elle réduit le nombre de virus si radicalement? Voilà, chers amis, la clé de la neuvième couche. Ce moment est celui où vous devriez tendre l'oreille! Car le corps reconnaît l'intention, laquelle déclenche un processus plus important que la somme des parties tridimensionnelles employées pour le produire. Voici l'auto guérison à son meilleur, et elle n'a rien de linéaire !

L'ADN a capté les instructions, l'information dans le « signal » multidimensionnel à l'intérieur d'une fraction du sang exposée à la lumière. Il a déclenché un processus complètement interne dans la structure cellulaire. Il a lancé une autocorrection, amélioré les processus chimiques et modifié la relation des structures magnétiques de quelques processus infinitésimaux ayant trait au virus l'empêchant de s'attacher. Le corps sait, et ce qu'il peut accomplir par lui-même surpasse de loin la chimie tridimensionnelle que vous considérez comme seule responsable. Au-delà de ce que vous percevez, plusieurs facteurs sont à l'œuvre, et ce fut la première expérience à le démontrer.

L'homme est mort un peu plus tard, et nous l'avons accueilli au-delà du voile. On lui a rendu hommage ; il avait été celui qui était venu ici-bas pour permettre cette expérience et jouer ce rôle dans l'histoire – une histoire dont vous prendrez conscience un jour et qui se rapportera à cet événement.

Le décès de ce patient fut provoqué par des hommes de science qui obéissaient à un protocole tridimensionnel, même après que le virus eut été pratiquement vaincu. Ce dernier était revenu à la charge et l'avait emporté. Aucun suivi n'avait été effectué et les traitements médicaux classiques ne firent qu'empirer la situation, car ils ne respectaient aucune des propriétés de la neuvième couche et ils endommageaient le peu de résistance immunitaire qui restait au patient.

Il faut s'occuper de la neuvième couche au quotidien et avec élégance pour engendrer la santé. Il ne s'agit en rien de réactions et de chimie. Il s'agit plutôt de l'intuition de l'organisme collaborant avec les constituants sacrés chez l'être humain, constituants que la science traditionnelle ne reconnaît pas, qu'elle ne voit même pas. Les scientifiques constatent pourtant ses effets chez ceux qui demeurent en vie par un acte de volonté ou qui évincent la maladie de leur corps – une rémission spontanée. Rien n'est plus puissant que l'intention. *

* activé aussi par nos paroles
nos paroles sont très puissantes elles
envoient un message direct à la 9e couche.

L'invention aurait pu fonctionner, mais il aurait fallu plusieurs traitements pour continuer à réduire le virus jusqu'à ce qu'il ne puisse plus survivre chez le malade. Même après, il aurait encore fallu inciter cet homme à maintenir son intention, un autre principe éveillant la suspicion, mais où la réalité tridimensionnelle rencontre mystérieusement un autre système dépourvu de lois empiriques régissant l'application, le dosage, la réaction ou la compréhension dans le domaine matériel.

La science adopte souvent cette attitude, et il faut beaucoup de temps pour divulguer ce qui est enseigné depuis des décennies et pour consentir à ce qu'une procédure nouvelle soit efficace et fasse la preuve qu'elle est viable. Voilà précisément pourquoi nous ne dévoilons pas les détails de cette première expérience – date, lieu, chercheurs –, car un jour on admettra ces phénomènes et la validité des lois physiques qui les régissent.

Les inventions multidimensionnelles de l'avenir seront très efficaces pour guérir les maladies en phase initiale, les tumeurs cancéreuses et les virus. Les inventions ne peuvent toutefois porter que l'intention originelle, et malgré leur efficacité, l'individu devra effectuer un suivi personnel en faisant appel à la source quantique primaire – sa propre volonté et son intention.

Le lecteur aura peut-être des difficultés à saisir la relation entre l'intention humaine, le travail sur l'énergie pure, la prière et la méditation, ou l'application d'une invention matérielle sur la neuvième couche. Nous tenterons donc de vous offrir quelques révélations. Vous connaissez les principes de la transmission automatique ? Les pièces interagissent les unes avec les autres. L'action d'une pièce modifie le rôle des autres pièces qui l'entourent. Aucune roue ou valve ni aucun embrayage dans la transmission n'ont qu'une seule fonction, car chaque pièce change par l'usage au sein d'un scénario complexe de comportements réagissant à l'action d'une autre pièce.

**Shechinah-esh** est le nom hébreu de Dieu associé à la neuvième couche. Je lui attribue le sens de *Flamme d'expansion*. L'être humain qui apprend à se servir de cette couche curative et qui parle quotidiennement à ses cellules attise la flamme d'une conscience en expansion. L'homme considère que la flamme est douée d'une signification ; il l'attribue même aux tombes de ceux à qui l'on doit rendre hommage et qu'il ne faudra jamais oublier. Il en va de même pour cette couche, car elle est éternelle, infinie et elle demande à être découverte.

Nous rendons hommage à cet homme illustre, Saint-Germain. Son œuvre se poursuit à ce jour, car il a transmis des enseignements sur une énergie appelée la Flamme violette, un emploi direct de la neuvième couche de l'ADN. C'est l'aspect de l'organisme sur lequel travaille Saint-Germain, car cette flamme est en effet multidimensionnelle et elle participe à un processus de guérison incroyable.

Cette couche présente une numérologie intéressante. C'est un *neuf*, ce qui correspond donc à l'achèvement. L'achèvement auquel on réfère ici est celui de l'aptitude de l'humain à déclencher la seconde partie du scénario de guérison, une action multidimensionnelle qui vient compléter le processus tridimensionnel de la première couche. Une fois que cela est terminé, l'être humain est perfectionné et il opère de la manière dont il a été conçu. Le gouvernail est en place et les propriétés introduites à l'origine dans l'ADN en vue d'une longue vie, de la santé et d'un système apte à l'autoguérison sont désormais aux commandes.

Encore une fois, en additionnant le *neuf* et le *un*, on obtient un *dix*. En numérologie, ce nombre donne *un*, ce qui représente de nouveaux départs. N'est-il pas intéressant, cher humain, que cette couche curative soit centrée sur le début et la fin ? Le commencement et l'achèvement sont deux polarités en équilibre, l'alpha et l'oméga de l'organisme. Voilà l'équilibre dont nous parlions.

### Sommaire – La neuvième couche est le facteur manquant à la guérison. C'est la troisième couche lémurienne.

Bien au-delà de la chimie du système immunitaire, c'est une énergie dans l'organisme qui «sait» ce qui ne va pas et qui est capable de modifier la structure cellulaire sur le plan quantique, procurant ainsi une formidable capacité de guérison et de stabilité. La neuvième couche demeure latente, dans l'attente de signaux provenant de sources diverses – de l'intention (la conscience), du travail sur l'énergie pure, d'apports externes et d'inventions mécaniques récentes que l'on met au point à l'heure actuelle. Elle parachève l'aptitude à l'autoguérison, à vivre exempt de maladies, et longtemps.

C'est la troisième couche lémurienne; elle appartient toutefois exclusivement à l'homme, pas aux Pléiadiens, car ce sont les humains qui ont appris à s'en servir pour l'organisme, s'appropriant l'aptitude à rajeunir, à s'autoguérir et à faire fleurir leur santé. Les Temples de rajeunissement visaient l'activation de la neuvième couche.

*À quoi bon passer des heures à plonger le regard dans celui de l'autre ou à psalmodier des mantras, alors que toute l'énergie que vous accumulez peut s'obtenir en un clin d'œil ?*

CHAPITRE 10

# Quatrième groupe d'ADN

## Dixième, onzième et douzième couches

*Kryeon*

### Quatrième groupe D'ADN : Les couches divines

Les couches divines sont les dixième, onzième et douzième couches. Les propriétés interdimensionnelles opèrent de manière optimale; ces trois couches n'existent pas dans la réalité tridimensionnelle. En vérité, plusieurs se demanderont ce qu'elles font concrètement. Pour l'instant, cher humain, il faut vous habituer au fait que quelques-unes de ces couches se contentent d'être au lieu d'avoir une fonction spécifique. Il ne s'agit pas de processus ou de souvenirs, comme pour les dernières couches; considérez-les plutôt comme la casserole dans laquelle l'on cuisine un repas. Un rôle dans l'alimentation et la sustentation revient à la batterie de cuisine. Ces couches représentent le canapé divin où repose l'ADN; elles permettent l'existence des autres couches.

### Dixième couche : La croyance transcendante – Première couche divine (voir page 344)

Vous croyez peut-être que la croyance transcendante, l'appel à comprendre votre nature divine, doit être un processus ou une énergie que vous invoquez pour vous secourir. Bien que ce point de vue recèle une part de vérité, les autres couches mentionnées sont également imbues de cet appel. La sixième couche, celle du Soi supérieur, est le vecteur de la découverte. Quelle est donc la nature de cette couche ?

Celle-ci et les deux suivantes sont entièrement quantiques. Cela signifie que leurs propriétés sont à caractère véritablement quantique. Votre intellect linéaire et dimensionnel ne peut s'expliquer ce que je m'apprête à dévoiler, mais il en va de même pour tout état quantique.

Imaginons un artiste sur le point de peindre une toile. Comme cette toile doit dégager une atmosphère en arrière-plan, il faut donc commencer par peindre le canevas en bleu pâle. Par la suite, l'artiste tracera des objets sur ce fond azur – une teinte constante qui permettra de cerner l'énergie de tout ce qui sera ajouté.

Le peintre ajoute donc les éléments de la toile : les nuages, les champs, les fleurs et les arbres, ce qui aboutit à un tableau bidimensionnel dans un cadre. Si on demande alors à l'artiste « Où est le bleu ? », il répondra : « Partout, puisque c'est par cela que j'ai commencé. » On lui fera aussitôt remarquer : « Oui, mais vous l'avez recouvert d'autres couleurs en peignant des objets. » L'artiste précisera : « Bien sûr, mais ce bleu est toujours là, sous les autres couleurs, même si on ne peut le voir. »

Cette petite histoire illustre le fait que votre ADN doit posséder des couches divines pour positionner ou entreprendre la peinture du reste du plan directeur sacré de votre vie. Considérez donc ces couches 10, 11 et 12 comme la couleur d'arrière-plan. Bien qu'elles occupent les dernières positions de la série de couches d'ADN, n'oubliez pas que leur enseignement n'appartient pas à la linéarité.

Ici, je vous invite à former mentalement un cercle de douze nombres, un anneau doré d'ADN. Cet anneau est un cercle ininterrompu de un à douze et, à première vue, il n'a ni début ni fin. L'anneau est donc segmenté en douze parts, sans début ni fin. Par conséquent, il est exempt de linéarité. Maintenant, fondez l'anneau et remoulez-le ; les segments se mêlent les uns aux autres. Pour finir, il est impossible de discerner une partie, un segment ou une couche.

C'est ainsi que l'ADN opère à l'extérieur de la salle de cours. Où donc cette couche spécifique se trouve-t-elle ? Les couches divines sont ainsi ; elles sont partout dans le spectre d'ADN et il est impossible de les diviser. Nous le faisons tout de même afin que vous sachiez de quelles couleurs était peint le canevas lorsque l'artiste a commencé. (*Kryeon sourit.*) « D'accord, direz-vous, mais si vous incluez trois couches divines en arrière-plan, vous aurez trois couleurs sur le canevas. Laquelle constituera le fond ? » Toutes, car elles ont été peintes simultanément. Ne cherchez pas à vous le figurer, vous l'humain ; contentez-vous de lui rendre hommage.

Un véritable état quantique comporte des particules dites dans un état intriqué. Ce n'est qu'ainsi qu'on parvient à expliquer un objet qui se trouve à la fois partout et nulle part. L'état intriqué forme la base de bon nombre des comportements quantiques qui paraissent aléatoires et non linéaires. Avec des propriétés qui sont partout à la fois, impossible de les dissocier, de les dénombrer ou d'interagir avec elles comme autrefois. Toutes vos lois linéaires d'évaluation ou de géométrie n'appuient pas un objet qui est « partout » en même temps.

La couche de la croyance est ainsi. Elle touche toutes les couches lorsque cela s'avère nécessaire et elle est, en effet, très nécessaire. Vous êtes-vous déjà demandé ce qui vous a conduit à vous intéresser à l'ésotérisme ? Plus vous vous familiarisez avec les concepts spirituels tels que le Soi supérieur et plus vous cocréez des situations par synchronicité, plus vous vous distanciez d'une vie totalement linéaire et devenez étranger à votre entourage.

Bon nombre de personnes profondément religieuses qui aiment Dieu autant que vous se sont pourtant éloignées de vous parce que vos comportements leur semblaient déplacés, bizarres, insolites, voire déséquilibrés. Après tout, si vous appreniez les mathématiques en dessinant des chiffres dans le ciel avec un pinceau invisible, puis que vous changiez ces chiffres au hasard pendant les calculs, le professeur de maths vous prierait sans doute de quitter la classe ! On a prié plusieurs d'entre vous de quitter la classe de la vie, parce que leur pensée est devenue plus quantique – la pensée même que nous les avions priés d'assimiler.

Dieu est multidimensionnel, non pas les humains. Ce point est repris maintes fois dans les œuvres de Kryeon, et mon partenaire le constate tous les jours. Il le remarque même dans les salles nouvel âge où il canalise, car certains sont empêtrés dans ce que j'appelle l'ancienne métaphysique tridimensionnelle. Les voilà, canaux de transmission et guérisseurs, rassemblés pour une rencontre visant à saisir cet enseignement précis. Leur esprit s'oppose pourtant à tout cela, et ils s'interrogent tout bas : « Qu'est-ce que toute cette science ? Qu'est-il advenu des bons vieux jours où nous planions, où nous canalisions à notre guise, avec ces longues méditations profondes et quantité de travail énergétique puissant ? Qu'est-il advenu des rencontres où nous passions trois ou quatre heures en méditation, diffusant de l'énergie à la planète et entre nous ? » Eh bien, je détiens la réponse, une réponse que plusieurs n'aimeront pas.

Votre spiritualité évolue. À quoi bon passer des heures à plonger votre regard dans celui de l'autre ou à psalmodier des mantras, alors que toute l'énergie que vous accumulez peut s'obtenir en un clin d'œil ? Seriez-vous bloqué dans un système qui vous semble stagnant et éternel – et tout à fait confortable ? Estimez-vous vraiment que la paix sur la Terre en cette époque proviendra de gens qui passent des heures en groupe dans un état alpha ? Réfléchissez : voilà ce que faisaient les Anciens et vous aimeriez bien en rester à ce système archaïque. Votre ADN spirituel profond évolue et vous permet d'accomplir bien davantage pour la planète en devenant quantique. Vous possédez désormais le pouvoir de centaines d'adeptes du nouvel âge qui psalmodient, qui ne veulent que méditer et « être ». À vous seul, vous êtes en mesure d'influer sur l'équilibre lumière/obscurité, car votre merkabah se déplace d'un lieu à l'autre dans une vibration très élevée.

Vous ai-je offensé ? Ce n'était pas mon intention. Au contraire, je cherche à vous éveiller à un concept nouveau, à savoir que les humains ont désormais accès à un espace bien au-delà de ce que prétendaient les anciennes philosophies. Voilà l'étude de l'état de maître. Vous commencez à assimiler l'énergie des maîtres ascensionnés ici même ! Impossible d'y parvenir en méditant assis sur une chaise. Il y a un lieu pour tout, et la méditation en groupe devrait aujourd'hui chercher à élever la vibration des individus présents. Employez-la pour vous permettre de découvrir le créateur en vous et de devenir un maître.

Un équilibre existe désormais entre la méditation et la manifestation, et ce livre enseigne que la métaphysique nouvelle évolue à partir de l'ancienne. Le terme métaphysique signifie « au-delà de la physique ». Puisque la physique actuelle découvre les multidimensions, vous n'êtes plus au-delà de quoi que ce soit si vous stagnez dans l'énergie d'hier, immergé des heures durant dans la félicité. Considérez-le ainsi. Prenez donc un bain de félicité, puis partez guérir la planète ! Ne restez pas à vous délecter dans l'extase. C'était la spiritualité d'hier.

« Kryeon, affirmez-vous que la méditation de groupe ne fonctionne plus ? » Non. Elle fonctionne à merveille, tout comme le cheval et le cabriolet. Ils vous conduiront à destination, tôt ou tard. Mais, chers amis, ne le sentez-vous pas ? Vous n'avez plus de temps ! Plus de temps !

**Vayikra** est le nom hébreu de Dieu associé à cette dixième couche. Le sens que je lui accorde est « L'appel à la reconnaissance de Dieu en vous ». On pourrait également nommer cette couche « Source divine de l'existence ». C'est la première des couches divines ; elle représente l'appel à réaliser votre propre divinité. En numérologie, il s'agit du *un*, qui signifie nouveaux départs, puisque c'est la toute première énergie qu'un humain génère sur la possibilité de croire en Dieu.

L'illustration dans cette page ressemble au chiffre *huit*. Ce n'est pas un *huit*, mais bien le symbole d'infinité, puisque c'est la première fois que l'être humain doit amorcer le processus de pensée qui n'a ni commencement ni fin. Observez bien cette illustration. C'est également un arc-en-ciel. Saviez-vous que l'arc-en-ciel est en vérité un cercle ? Il n'a ni commencement ni fin. Ce n'est pas par accident que l'artiste a capté ce motif et ces couleurs pour l'illustration de cette couche, la couche de la croyance profonde, d'un potentiel infini et, à l'image de l'arc-en-ciel, impossible à circonscrire, à diviser ou à objectiver. L'effet est véritablement quantique. On s'apprête à ajouter une couleur sur l'intention d'une personne.

Abordons un point concernant cette énergie, cette couche d'ADN. Vous connaissez tous des gens qui n'ont aucun intérêt pour la spiritualité. Ils fréquentent peut-être une église et obéissent aux coutumes qui plaisent à leur famille ou à leurs collègues de travail. Si, toutefois, vous leur expliquez ce que vous faites, ils prennent leurs distances ou encore, s'ils vous apprécient, ils vous feront simplement remarquer que ce n'est pas pour eux.

Voici un humain qui n'a pas peint l'arrière-plan du tout. Aucun « canapé » sur lequel ériger une fondation et absolument rien qui l'incite à s'intéresser à un livre comme celui-ci. En vérité, cet enseignement lui paraît abracadabrant et bizarre. Certains emploieraient l'expression « un enragé ».

Ici prévaut donc le libre arbitre à son meilleur. L'appel à la divinité n'est pas entendu, ni exigé, ni quoi que ce soit que l'humain désire vraiment. Comprenez ceci : il s'agit d'une couche divine, mais la décision de l'humain est prépondérante. Elle correspond à l'arrière-plan qui est peint pour qu'autre chose prenne racine et ait un sens.

Jean se rend aux funérailles de son meilleur ami, Marc. Cet ami n'avait même pas trente ans lorsqu'il trouva la mort lors d'une explosion dans la mine où tous deux travaillaient. Jean reste assis près du cercueil, à réfléchir au sens de la vie. Au moment où le prêtre arrive, Jean est en état d'ouverture. Son cœur est chaleureux et attendri ; il est en quête de réconfort, car il a mal. Marc vient de disparaître et il est en état de choc. Le prêtre lui décrit un Dieu bienveillant et dit que Marc est maintenant à ses côtés. Jean ne le ressent-il pas ainsi ? Le prêtre souligne peut-être que la vie est un cycle et que Marc est toujours avec lui, sous une forme différente. Songeant à ces propos, Jean ressent en effet cette vérité pour la première fois de sa vie. Il a permis à une étincelle d'attiser une flamme nommée Vayikra, une flamme disposée à faire des heures supplémentaires pour permettre à sa précieuse âme de découvrir une nouvelle vérité. Cette vérité ne le quittera pas entre deux dimanches. Au contraire, elle tracera un arrière-plan qui, un beau jour, conduira cet homme à solliciter le prêtre en lui disant : « Monsieur, veuillez m'en apprendre davantage. »

Jean le mineur quitte les funérailles en réfléchissant aux paroles du prêtre. Il ressent la présence de son ami. Il va voir la famille, pleure avec la veuve et console les enfants. Il sanglote ouvertement, mais il pense désormais que – eh oui – Dieu se préoccupe vraiment de nous et que l'énergie de Marc est toujours présente. Cette pensée éveille en lui le désir de passer à autre chose et il en sourit. Bang ! La dixième couche vient de s'activer grâce à la compassion du cœur d'un mineur. Il ne s'agit pas ici de dogme, il n'y a rien là d'angélique. Ce n'est rien de tout cela. Au contraire, la dixième couche peint un arrière-plan afin que la décision du mineur soit spirituellement adéquate pour lui ; il y aura une couche de croyance – une disposition modulant sa foi, peu importe où elle le conduit. Il l'a inventée et elle a commencé à le seconder dans sa quête.

Béni soit l'homme qui découvre le créateur en lui n'importe où, dans n'importe quelle circonstance, à n'importe quel degré, car voilà ce qui transforme la vibration de la planète.

Cette énergie est dès lors celle qui réagit à l'intention spirituelle, aux questions et aux énigmes. Elle est là pour seconder la personne qui s'interroge : « Dieu existe-t-il vraiment ? Je voudrais le savoir. » Les gens qui s'enquièrent intellectuellement réveillent une énergie de ce type, pas la couche de croyance. Cette dernière réagit à l'intention pure et à la compassion.

### Sommaire – Dixième couche

La dixième couche est la première des couches divines et la première couche multidimensionnelle qui entreprend la quête humaine de Dieu. Elle s'attache au libre arbitre et ne fait absolument rien pour convaincre l'être humain de quelque principe spirituel, à moins qu'on ne le lui demande. Elle permet simplement l'apprentissage et ne fait toujours rien pour enseigner ou persuader. Au contraire, elle aide à positionner la grâce et la compréhension pour que l'être humain découvre celles qui l'habitent.

Comme les autres, elle demeure latente, attendant les signaux interdimensionnels de diverses sources, variables en raison de la synchronicité. C'est la première couche divine ; elle ne s'éveille pleinement que lorsque l'être humain la sollicite, la reconnaît ou se trouve dans une situation où il en a besoin.

Cher humain, voici l'amour de Dieu à son meilleur, cette énergie dans votre ADN qui éveille la foi. Elle obéit au libre arbitre, mais une fois que vous décidez de chercher le créateur en vous, elle entreprend cette peinture de fond – une toile qui donnera un sens à tout ce que vous voyez en avançant sur la voie spirituelle.

Aujourd'hui, Jean porte la bague de Marc sur lui lorsqu'il descend dans la mine. Il l'a enfilée sur un collier autour de son cou. Il sourit à l'idée que son ami est auprès de lui de la manière dont Dieu l'a voulu. Il est parrain du fils de Marc et fier de sa foi en Dieu – il n'en a pas honte devant les hommes plus jeunes que lui. Il s'agenouille à l'église et ressent l'amour de Dieu qui coule en lui. À sa façon, c'est un homme religieux, persuadé que Dieu est bien réel et qu'il vit en lui. Tout cela est nouveau et résulte de l'accident de Marc.

Nous pourrions clore ici la discussion sur cette couche, mais nous ne vous avons rien révélé sur Marc. Ce dernier réside au sein de l'ADN de Jean, connecté par l'arrière-plan qui est partout. Le dernier souffle de Marc s'accompagnait de l'intention que Jean découvre la vérité. On pourrait ainsi affirmer que la mort de Marc, aussi tragique qu'elle fut, a pris vie en Jean. Et vous auriez raison, car c'est ainsi que fonctionnent les choses, chers amis : la mort tragique et le chagrin engendrent souvent une épiphanie chez ceux qui restent, car les parents et les êtres chers activeront la couche divine. Voilà pourquoi la compassion l'emporte encore une fois et le libre arbitre, qui permet à l'être humain de découvrir un Dieu bienveillant, triomphe du chagrin ou de la mort, car le disparu survit dans les cœurs et l'esprit de ceux qui restent. Grâce aux Marc d'un peu partout, Gaia élève sa vibration.

## **Onzième couche : Sagesse féminine divine – Deuxième couche divine** (voir page 345)

Les femmes souriront et les hommes lèveront les yeux au ciel en songeant : « Voici encore une leçon sur l'énergie de la Déesse. » Toutefois, c'est faux. Il s'agit d'une leçon sur le retour d'un équilibre dont l'humanité n'a pas bénéficié depuis que les Pléiadiens sont venus la lui donner. C'est la couche de pure compassion, celle de la Mère.

Encore une fois, elle est multidimensionnelle ; elle se trouve partout à la fois et fait partie des couches divines qui n'agissent que si l'on fait appel à elles. Dans un état intriqué avec d'autres couches, elle est tout à fait quantique et ne peut être perçue comme une énergie individuelle.

Voici la vérité : la nature humaine est déséquilibrée depuis des millénaires et la transition imminente influe sur l'équilibre masculin/féminin chez l'être humain. Votre conscience n'est pas assujettie au cerveau ou aux gènes; elle dépend plutôt de la sous conscience d'une expérience akashique. Comment les hommes et les femmes se comportaient-ils historiquement? Et par le fait même, quel est votre rôle dans cette incarnation? Il part du plan directeur d'information contenu dans votre ADN sous forme d'antécédent énergétique. Puis, il évolue ou régresse, puisque votre libre arbitre le conduit vers des territoires qui ne figurent sur aucune carte.

La question des sexes est déséquilibrée depuis très longtemps, et puisque les mâles sont plus imposants, ils prédominent. C'est pour ainsi dire le trait le plus primitif, le moins éclairé chez le genre humain, lequel ne s'est jamais distingué des animaux – sauf que les animaux partageaient davantage que les humains! On pourrait dire que l'humanité continue d'exister au niveau le plus bas jamais vu de l'équilibre masculin/féminin.

La onzième couche sert à équilibrer l'être humain compatissant afin que le féminin sage et divin se manifeste tant chez l'homme que chez la femme. Cette couche a imprégné votre histoire, et malgré tout, vous ne respectez pas ce féminin sage et divin.

Je laisse mon partenaire, Lee, relater la parabole qui suit, puisque je n'ai pas le sens de l'humour culturel et qu'il pense l'avoir. Je serai de retour plus loin.

## UNE DRÔLE DE SOCIÉTÉ

*Imaginez un instant une société où les femmes sont aux commandes. C'est une fiction, je ne prétends pas donner de leçon d'histoire. Ce n'est qu'un « Et si? ». Du fait que les femmes donnent naissance, cette société connaît moins de guerres. L'instinct maternel leur confère plus de sagesse permettant la résolution de conflits; les mères n'envoient jamais leurs fils au champ de bataille. L'essentiel des impôts sert à fabriquer des chaussures – destinées aux femmes, naturellement. Les hommes ne portent avec bonheur qu'une seule paire, jusqu'à ce qu'elle soit usée à la corde. Leurs nouvelles chaussures doivent être identiques aux anciennes. Il existe des usines où les hommes fabriquent des chaussures pour hommes – toutes de la même forme et de la même couleur.*

*Les femmes gouvernent cette société de manière inhabituelle. Dans les conseils d'administration, tout le monde parle en même temps, on pleure, et les passions sont à vif. Ces réunions sont dès lors plutôt cacophoniques, mais les solutions découlent de l'honnêteté et non du système séculaire du secret qui dicte de ne jamais laisser l'autre savoir ce que vous pensez.*

*Les hommes sont plus costauds, ils s'occupent donc des travaux lourds. C'est logique. Ils exécutent des tâches difficiles. Après tout, pourquoi seraient-ils si imposants, si ce n'était pas là leur rôle?*

*Habiller les hommes est l'enfance de l'art. Ils ont tendance à porter la même chemise pendant des mois avant de vouloir en changer, d'habitude parce que les manchettes commencent à s'effilocher. Puis, naturellement, on leur remet leur chemise préférée encore une fois, tout comme pour les chaussures.*

*La sexualité a pour but le seul plaisir des femmes; celles-ci convoquent à leur guise l'homme qui, pour sa part, est toujours prêt – expliquant la différence hormonale entre les deux. Dieu a créé l'homme ainsi pour que lorsqu'une femme est disposée à la grossesse, il n'ait pas à être préparé – il est toujours prêt sur le plan biochimique. L'organisme plus complexe de la femme nécessite un calendrier plus élégant. Le rôle de l'homme est donc évident – se tenir invariablement prêt afin que leurs comportements sexuels à tous les deux coïncident. Le plaisir de la femme peut se prolonger, et elle aura peut-être besoin de plusieurs hommes pour parvenir à ses fins! Les hommes sont conçus pour ne servir qu'une seule fois; ils s'épuisent facilement. Une femme en pleine forme pourrait en éreinter quelques-uns juste pour parvenir à être adéquatement fécondée. Cela produit des enfants magnifiques, puisque les meilleures semences atteignent leur but, notamment quand il s'agit de fabriquer d'excellentes femelles. Les femmes affirment que la sexualité a été conçue spécifiquement pour elles.*

*Dès un âge tendre, elles enseignent aux hommes à cuisiner, à faire le ménage, des tâches qu'elles connaissent parfaitement, puisqu'elles représentent le sexe supérieur. Les hommes font donc de leur mieux pour obéir et suivre leurs directives. Des cours d'appoint s'imposent parce que les hommes n'apprécient pas les manuels d'instructions et qu'ils oublient des points importants sur l'assaisonnement ou le nettoyage. Mais avec un entraînement répétitif, ils réussissent. Il faut toutefois les surveiller. Ils sont distraits par leurs instincts animaux compétitifs et primaires; ils se déguisent en gladiateurs et se tabassent les uns les autres.*

*À l'occasion, un homme pense comme une femme à tel point qu'il accède à un poste politique et qu'il peut se présenter comme candidat à une élection. Mais les femmes, qui ont la mainmise sur le vote, tentent de l'en empêcher autant que possible. Après tout, un homme doit connaître son statut social et ne jamais accéder à la position de la femme, où il pourrait gagner le même salaire. Il serait impensable qu'il accède à une charge supérieure. Songez à ce que cela pourrait vouloir dire pour un conglomérat de la chaussure.*

J'ai permis à mon partenaire de s'éterniser un peu. Et maintenant, il va recevoir quantité de lettres. Mais le connaissant bien, je sais qu'il les fait d'abord lire par quelqu'un d'autre qui brûle celles qui sont négatives à son sujet. Ne vous gênez donc pas, envoyez-lui tout ce que vous voulez, car cela lui permet de chauffer sa maison et il ne lit jamais ces lettres.

Pourquoi ai-je autorisé Lee à faire ainsi de l'humour, sachant que cette plaisanterie pourrait contrarier ou offenser un sexe ou l'autre ? En réalité, si la fable est plutôt amusante, elle est de toute évidence dégradante. C'est pourtant ce que vivent plusieurs femmes aujourd'hui – à dire vrai, elles vivent bien pire. Croyez-vous vraiment que la différence sexuelle était censée aboutir à cette situation ? Croyez-vous que les Pléiadiens se comportaient ainsi ?

Permettez-moi de vous offrir un indice significatif sur la manière dont cet équilibre des sexes était censé s'établir. Ceux qui vous ont ensemencés provenaient de la constellation des Sept Sœurs. Les légendes transmises au fil de 100 000 ans, gravées dans la pierre dans plusieurs régions du globe, dépeignent essentiellement des femmes atterrissant sur terre et des hommes minuscules à leur poursuite. En réalité, les hommes n'étaient pas du tout minuscules ; c'étaient plutôt les femmes qui étaient corpulentes. Les femmes avaient le privilège de voyager dans l'espace, car elles y étaient mieux adaptées. Les Pléiadiens de sexe masculin vinrent plus tard ; ils avaient également leur spécialité – une culture respectable et partagée, caractérisée par une énergie féminine divine et sage. Les deux sexes étaient des scientifiques, ils éprouvaient un respect mutuel l'un pour l'autre, et leur société ne comportait aucune division entre les sexes, aucun stéréotype ni aucun esclave comme vous en avez aujourd'hui.

Tout cela pour dire que votre ADN recèle le plan directeur de cet équilibre. Encore une fois, il s'agit d'une énergie qui demeure latente jusqu'à ce que vous en ayez besoin. Avec la transition imminente cependant, elle s'est activée légèrement et un transit de Vénus en 2004 a apporté une énergie plus perturbatrice. Incroyablement, ce transit se reproduira en juin 2012 ! D'habitude, ces transits ne surviennent que tous les quelques siècles, mais ceux-ci sont très rapprochés. Pourquoi ? Votre planète a besoin de cette énergie compatissante, maternelle, et c'est précisément ce qu'ils apportent à la Terre : l'amour, la beauté, la compassion et la douceur. Ces transits ne sont séparés que par huit années. Encore une fois, le *huit* représente une énergie de manifestation nécessaire à la planète.

Voici Maurice. C'est un type ordinaire qui se rend au boulot à l'usine où son père et son grand-père travaillaient. Informez-le du transit de Vénus et il prendra la fuite ! Maurice n'en a que faire, ni les millions d'autres Maurice sur la planète. À quoi bon ?

C'est une infusion d'énergie pour Gaia. Un peu comme refaire le plein pour l'avenir afin que, quand l'humanité sera prête, l'énergie soit déjà à sa disposition. Gaia et le champ de votre ADN s'entremêlent étroitement. Vous le saviez, n'est-ce pas ? C'est la vibration génétique qui parle à la grille cristalline de la Terre, et il faut que Gaia soit d'accord, n'est-ce pas ? La relation entre vous et Gaia est si puissante qu'un seul artisan de la lumière peut empêcher un tremblement de terre dans une région ! Le saviez-vous ? Cette couche d'ADN tout entière est prête à être équilibrée pour l'avenir de l'humanité ; elle s'activera à mesure que la sagesse des populations augmentera en raison de la vibration supérieure. Elle ne s'abreuve pas à Gaia, mais en vous !

Connaîtrez-vous la situation décrite par mon partenaire ? Non. Au contraire, vous aurez une culture d'avant-garde – non par les droits de la femme, mais par l'égalité des sexes. Il n'y aura pas d'échelle de salaire où plafonnent les femmes ni d'emplois réservés à un sexe. On constate déjà ces progrès, mais ils sont dépourvus d'un respect sincère.

Il existe une couche de l'ADN qui perçoit les problèmes d'égalité des sexes sous les deux angles, puisqu'une vieille âme s'est incarnée dans les deux sexes. Elle fait appel au meilleur des deux et vous donne le sentiment d'être l'un ou l'autre. Elle engendre un sentiment de respect ultime pour le sexe que vous n'êtes pas cette fois-ci et vous permet de prendre des décisions basées sur ce respect. Imaginez un homme qui ressent les douleurs de l'enfantement ou une femme qui sait ce que c'est de former les rangs sur un champ de bataille. Tout y est, chers amis, et prêt à être équilibré d'une manière naturelle et normale s'inspirant des annales akashiques des diverses incarnations des vieilles âmes ici-bas.

**CHOCHMAH MICHA HALELU** est le nom hébreu de Dieu associé à la onzième couche. Le sens attribué par Kryeon est *Sagesse du féminin divin*. Notez le chiffre *onze*, car il s'agit non seulement d'un maître nombre qui signifie *illumination*, mais du chiffre de Kryeon. Je l'ai précisé il y a plus de vingt et un ans dans le premier tome : mes chiffres sont le *neuf* et le *onze*, qui représentent l'achèvement et l'illumination, soit la conclusion de l'ancien et l'illumination naissante de la transition.

Examinez l'illustration de cette couche ; en son centre, vous verrez une fleur. Elle est unique en son genre. Douce, invitante, elle vous incite à la partager. La seule exception est la dernière illustration, et c'est également une fleur – la Fleur de vie.

Laissez-moi vous raconter une histoire, cher humain. Celle d'un homme qui n'a pas été votre guide spirituel, mais qui était, sur le plan spirituel, à la tête de près d'un milliard de personnes. Karol Józef Wójtyla vit le jour le 18 mai 1920. Il devint le pape Jean-Paul II en octobre 1978 et il exerça une formidable influence sur le cours des événements internationaux à partir de cet instant jusqu'à sa mort, en avril 2005.

Sa spiritualité relevait d'un véritable oxymore. En effet, il rendait un culte à Marie, la mère de Jésus, et malgré tout, l'Église dont il avait la charge n'a jamais accordé une position prépondérante à la femme. Voilà ce qui occupa l'essentiel de son existence. Car, dans la tourmente ou dans la souffrance, il invoquait à genoux la Vierge Marie. Ce fut Marie qui le guida au fil d'années de vicissitudes et de souffrances que l'Église n'a jamais divulguées ; ce fut Marie et sa mère qui lui apparurent sur son lit de mort et qui passèrent à ses côtés dans la lumière et l'amour de Dieu.

On pourrait croire que sa position aurait été différente en tant que vicaire du Christ de l'Église de saint Pierre, mais cet homme aimait une femme prénommée Marie. En route vers Moscou, Ronald Reagan, alors président, vint consulter Karol. Le pape le regarda droit dans les yeux, invoqua Marie, la mère, et prononça ces paroles : « Faites confiance au président russe, car il aspire à ce à quoi vous aspirez. » Nul membre de son cabinet n'avait rien dit de tel à M. Reagan. Ce dernier s'était préparé à des négociations ardues, comme il l'avait fait avec tous les Russes. Au contraire, décontenancé, il réfléchit à l'avis d'un homme qui n'adhérait même pas à sa confession. Ultérieurement, il suivit ce conseil et aujourd'hui, les résultats sont flagrants. Le principe féminin divin chez un Polonais prénommé Karol l'avait accompli.

Karol parvint-il à empêcher une guerre mondiale imminente ou est-ce l'avis de Marie qui rendit cela possible ? Ni l'un ni l'autre. La onzième couche de l'ADN du pape était activée à son degré le plus élevé. Cet homme qui respectait la femme versa des larmes sur la condition déplorable de celle-ci à l'échelle internationale. L'histoire démontre qu'il a même rencontré les responsables des politiques catholiques pour les prier de permettre aux femmes de devenir prêtre, voire cardinal. Sa requête fut rejetée par le cardinal allemand qui tenait pour sacrées les vieilles traditions. Le nom de ce cardinal ? Joseph Alois Ratzinger.

C'est le pape Ratzinger [Benoît XVI] qui conduira l'Église catholique au seuil de l'anéantissement et même de la banqueroute. Il ne survivra pas longtemps néanmoins, et le nouveau pape sera l'un des êtres les plus magnanimes que l'Église aura connus ; il sera en mesure de modifier les règles afin que l'amour du Christ touche encore une fois l'homme du peuple. Il sauvera l'Église ; les potentiels actuels semblent l'indiquer. Il pourrait même appeler la participation des femmes pour la première fois.

Ce qui distingue les maîtres des êtres ordinaires réside dans cette onzième couche de l'ADN. Entrevoyez-vous le principe féminin chez les maîtres ayant vécu sur terre ? Peu importe le sexe auquel ils appartenaient. Voyez-vous l'équilibre ? Apercevez-vous la compassion dans le regard des hommes, la force dans les yeux des femmes ? Voilà l'équilibre sacré, divin auquel contribue la onzième couche divine. Elle s'y trouve dans ce but précis, car les différences sexuelles entraînent le schisme, la haine, les préjugés, et pire encore. C'est ainsi que Dieu reconnaît l'existence de problèmes chimiques à l'œuvre que la sagesse divine est en mesure de résoudre.

Où allez-vous sur votre lit de mort, cher ami ? Étant donné que plusieurs l'ont oublié, je vais vous le révéler. Vous allez d'abord vers votre mère. Elle est présente à votre dernier souffle tout comme lors de votre première respiration. Elle aura peut-être disparu depuis longtemps, mais elle plane au-dessus de votre lit et s'apprête à être la première à vous accueillir. Celle qui vous a donné le jour, qui était reliée à vous par le cordon ombilical et son propre sang, est la première à vous recevoir, entourée des anges qui célèbrent [votre passage]. Elle est merveilleuse, d'apparence vraisemblablement humaine pour que vous la reconnaissiez et demeuriez serein. Elle attend longtemps, puis elle est présente à vos côtés. Son sourire vous réchauffe le cœur et cette réunion est l'un des événements les plus sublimes.

Sur tous les champs de bataille, les mères étaient présentes pour retrouver leur fils. Quelques hommes les appelèrent, d'autres tendirent les bras pour les étreindre. En dépit du sang et de la saleté, les mères attendaient de rejoindre leur fils – sur les plages, dans les champs, dans la boue, sous la mer et dans les marais. Le principe féminin divin est l'une des forces les plus puissantes ici-bas. C'est le dénominateur commun entre la mort et la naissance ; il représente la compassion de Dieu.

Si vous avez des penchants intellectuels, évitez d'analyser ces propos pour en faire une métaphore. Vous soutiendrez peut-être : « Mais comme elle s'est réincarnée il y a longtemps, de toute évidence elle ne pourra être présente au moment de mon agonie. » Assez de vos arguments tridimensionnels pour un Dieu quantique ! Sachez que Dieu est beaucoup plus vaste que vos arguments absurdes appartenant à la cage de votre pensée circonscrite. Elle est là, et vous le saurez lorsque cela vous arrivera.

### Sommaire – Onzième couche

La onzième couche est la deuxième des couches divines, la force la plus puissante dans l'univers, car c'est la compassion de l'ensemble de l'humanité, personnifiée par l'énergie de la mère. C'est une énergie qui demeure absente jusqu'à ce que l'humain y fasse appel.

Même les femmes en sont dépourvues, à moins de l'invoquer. C'est l'énergie du principe féminin divin et elle est destinée aux deux sexes. Elle réfère à la « mère » en chacun de vous ; pas uniquement à la mère, mais à une mère divine compatissante. C'est la raison pour laquelle on a tant insisté sur la mère de Jésus, alors que nombre de religions ne comportent aucune femme.

C'est la couche qui s'active en présence d'événements altruistes, tels la mort de la princesse Diana, le tsunami ou la catastrophe du 11 septembre [2001]. Elle adoucit le cœur et ouvre hommes et femmes aux solutions pleines de bon sens et aux ères paisibles. Elle réside en vous, mais elle est également sous l'égide de Gaia. Conjuguées, ces forces seront diffusées lorsque la transition l'exigera au maximum. Ce ne sera pas une catastrophe, mais la naissance d'une énergie nouvelle.

### Douzième couche : Dieu tout-puissant – Troisième couche divine (voir page 346)

Cette couche vous étonne-t-elle ? Il s'agit de la troisième couche de Dieu et elle constitue l'essence même du Créateur. Qu'est-ce que Dieu ? C'est simplement le terme qui désigne l'énergie créatrice de l'univers, une énergie quantique qui est partout, exempte de commencement ou de fin. Dieu existe aussi en vous, sans toutefois résider en vous. Il s'est fragmenté en une parcelle qui vit en vous dans un état intriqué (moitié Dieu, moitié vous), ce qui fait de vous une partie de la Création. Le Dieu en vous est une expression littérale. Un fragment de la conscience du Créateur habite chaque être humain qui a jamais vécu sur la planète Terre.

Ces propos suscitent des arguments dans plusieurs sociétés. « Entendez-vous par là que Dieu résidait chez les pires criminels dans l'histoire de l'humanité ? » Oui. Toutefois, il faut préciser que ces individus n'en avaient aucune conscience et que leur libre arbitre leur a permis de commettre les actes auxquels ils se sont livrés. « Voulez-vous dire qu'à leur mort ils n'ont pas été châtiés pour leurs actes ? » En effet. Le châtiment et la récompense sont des notions humaines qui comportent une vengeance ou des louanges et qui, en quelque sorte, ne se réalisent que si l'être humain reçoit ce qu'il mérite. C'est là un concept tridimensionnel que vous attribuez à Dieu, comme vous le faites avec nombre d'autres concepts. Vous estimez que Dieu récompense, et qu'il punit aussi. Tous vos systèmes spirituels contemporains entretiennent cette idée.

Vous croyez que dans les cieux règne malgré tout le conflit. Des anges en combattent d'autres pour s'approprier le pouvoir. Il existe une mainmise hiérarchique. On permet même à un ange déchu d'exercer un pouvoir lui permettant de s'emparer de votre âme. Dans les cieux, il y a la vengeance, le châtiment, l'horreur et la haine. Des démons luttent contre des anges, et au beau milieu de tout cela Dieu règne en gestionnaire du bien et du mal.

Cela ressemble-t-il vraiment à Dieu pour vous ? Non. Ce n'est que le cerveau qui fait de son mieux pour justifier une allégation qui n'existe nullement dans un état multidimensionnel. Il attribue des traits humains à Dieu dans les cieux, et la mythologie séculaire déborde de cette projection. Les humains ne peuvent réfléchir au-delà de leur propre conscience. Comme le dit une expression, « vous ne pouvez savoir ce que vous ignorez ». Impossible d'enseigner à un chien les caractéristiques d'une ampoule lumineuse incandescente. L'animal ne peut le concevoir. Peu importe comment vous vous y prenez, le chien n'est pas en mesure de l'assimiler. Si vous demandiez au chien comment il va, il répondrait : « Je peux tout apprendre ! Essayez. Je peux rapporter un bâton, me rouler par terre. Je peux même apprendre à saisir les mouvements des mains et les états affectifs de l'homme. Je suis un chien, un animal vraiment intelligent. » L'intellectuel objectera le même argument. Il croit avoir une pensée sans limites, mais il échoue misérablement lorsqu'il fait face à des éléments hors de sa propre réalité.

Dites-moi, cher ami, pouvez-vous concevoir quelque chose qui n'ait aucun début ? Non, car dans votre réalité tridimensionnelle, tout doit avoir un commencement, il en va ainsi. Même la science s'efforce tant bien que mal de repérer un début à l'univers alors que celui-ci a toujours existé ; il n'a que changé de propriétés dimensionnelles comme il le fait souvent. Le temps n'a pas de commencement. L'univers non plus. VOUS n'avez pas de début ! Vous avez toujours existé et vous existerez toujours. Mais le cerveau proteste.

Dans un état multidimensionnel, une chose comme «un lieu» n'existe pas. Pouvez-vous le concevoir? Non. Tout doit exister quelque part. À dire vrai, en l'absence d'un point de départ et d'une fin, votre géométrie s'effondre. Voilà pourquoi même votre cercle est défini comme un octogone possédant un nombre infini de lignes droites. Vous n'arrivez même pas à penser au-delà des lignes droites! D'une certaine manière, votre réalité est aussi restreinte qu'un personnage de bande dessinée sur une page qui ignore tout de l'artiste qui l'a tracé. Il ne peut penser qu'à ce qu'il y a sur la page.

Le temps est un cercle, mais vous ne voyez que là devant. Votre temps tridimensionnel présente un parti pris vers l'avant qui sous-tend que rien ne survient dans le passé, puisqu'il est statique [il s'est déjà produit]. Et si je vous disais qu'il s'agit d'une fausseté? Le temps n'est réactif qu'à lui-même. Autrement dit, même ce que vous appelez l'avenir influe sur le passé. L'avenir demeure inconnu, mais les potentiels les plus déterminants d'événements sur votre ligne temporelle sont connus. Par conséquent, ces potentiels influent sur vos actions présentes.

L'avenir agit sur le passé. Si le temps a la forme d'un cercle, alors le passé influe sur vos actions futures. Les chercheurs qui se penchent sur les fractales du temps savent exactement de quoi je parle; ils détiennent même des formules élémentaires pour analyser ce phénomène, qui se trouve totalement à l'extérieur de votre cage de lignes droites. Saviez-vous que les Mayas en avaient aussi connaissance? Ils ont élaboré ce phénomène grâce à leurs observatoires et l'ont constaté avec un regard teinté de la sagesse ésotérique qui attestait que les mêmes ondes temporelles touchent la conscience encore et encore. Trop bizarre pour vous? Encore une fois, la bizarrerie pour vous, c'est tout ce qui se situe hors de votre cage intellectuelle de réalité.

Revenons au chien : avez-vous remarqué qu'il est capable d'amour? Vous êtes-vous déjà demandé si l'amour n'était pas la vérité fondamentale dans les règnes animal et végétal? Avez-vous jamais aimé une plante ? A-t-elle réagi ? Oui. Pourtant, elle est incapable de penser. Cela ne révèle-t-il pas que quelque chose de plus vaste que l'intelligence humaine existe ? Et si l'amour de Dieu était partout, en tout ? Au cours de la dernière décennie, les astronomes l'ont également remarqué. Contrairement au fonctionnement de l'aléatoire, ils ont remarqué que, contre toute attente, l'univers est créé pour soutenir la vie. Partout où se pose le regard, le potentiel pour la vie existe – partout. Ils ont baptisé ce principe naturel tout à fait contre-intuitif : conception intelligente. Ils admettent enfin que ce qui a créé les galaxies était doué d'intelligence et qu'il favorise la vie.

Le Créateur est l'amour pur et inconditionnel en faveur de la vie et un collectif formé de trillions de ce que vous nommez âmes. De l'autre côté du voile, aucun trait humain ne subsiste, sauf un seul – l'amour que vous connaissez et qui est bien réel, car il a la même puissance sur terre. Plusieurs choses traversent le voile et restent intactes : l'amour, la musique, l'art, la créativité et le désir d'un foyer. Ce sont les seules choses en votre possession qui sont à l'image de Dieu. Tout le reste est fabriqué par vous, résulte de votre invention, de votre système tridimensionnel.

Cette couche est responsable de l'expression « fait à l'image de Dieu ». L'image du créateur en vous, c'est cette couche. Cela ne signifie pas pour autant qu'à votre retour de l'autre côté du voile, il y aura des humains. Tout à fait drôle ! Non. Au contraire, vous rencontrerez l'image du créateur, une famille bien connue de l'énergie multidimensionnelle qui est Dieu. Cet autre côté du voile ne possède aucun temps, ni lieu, ni palais d'or, ni portails en perles. C'est encore mieux que tout cela. C'est la maison.

### Le pouvoir de l'humanité

Les humains sont puissants, très puissants. Cet aspect en eux est ce qui perçoit toute forme de vie capable de déceler un état multidimensionnel. Voilà l'un des plus grands paradoxes de la création : vous êtes en trois dimensions et vous portez en vous un état quantique si magistral que votre champ quantique mesure huit mètres ! Chaque humain en est doué.

Supposons, par exemple, qu'un visiteur de l'espace fasse une excursion sur la Terre. Il connaît l'énergie quantique et les réalités multidimensionnelles, car c'est ainsi qu'il est arrivé ici, par le seul moyen possible. En effet, les déplacements au sein d'un état multidimensionnel sont presque instantanés puisqu'ils émanent d'un état intriqué, comme nous l'avons expliqué. L'intrication est une propriété qui réfute l'idée d'un «lieu» et où tout est partout. Un jour, la science découvrira comment programmer un objet tridimensionnel pour qu'il devienne intriqué et qu'il soit ensuite projeté pour arriver en trois dimensions, là où il se trouve déjà. Imaginez un son dans une pièce qui ne proviendrait d'aucune source. Impossible de déterminer sa provenance, car il émane de chaque molécule dans la pièce. Il est partout. Mystérieusement toutefois, grâce à un procédé scientifique inédit, vous le programmez pour qu'il se concentre en un seul point sur la table. Vous ne pouvez désormais l'entendre que si vous vous penchez et tendez l'oreille vers ce point. Vous l'avez temporairement coincé pour le placer en un lieu. Voilà comment le voyage dans l'espace se réalisera un de ces jours. Songez-y ! Le vaisseau aura les dimensions que vous souhaiterez et vous n'aurez à vous préoccuper que de l'environnement de votre planète de destination, car les périls de l'espace n'auront plus d'importance, à moins que ce ne soit ce que vous vouliez.

Le voyageur de l'espace est innocent. Il n'est jamais venu sur Terre. La première chose qu'il fait, c'est sortir son instrument multidimensionnel pour mesurer l'énergie des changements dimensionnels présents. Cette procédure s'avère critique pour sa survie ; il doit l'évaluer pour rester hors de danger. Je vous laisse entrevoir une propriété scientifique loin dans l'avenir, qui n'est pas encore à votre portée, puisque vous n'avez pas les connaissances scientifiques permettant de créer les pièces de l'instrument.

Le voyageur regarde autour de lui; soudain, son instrument se dérègle. Des alarmes sonnent et il sait qu'il y a quelque chose de très différent sur cette planète bleue. Les données proviennent de la forêt à proximité. Il s'approche, tout en restant dissimulé. Il aperçoit alors ses premiers humains en train de pique-niquer. Ils sont magnifiques! Mais l'énergie qui émane d'eux donne la chair de poule, car elle est identique à celle d'une singularité de l'espace-temps – une dualité dans un trou noir. C'est différent, mais très inhabituel et dangereux pour un voyageur multidimensionnel, car son moteur multidimensionnel opère par déplacements phasiques minutieusement équilibrés en dimensionnalité – contrôlés et très précis. Cela le maintient dans un état intriqué qui rend possible le voyage. Il doit repartir.

Son instrument indique que chaque humain possède un champ de huit mètres si puissant qu'il renferme les éléments de la création. Le voyageur de l'espace l'avait déjà constaté en se rendant dans des coins de l'univers peuplés d'étoiles naissantes. Il l'avait remarqué au centre de chaque galaxie, où nulle vie ne peut exister – et maintenant, il le voyait autour de ces humains. Les enfants en étaient également doués. Ils le présentaient tous.

À des vitesses formidables, le voyageur manœuvre son vaisseau afin d'éviter ces créatures. Sur sa carte des étoiles, il marque l'endroit comportant des formes de vie dangereuses et ne s'y rend plus jamais. Il se demande comment on peut se rendre maître d'une telle énergie et la maintenir dans une forme corporelle.

Quelle histoire fantaisiste! direz-vous. Oui, mais elle est réelle, tout à fait réelle. Permettez-moi, cher humain, de vous poser la question suivante : si, comme je l'ai mentionné, l'univers grouille de vie, si ces êtres peuvent aller où bon leur semble presque instantanément et que vous pouvez souvent apercevoir leurs vaisseaux dans le ciel se déplaçant à des vitesses impossibles en trois dimensions, et puisque vous les observez depuis plus d'un siècle, pourquoi n'ont-ils pas atterri sur le toit de la Maison-Blanche pour annoncer leur venue ? Cela vous semble-t-il logique ? Les ufologues entretiennent toutes sortes de théories de conspiration, n'est-ce pas ? Ils attendent quelque chose. Il leur faut une invasion en force. Ils attendent un alignement galactique spécial et d'autres choses encore. Ce sont là des conjectures tridimensionnelles dévastatrices qui caractérisent l'approche humaine par rapport aux choses qui sortent de leur réalité. La peur est toujours la première réaction.

En vérité, la planète accueille UNIQUEMENT des créatures habitées du Dieu tout-puissant ; on l'appelle douzième couche de l'ADN. Le Créateur est en vous et vous n'en avez pas conscience. Votre champ d'ADN le crie sur tous les toits : sa puissance est inconcevable. Il peut déplacer les montagnes, empêcher la terre de trembler, stopper les éruptions volcaniques et vous permettre de vivre pendant des siècles. Mais vous ne le croyez pas encore.

Vous êtes sur le point de découvrir ce qui réside en vous. Cette transition a débuté en 1987 et se poursuivra sur plus de trente-six ans (à partir de 2012) ; elle met en scène une fractale temporelle prédite depuis des éons. Voilà ce qui explique la présence de Kryeon ici-bas. Vous aviez le choix de suivre le courant ou pas ; vous l'avez fait. Cette transition détient un potentiel de paix pour la Terre, et ce, sans la nécessité d'une conversion massive à un système spirituel, car les systèmes actuels partout sur terre évolueront et assimileront la sagesse de l'amour et l'intégrité du principe féminin divin. Toutes les couches d'ADN s'intensifieront d'elles-mêmes, comme elles le font maintenant.

Un monde libre de guerres ne signifie pas que tous doivent partager la même confession, mais qu'un consensus sage et évolué reconnaît que la guerre n'est qu'une vieille énergie bar-

bare dont les humains n'ont plus besoin désormais. Ce consensus fera plutôt appel à une logique noble exempte de toute avidité ou manipulation ainsi qu'à l'idée que la planète est dans un état intriqué et que les nations ne sont pas exemptes des lois de la nature. Qu'elles collaborent! De votre vivant, vous ne serez pas témoins de ces événements, chers amis, car vous serez ici, de l'autre côté du voile. Toutefois, quelques-uns parmi les lecteurs qui parcourent ces lignes, voire ceux qui les ont rédigées, seront présents pour permettre que l'événement survienne.

Revenons aux extraterrestres, car tout le monde s'y intéresse. Il en existe plusieurs types et plusieurs races, qui vont et viennent depuis des années. Bon nombre ne reviennent jamais, pour les raisons que j'ai déjà précisées. L'endroit présente un danger dimensionnel pour eux et ils en sont conscients. Une race spécifique vous rendra visite tôt ou tard par amour, et de manière appropriée. Surveillez les spirales bleues, car elles annoncent des énergies créatrices pour la Terre et pour les descendants des Pléiadiens qui ont évolué au fil de 100 000 ans pour devenir des êtres de lumière. Ne les craignez pas.

Une autre race, néanmoins, est la plus curieuse d'entre toutes. Ces êtres passent leur temps à revenir et à reconfigurer leur vaisseau dimensionnel. Leurs connaissances scientifiques ne leur servent à rien, mais ils ont désormais conscience de ce qui peut annuler le pouvoir de l'être humain. L'ayant découvert, ils s'en servent à ce jour. C'est la peur brute.

La peur court-circuite presque chaque aspect de la puissance quantique de l'humain. C'est un assujettissement du pouvoir qui pousse l'individu à un mode de survie très primitif. Plusieurs parmi vous en ont conscience, car ils en ont triomphé et ils savent comment elle opère. En quelques secondes, la peur ferme presque tout, sauf les instincts de survie primaires. Vous oubliez votre numéro de téléphone, vous êtes incapable d'appeler à l'aide, vous vous roulez en boule, pris de tremblements.

Ces extraterrestres en particulier sont persuadés que s'ils peuvent capturer des humains, copuler avec eux (par l'entremise de leurs procédés scientifiques) et parvenir à une compréhension exhaustive de leur organisme, alors ils pourront s'emparer du pouvoir suprême dans l'univers et posséder ce que vous avez. Ils tentent donc leur chance. Ils ont compris ce qui vous effraie et ils comptent là-dessus. Saviez-vous que quelques-uns d'entre eux portent même des masques ? Marrant, on dirait un film d'horreur cherchant à produire un effet maximal. Maintenez les humains dans la terreur et vous pourrez faire d'eux ce que vous voulez – et ils le font !

Bon nombre de ces comptes-rendus d'enlèvements sont avérés, ainsi que les descriptions de ce qui se passe dans ces vaisseaux ; tout est fait dans la peur. Heureusement pour vous tous, le pouvoir qui réside en vous ne leur est accessible par aucun moyen, pas même par la copulation. Ce pouvoir n'appartient qu'aux humains ; aucune méthode scientifique, aucune terreur ne parviendra à capturer l'essence du Dieu tout-puissant.

Aux yeux de ces extraterrestres, ce pouvoir est fort mystérieux. Ils n'ont aucune idée de ce qu'il peut être. Voilà aussi pourquoi nous vous indiquons de nouveau comment les empêcher de revenir. Si vous saisissez ces faits, alors vous pouvez également comprendre que ce que ces extraterrestres redoutent le plus, c'est que vous soyez au courant de leurs activités.

Aux quelques timorés parmi vous, je dis ceci : rassemblez votre courage et, la prochaine fois que ces êtres apparaîtront, au lieu d'être terrifiés, dirigez vers eux votre lumière divine et exigez qu'ils repartent. Ils n'auront pas d'autre choix, sinon ils seront anéantis par votre extraordinaire pouvoir. Et ils le savent. Ils s'en iront et vous laisseront à jamais tranquilles, vous et votre famille.

Il est malheureux que les Terriens qui ont le plus besoin de cette information soient ceux qui ne liront sans doute jamais ce livre. Ils vivent surtout à la campagne, ils sont tenaillés par la peur, ils baignent dans des théories de conspiration et mènent une existence simple, facile à manipuler.

**El shadai** est le nom hébreu de Dieu associé à cette douzième couche. Le sens que lui attribue Kryeon est *Dieu tout-puissant*. En numérologie, le *douze* se réduit à *trois* qui, ici spécifiquement, réfère à la troisième langue – le langage multidimensionnel tacite de l'Esprit qui vous transmet des messages par l'intuition, même si vous somnolez pendant une canalisation en direct. Le *trois* est aussi associé à la troisième couche de l'ADN, que nous avons baptisée couche d'ascension et d'activation. Ces couches collaborent et servent de catalyseur pour la transition divine. Comme je l'ai précisé plus haut, la troisième couche de l'ADN travaille avec la sixième couche, celle de votre Soi supérieur. Si je donnais un cours sur la numérologie multidimensionnelle, je vous dirais que le nombre quantique associé à El Shadai est le trente-trois, car c'est l'énergie du *trois* multipliée par elle-même. Dans l'état quantique, une telle influence a une grande importance.

L'illustration de cette couche ressemble encore une fois à une fleur. Je l'ai appelée Fleur de vie, mais ce n'est rien d'officiel. Ce n'est qu'une expression indiquant que cette illustration n'est pas abstraite. Elle dépeint un phénomène réel que vous pouvez presque toucher. Cette fleur dorée semble n'avoir pas de fin. Elle déborde les limites du cadre et sa beauté est inconcevable.

Quand Elijah a ascensionné de son propre gré, Elisha, sa doublure, l'observait. Selon les dires de ce dernier, son maître se mua en une incroyable boule de lumière. Il paraissait la « chevaucher » et, de ce fait, le nom hébreu a pour signification première « chevaucher ». Mais cette boule de lumière n'est pas descendue des cieux pour l'emporter. Remarquez-le ! L'être humain retrouva son pouvoir et se métamorphosa en une boule de lumière – son champ d'ADN mesurant huit mètres de largeur. Elle rayonnait de la gloire du champ dimensionnel qui était Elijah. Le disciple était sidéré. Son maître s'était mué en une boule de lumière qu'il chevauchait vers les cieux.

Par ailleurs, Elisha indique que trois chevaux blancs tiraient la boule de lumière qu'Elijah chevauchait. Puisque rien de tout cela n'était en trois dimensions, Elisha fit de son mieux pour décrire la situation de ce que signifiait le pouvoir du trois multiplié qui participent à ce processus d'ascension. C'était la couche d'ADN de l'ascension (la troisième couche d'ADN), du Dieu tout-puissant (douzième couche de l'ADN) et du Soi supérieur (sixième couche de l'ADN). Voilà la manifestation de Dieu en vous. Elijah est revenu à la parcelle de Dieu qu'il était et a rejoint la famille de l'autre côté du voile ; les trois énergies divines appartenant à ce côté du voile l'emportèrent vers la maison (3 + 12 + 6 = 3).

Les intellectuels mystiques qui cherchent encore à se figurer la fonction de chaque couche s'interrogeront à son sujet et finiront par renoncer. « Eh bien, cette couche ne fait rien du tout ! » admettront-ils. La fonction des autres couches est évidente, mais pas celle-ci. Elle reste là, et elle existe. Si vous cherchez une couche pour l'action, ce n'est pas celle-ci, mais si vous cherchez la force vitale divine, la voilà.

### Sommaire – Douzième couche

La douzième couche est la troisième des couches divines ; on peut la considérer comme l'énergie de Dieu en vous. L'une des plus quantiques parmi les couches, c'est vraiment l'énergie du Créateur dans votre ADN. Elle a pour seule fonction d'exister et de produire la force vitale de Dieu chez l'être humain. Elle est à jamais présente, mais à l'instar des autres couches multidimensionnelles, elle ne se révèle que lorsque l'humain, par l'intention, découvre sa puissance et la manière de s'en servir.

Parmi les couches, c'est celle qui est liée aux onze autres – tel est l'amour de Dieu qui s'imprègne dans tout ce qui est. Par conséquent, la douzième couche est la confluence énergétique qui représente la fusion de Dieu avec toute force vitale, notamment avec l'être humain divin.

*Les ancêtres de l'humanité*
*ont toujours été la clé de la vérité spirituelle.*

CHAPITRE 11

# Sommaire des groupes d'ADN

## ... et leur terrible secret

*Kryeon*

### Sommaire des groupes d'ADN

En rétrospective, nous vous avons transmis douze couches ou énergies, d'ADN. Par ailleurs, nous les avons également réparties en quatre groupes.

**Les couches d'ancrage**
Première couche – Couche biologique
Deuxième couche – Couche de la leçon de vie
Troisième couche – Couche de l'ascension et de l'activation

**Les couches humaines divines**
Quatrième couche – Votre nom angélique, première couche
Cinquième couche – Votre nom angélique, deuxième couche
Sixième couche – Couche de prière et de communication

**Les couches lémuriennes**
Septième couche – Couche lémurienne de la divinité révélée
Huitième couche – Couche lémurienne de la sagesse et de la responsabilité
Neuvième couche – Couche lémurienne de la guérison

**Les couches divines**
Dixième couche – Couche de la croyance divine
Onzième couche – Couche du féminin divin
Douzième couche – Couche du Dieu tout-puissant

Vos religions historiques sont loin de présenter des antécédents sacrés. Les historiens parmi vous constateront que le jour où l'homme a découvert qu'il pouvait gouverner de vastes populations en dirigeant des temples, une forme de contrôle inédite a vu le jour. Mieux encore que d'être souverains, les papes et les chamans avaient les rois et les reines à leurs pieds.

L'histoire étant ce qu'elle est, inutile de l'enjoliver pour constater que les religions sont à l'origine de la plupart des guerres. Même à l'époque actuelle, elles ont provoqué le schisme davantage que l'union. Bien que les systèmes spirituels d'aujourd'hui possèdent plus d'intégrité que jamais auparavant, leur passé est rempli d'horreurs.

Autrefois, les hommes d'Église sillonnaient le royaume à cheval pour assassiner les familles de non-croyants. À l'époque actuelle, ils se servent d'avions. Les papes étaient corrompus, et dans plusieurs civilisations les chefs religieux étaient issus de dynasties qui se préoccupaient plus d'argent que d'objectifs religieux. Ce n'était rien d'autre que la nature humaine de l'époque, et aujourd'hui c'est celle-ci que l'on constate et que l'on épure. Néanmoins, même à ce jour, des abominations sont commises au nom des gens qui sont censés se consacrer à Dieu; et l'on continue de s'efforcer de laver l'Église de toute honte. C'est tout à fait honorable, et cela fait partie de la transition, comme nous l'avons souligné.

Par ailleurs, les secrets étaient connus, même ceux de l'ADN. Certains ordres gardaient le statu quo, et présentement on associe leur nom à la conspiration ou à toute fiction moderne qui a dégénéré en mythologie. Mais les secrets étaient préservés; rares étaient ceux qui étaient au courant, à l'exception des tribus autochtones qui ne les ont jamais couchés par écrit.

*Les ancêtres de l'humanité ont toujours été la clé de la vérité spirituelle.* Avant les immenses cathédrales, les gros revenus, les grands projets ou les foules de milliers d'individus, les chamans le savaient, de même que les gardiens de la sagesse. Ils ne s'ouvrirent à personne, sauf à leur peuple, mais cette coutume change aujourd'hui, car la transition est imminente.

L'un des paradoxes sur terre, c'est que le nouvel âge n'est que l'étude de l'âge révolu, alors que les secrets de la Création étaient encore frais et que les alignements des cieux avaient un sens personnel. Tout cela pour dire que vos Écritures ne sont pas toutes dans l'erreur. Plusieurs sont des poèmes, des chants, des principes, des récits, des missives à des amis et même des slogans politiques inspirés de l'histoire très ancienne en des versets des Saintes Écritures qui ne s'appliquent plus (Référence : *How the Bible Became the Bible*, par Donald L. O'Dell).

Dans l'Ancien Testament, l'essentiel du Lévitique comporte des règles atroces vous poussant à tuer votre voisin s'il épouse votre fille vierge. Ce livre prescrit de faire de même avec un voyant ou un magicien. Ces choses sont encore considérées comme la parole de Dieu aujourd'hui, mais d'habitude on les écarte comme une tradition du passé. Par conséquent, une entente informelle veut que les Écritures soient de la main d'hommes de l'époque et que, pour cette raison, elles ne soient pas aussi sacrées, infaillibles ou à prendre au sens littéral du terme.

Il y a plusieurs années, mon partenaire s'est rendu « au chas de l'aiguille », un portail étroit dans un mur de Jérusalem. Un chameau ne peut franchir cette ouverture. On attribue souvent le sens de *corde* au mot *chameau* en araméen, car ces deux termes étaient homonymes. Je vous donne toutefois la signification de ce mot, car il a été traduit en quatre langues au fil du temps. Le texte affirmant qu'un homme riche ne pouvait obtenir la faveur de Dieu, pas plus qu'un chameau ne pouvait passer par le chas d'une aiguille, ne signifiait pas qu'un homme opulent était dans l'impossibilité d'accéder à Dieu. Le sens était qu'il n'était pas permis à un riche marchand, désireux de vendre ses marchandises, de pénétrer dans la cour où on livrait un culte. Son chameau surchargé ne passerait pas. Ainsi, la réprimande à l'époque rappelait que le mercantilisme et les enseignements sacrés n'allaient pas de pair, ce qui est toujours vrai aujourd'hui. C'est le simple bon sens, mais voyez plutôt ce que les érudits en ont fait. Ils donnent plutôt l'impression aux gens qu'ils doivent fréquenter leur église pour mériter la faveur de Dieu. Il s'agit là d'une manipulation de la part des hommes, pas de Dieu.

Les inspirations de l'Esprit sont magnifiques ; plusieurs sont en parfaite harmonie avec l'époque. C'est ce qu'en ont fait les hommes qui fait la différence. Par conséquent, elles sont révélatrices au sujet des hommes, mais ne disent rien sur Dieu. Remontez toujours à la source, aux manuscrits intacts portant les paroles des prophètes. Ce sont eux qui rayonnent de vérité et de l'amour de Dieu. Cherchez les tendances culturelles.

Tout cela a pour but d'introduire l'idée que tout ce que vous aviez cru sacré ne l'est pas forcément. Pour l'essentiel, il ne s'agit que de l'histoire. Certains propos sont inspirés, mais beaucoup de textes religieux ne renferment que les paroles des dirigeants de l'époque. Et ces gouvernants émettaient des avertissements pour éloigner le peuple des secrets, ces éléments mêmes de la vérité sacrée qui auraient procuré l'information que vous obtenez dans ce livre et que les Anciens possèdent encore. Pendant des années, l'homme du commun n'avait pas accès aux Écritures, sauf en la présence d'un chef spirituel. L'homme du commun devait se fier à l'interprétation d'autrui. Voyez-vous les possibilités de contrôle ?

Et si les gens avaient su alors ce que vous savez aujourd'hui ? S'ils avaient pris conscience que leur Dieu était en eux, qui aurait pu les manipuler ? S'ils savaient à ce jour qu'ils sont en mesure de guérir leur corps mieux que la médecine moderne, cela en dérangerait-il quelques-uns dans votre entourage? Et si personne n'avait à fréquenter une église, qui en paierait le prix? Les réponses sont évidentes; le moment est venu pour vous de connaître la vérité fondamentale.

Mon partenaire se déplace partout dans le monde. Il photographie tout pour que vous puissiez voir le nombre de gens qui sont attirés par un événement hors de l'Église. Il souhaite que vous voyiez qu'une transition est en cours dans tous les pays où il s'est rendu. Il télécharge ces photos sur Internet. Malgré l'absence de propagande, de panneaux publicitaires ou de messages télévisés, des milliers de personnes viennent à ces rencontres. Il fait une présentation, ne laisse pas une équipe derrière pour évangéliser, n'exige pas d'argent, ne dresse pas de liste de membres et n'établit pas d'organisation. Il passe simplement à une autre ville.

Partout où il va, cependant, des milliers de gens l'interrogent : « Dieu est-il plus grand que ce que l'on m'a raconté ? » En l'absence de structure, d'organisation, d'église ou de leadership, l'humanité vient encore et toujours entendre la sagesse des Anciens. Les paroles ont une consonance de vérité, et plusieurs humains en sont transformés à jamais, car le secret en est un d'envergure : vous êtes Dieu et le pouvoir en vous est absolu. Laissez tomber la victimisation culturelle que l'on vous inflige depuis des décennies. Vous pouvez opérer hors des contraintes culturelles où votre famille affirme que vous êtes coincé. Vous pouvez cocréer votre destinée avec d'autres personnes qui font de même, et tôt ou tard vous connaîtrez la paix sur terre au lieu de l'apocalypse dont on souhaite vous persuader.

Par ailleurs, la Terre n'entrera pas en collision avec une autre planète. La croûte terrestre ne va pas s'invertir. Le Soleil ne va pas exploser. Les pôles vont peut-être inverser leur polarité, mais il n'y aura pas d'inversion complète entraînant la disparition de toute vie. Il n'y aura pas d'ère d'obscurité, à moins que vous ne la conceviez comme une panne d'électricité. (*Humour de Kryeon*) Les eaux ne vont pas engloutir les continents. Ce genre d'avertissements semble-t-il convenir à l'avènement de la plus formidable conscience humaine jamais vue sur la Terre ? *Pourquoi Gaia s'alignerait-elle avec vous pour ensuite vous anéantir ?* Si vous limitez raisonnablement la croissance démographique – ce qui est déjà en cours –, l'énergie dont vous avez besoin s'offrira à vous, depuis la chaleur dans le sol jusqu'aux marées qui déferlent sur les rivages, tout cela gratuitement ! Voilà la transition ; c'est ce que vous apprenez dans les pages de ce livre. Le temps est venu de faire appel à nos enseignements – *bon sens spirituel.*

Dans la Bible, le chapitre des Révélations – pas le dernier à être rédigé, mais le dernier présenté – évoque le chiffre de l'antéchrist, le 666. L'idée est terrifiante, et la Bible avertit même que ce chiffre sera inscrit sur le front d'un humain. Nous révélons cette prophétie à titre d'avertissement, afin que vous ne lisiez rien qui ne soit pas la doctrine officielle. Ne vous en écartez pas, ou vous serez marqué. Ne pensez pas hors des normes établies dictées par les dirigeants, ou l'on s'emparera de votre âme.

Mais revenons à cette inscription sur le front ? Pourquoi le front ? Demandez à un Indien, à un bouddhiste ou à un hindou. Souvent nommée *bindu* par l'hindou, cette région du front est souvent perçue comme le portail vers la conscience supérieure ou troisième œil. Le *bindu* s'aligne sur la glande pinéale dans le cerveau, désignée « siège de l'âme ». Pourquoi une marque sacrée sur le front est-elle soudainement devenue « la marque de la bête maléfique » ? Vous voyez l'avertissement ?

Vous prenez ici connaissance des secrets, et devinez ce qu'ils révèlent ? Voici :

Additionnez les trois groupes d'ADN de trois couches.

Le premier groupe contient les première, deuxième et troisième couches. Ce qui donne *six*.

Le deuxième groupe contient les quatrième, cinquième et sixième couches. Ce qui donne *quinze* ou *six*.

Le troisième groupe comporte les septième, huitième et neuvième couches. Ce qui donne *vingt-quatre* ou *six*.

**666 !**

Le quatrième groupe contient les dixième, onzième et douzième couches. Ce qui donne trente-trois, un maître nombre en numérologie qui (comme l'a précisé Kryeon) évoque le Dieu tout-puissant.

Ainsi, le secret du 666 est : VOUS ÊTES DIEU ! Le pouvoir et la divinité résident dans l'ADN. C'est l'énergie du *trente-trois*... du *Dieu tout-puissant*.

Cette révélation en étonnera plusieurs ; pour les autres, ce sera significatif. Que ferez-vous de cette information ? Voilà où votre intuition se met au travail, car la vérité est vérité, et vieille âme, vous avez vécu assez longtemps pour vous souvenir – si vous le souhaitez.

Cette information est transmise par amour, pour que l'humanité progresse vers un espace qui profitera à la planète, qui engendrera une vibration supérieure, donnera lieu à une profonde quiétude et annulera le drame et la peur, tout en respectant chaque maître ascensionné qui ait jamais vécu. Car ils ont tous diffusé ce message. Tous.

*Il existe une conscience,*
*un champ multidimensionnel*
*dont chacun est doué*
*et qui s'étend à huit mètres autour de lui.*

CHAPITRE 12

# Activer le champ de l'ADN

## *Kryeon*

Nous aimerions aborder la dernière tranche de cet enseignement – la propriété ultime de l'ADN. La vérité se dévoile ici, et elle est profonde.

À ce stade, j'ai enseigné les douze couches énergétiques de l'ADN. J'ai précisé les propriétés des énergies au sein de ces couches, leurs valeurs numérologiques et les associations entre ces couches. Tout cela pour que vous appréciiez ce qui réside en vous. Un élément manque pourtant, et je compte vous l'offrir ici.

Passons donc en revue un seul point : abordons la nature de l'ADN, car dans l'organisme humain et parmi toutes les formes de vie, c'est l'un des seuls constituants qui est doué d'une structure atomique quantique. C'est le seul dans l'existence tridimensionnelle à avoir un vernis quantique. Les ADN ne sont pas tous ainsi. La chimie génétique recèle pour les scientifiques une énigme flagrante. Nanti de trois milliards de substances chimiques, chaque brin ou boucle d'ADN montre une complexité folle. Cette complexité ne caractérise toutefois que 3 % de l'ADN. Dans la chimie des trois milliards de constituants, seuls 3 % se situent dans votre dimensionnalité visible [les gènes producteurs de protéines].

Aux yeux des scientifiques, 90 % de l'ADN paraît inopérant. Il n'y a aucune inscription de codes ni de gènes. Ce pourcentage de l'ADN reste tout simplement à ne rien faire. Voilà comment la science le perçoit au travers de son a priori tridimensionnel ; elle recherche ce qu'il fait dans une structure linéaire.

Pourquoi les scientifiques n'arrivent-ils à rien ? Parce qu'ils se penchent sur un *événement multidimensionnel.* Néanmoins, ils ne cherchent pas un *événement* ; ils sont plutôt à l'affût de réactions et de codes chimiques. Il n'existe qu'un seul autre endroit où a cours ce genre de phénomène ; j'aimerais vous y conduire. L'atome, la structure centrale de votre réalité, abrite également un événement. Permettez-moi de vous conduire à l'intérieur de ce que vous appelleriez la vision du profane de la structure atomique et du centre de l'atome.

La lumière à cet endroit vous sidérera, car c'est là qu'elle est créée. Autrement dit, l'atome comporte des photons. Le noyau est évident. Il vibre. Les électrons qui l'entourent, le brouillard d'électrons selon votre expression, se situent à une distance atomique considérable du centre. Voilà peut-être pourquoi les physiciens font cette déclaration apparemment incompréhensible : l'essentiel de toute matière est composé d'espace… c'est un vide apparent.

Tenez-vous avec moi au centre de l'atome : le noyau vous entoure littéralement et vous pouvez à peine apercevoir les électrons au loin. Ils vous semblent à des kilomètres. Dans la structure atomique, en raison des rapports entre constituants et des dimensions, il est difficile de se figurer la quantité d'espace entre les électrons en orbite. Il y a là pourtant quelque chose de profond lorsque des milliards d'atomes sont rassemblés. En effet, pas un seul électron n'envahit l'espace d'autres atomes. Ils filent tous autour du noyau en respectant l'espace attribué à chacun.

Un électron n'interfère jamais avec l'autre et n'entre pas en collision avec les autres. Voilà qui indique, cher humain, que l'espace qui tient tout ensemble n'est pas vide. C'est la nature quantique de la structure atomique ou des propriétés multidimensionnelles.

Le noyau comporte des éléments que vous n'avez pas encore identifiés et qui tempèrent l'espace [qui l'organisent]. Ce qui vous apparaît seulement comme de l'espace est en vérité une soupe multidimensionnelle fourmillant d'instructions et d'énergies. La structure atomique est donc multidimensionnelle ; la réalité tridimensionnelle fait partie de ce « multi ». Par ailleurs, elle possède des propriétés quantiques. La plupart des énergies multidimensionnelles sont ainsi, dont la lumière, la gravité et le magnétisme. Elles apparaissent en trois dimensions, mais leur structure primaire est multidimensionnelle et grandement plus vaste que vous ne le croiriez.

Il en va de même pour la molécule d'ADN. Je souhaite l'aborder d'une manière inédite. Impossible de repérer les qualités multidimensionnelles de l'ADN dans la réalité tridimensionnelle. Imaginez un instant que vous roulez en voiture sous un ciel couvert et qu'il pleut. Peut-être ne pleut-il pas là où vous êtes ; peut-être qu'il pleut un peu plus loin ; peut-être qu'il ne pleut pas du tout, mais qu'il tombe une simple bruine. Dans cette bruine se dessine un arc-en-ciel fascinant, car il n'occupe pas de position tangible. En effet, tout en roulant vous remarquez qu'il se déplace avec vous.

C'est là votre perception d'un phénomène météorologique bien réel. Les couleurs existent. Elles sont sublimes. Visuellement, elles résultent de l'effet prisme de l'eau. Le soleil se reflète sur la bruine et, à votre grand plaisir, le spectre des couleurs jaillit dans la voûte céleste. Jaune, violet, rouge, bleu – toutes les teintes formant les bandes de couleurs que vous admirez depuis votre enfance. N'est-il pas intéressant que l'arc-en-ciel n'ait aucune substance ? Impossible de le toucher ; il est sans fin et il se déplace à la même vitesse que vous. (C'est un cercle, en vérité.)

Et n'est-il pas intéressant que sa vitesse s'ajuste à la vôtre ? Si vous arrêtez, il s'arrête aussi. Il en va de même pour un autre voyageur qui s'arrête et repart. Chaque être humain a sa propre perception du même arc-en-ciel, selon la vitesse à laquelle il se déplace. Le phénomène est donc relationnel, perceptuel et unique – et malgré tout, bien réel.

Maintenant, établissons une comparaison entre l'arc-en-ciel et l'ADN. L'arc-en-ciel se compose de bandes de couleurs, et si l'enseignement portait sur les couleurs, je parlerais des jaunes, des violets, des bleus, des verts et des rouges. On pourrait disserter sur chacune d'elles, sur leur signification, leur raison d'être et l'effet de prisme qu'elles manifestent. Mais chacun sait pertinemment que personne n'est capable de s'emparer du violet. L'arc-en-ciel est toujours entier, tout en apparaissant sous forme de segments.

L'ADN est exactement identique. Nous vous avons transmis les couches énergétiques, semblables aux couleurs que l'on aperçoit dans l'arc-en-ciel en trois dimensions. Étant donné la nature de cet enseignement, plusieurs s'exclameront : « Je voudrais bien travailler avec cette couche ou cette autre ! » C'est impossible. L'ADN est interactif et en tout temps intègre. Tout comme l'arc-en-ciel, l'ADN est impossible à segmenter, même si nous l'étudions sous cette forme.

Je souhaite vous présenter une qualité de l'ADN plus merveilleuse que tout ce dont nous avons discuté jusqu'ici. J'ai attendu l'année 2010 (le chiffre *trois*). Abordons cette fois le *trois* afin que vous connaissiez son importance. En termes numérologiques, le *trois* représente une énergie catalytique. L'énergie est *action*. Dans l'ADN, la troisième couche est celle de l'action, celle qui *crée*. Voilà pourquoi c'est la couche d'activation et d'ascension – elle est l'énergie du *trois*, le catalyseur. Une énergie catalytique transforme ce qui l'entoure, en demeurant toutefois intacte. Voilà ce qui se passe ici même en ıstant ; la troisième langue est ici.

Pour l'enseigner correctement, il faut aborder cet assemblage avec une métaphore. Cette figure de style vous permet de comprendre ou de réfléchir à des choses complexes ou au-delà de votre perception. Ce sera donc un exemple tridimensionnel comme celui de l'arc-en-ciel que l'on voit sans pouvoir le toucher.

Imaginez donc l'ADN comme une source unique. Songez à cent milliards de composants chimiques chantant tous le même chant. Rien d'autre dans votre corps ne se comporte ainsi. Vous pouvez l'appeler énergie de l'âme si vous le désirez, car elle l'est. Du sommet de votre tête jusqu'au bout de vos orteils, l'ADN est identique. Les méthodes scientifiques peuvent vous identifier, peu importe d'où provient l'ADN de votre corps, car il reste le même. On peut dire qu'il chante à l'unisson, car il existe une conscience de l'ADN. C'est une conscience subtile occupant l'entière structure de l'être humain. Nous vous avons expliqué un phénomène par lequel l'énergie humaine se déploie autour du corps jusqu'à une distance de huit mètres. Un mot désigne cette énergie, et par une étrange coïncidence il s'agit de la merkabah, un terme hébreu comme les noms de l'ADN.

Dans l'histoire hébraïque, ce mot vit le jour après l'ascension d'Elijah, dont le témoin fut Elisha. Une traduction libre de ce mot serait « chevaucher ». Comme mentionné plus tôt, Elisha fut témoin du champ divin de son maître qui s'était entièrement activé ; il vit trois chevaux emportant le véhicule où son maître se trouvait.

Qu'est-ce que tout cela a à voir avec l'ADN ? Il existe une conscience, un champ multidimensionnel dont chacun est doué et qui s'étend à huit mètres autour de lui. Cette brume multidimensionnelle résulte de l'événement génétique : cent milliards de constituants qui œuvrent à l'unisson. Voilà ce qui engendre la merkabah.

Qu'est-ce qui chevauche cette énergie ? Les constituants multidimensionnels de l'ADN que j'ai enseignés. Ils se marient à l'intérieur comme les couleurs de l'arc-en-ciel. Voilà le véhicule dans lequel l'énergie de votre âme s'envole.

Permettez-moi de dresser encore une fois la liste de ces constituants. Grâce à ceux-ci, vous triomphez de la dualité. Ils activent l'ascension qui vous revient lors de votre séjour sur terre. Ils forment votre nom angélique, votre nature divine, votre Soi supérieur, votre aspect divin, vos annales akashiques, vos antécédents lémuriens, votre capacité de guérison et vos dispositions pour la croyance (foi). Tous ces éléments sont intégrés à la brume interdimensionnelle semblable à l'arc-en-ciel.

Imaginez que ce voile multidimensionnel soit un arc-en-ciel. Songez aux couleurs. Imaginez aussi que vous repoussez cette brume irisée en marchant. Néanmoins, sachez que vous arrivez ici avec une valeur par défaut sur la conscience voulant que vous n'ayez jamais parlé à vos cellules, que vous ignoriez complètement l'existence de la merkabah ou de l'ADN. L'arc-en-ciel est là, mais il n'a aucune directive ni aucun patron pour lui indiquer quelles couleurs manifester.

À la naissance, la valeur par défaut est un ADN opérant à 30 % de sa capacité. Il comporte malgré tout le spectre entier de l'arc-en-ciel. Ses couleurs n'apparaissent pourtant qu'à 30 % de leur brillance [la vibration que vous avez engendrée délibérément sur la planète]. Songez un instant à tous les maîtres qui ont vécu ici-bas, pensez à chacun d'entre eux. Ils diffusaient la paix et la joie là où ils allaient, les enfants les suivaient et les animaux s'attachaient à eux. Imaginez un maître capable de guérir une personne par le seul toucher. L'ADN de ces êtres exceptionnels était parfaitement identique au vôtre, mais ses couleurs rayonnaient totalement.

## L'activation de l'ADN

La conscience entraîne l'activation de l'ADN ; voilà ce que je souhaite aborder maintenant. Gardez en tête cette image d'une brume interdimensionnelle. Partout où vous allez, cher humain, l'état de maître qui réside en vous chevauche le véhicule de la merkabah générée par l'ADN multidimensionnel individuel. À l'instar de l'atome isolé de votre création, vous êtes entouré d'un espace rempli de potentiel organisationnel invisible dans la réalité tridimensionnelle. Car l'ADN est un événement multidimensionnel et spirituel. À l'avenir, vous entendrez parler de l'activation de l'ADN plus que de tout autre procédé en métaphysique. Examinons l'histoire de son développement.

### Quatre stages de l'évolution humaine dans le domaine de la guérison

Vous possédez des facultés de guérison, comme l'humanité qui vous entoure. La première est évidente ; vous la qualifiez d'« allopathique ». Il s'agit d'une ligne droite, de la cause et de l'effet, d'un processus, d'une substance chimique induisant un effet sur une autre substance. Tout cela est très tridimensionnel. Voilà ce à quoi la science contemporaine accorde foi puisque cette attitude est bien ancrée dans la réalité que vous percevez. Il s'agit de la médecine moderne et des médicaments visant à guérir.

La deuxième faculté de guérison est un *signal adressé au corps* en vue de provoquer une réaction chimique, sans interventions allopathiques. C'est l'homéopathie. Une goutte de teinture, à savoir une quantité infime d'une substance diluée à des millions de parties, incite le corps à déclencher une réaction biologique. Vous prétendrez que c'est un signal qui incite le corps à réagir, pas une drogue ni une substance chimique extérieure qui fait le travail à sa place. Qu'est-ce que c'est ? De l'information.

Selon les scientifiques, pour qui les seules réactions possibles sont de nature chimique, une réaction homéopathique est une impossibilité, car ces gens n'accordent aucune crédibilité à l'information émise par la conscience corporelle. L'ADN est doué de conscience. L'ensemble possède une conscience multidimensionnelle résidant dans un état quantique, et il connaît simultanément. L'ADN est conscient ! Il est plus conscient de vos besoins spirituels et biologiques que vous ne l'êtes. Vous pouvez tout de même puiser à même la connaissance qui est là.

Le travail sur les douze méridiens du corps se situe dans cette seconde zone d'évolution, car l'acupuncture, l'acupression, même les couleurs et des applications de chaud et de froid sur certains méridiens généreront des signaux incitant le corps à se guérir. Mais tout cela appartient encore à la réalité tridimensionnelle.

La troisième faculté de guérison correspond au travail sur l'énergie pure. Ici, l'énergie diffuse des messages au corps pour qu'il se guérisse. Cela comprend l'énergie de ces guérisseurs qui équilibrent et restaurent votre système sans vous toucher. C'est ainsi que l'on commence à traiter la merkabah [le champ d'ADN] entraînant la guérison et équilibrant les énergies du corps en faisant appel à de l'information nouvelle accessible seulement depuis vingt-cinq ans sur la planète. C'est une formidable avancée, n'est-ce pas ? Rien n'est toutefois comparable au chiffre *quatre*.

En numérologie, le *quatre* est fortement lié à la terre. C'est un nombre profond associé à Gaia. Il prévaut sur le plan pragmatique. C'est l'énergie pratique la plus intuitive à votre portée (page 99). *Il traite l'ADN sur le plan élémentaire par l'intermédiaire de la conscience humaine*. Au sein de cette nouvelle énergie, vous avez la capacité de parler à l'ADN. En réalité, vous vous adressez à la nuée consciente. Vous traitez avec l'arc-en-ciel de votre propre champ d'ADN et il en a conscience.

Pourtant, vous aurez tendance à tout linéariser. Vous souhaiterez travailler sur quelque chose qui concerne la neuvième couche dans ce livre. Que fait donc l'être humain ? Il tente de s'emparer du violet dans l'arc-en-ciel pour s'en servir. « Chère neuvième couche... »

(*Rire de Kryeon*)

Il n'y a pas de châtiment contre cela. C'est la norme tridimensionnelle ! Ce livre cherche donc à vous enseigner comment envisager la communication avec votre ADN de manière non linéaire. Si vous vous adressez à votre ADN, vous vous adressez à la brume interdimensionnelle et l'arc-en-ciel tout entier déterminera quelle couche activer. Pas vous. Encore une fois, le champ d'ADN est une connaissance intuitive. Il n'est ni linéaire ni statique.

Examinons l'activation de l'ADN

Encore une fois, il n'est pas possible de choisir d'activer une couche d'ADN en particulier. Néanmoins, la couche qui influe le plus sur l'activation est la troisième. C'est toutefois un événement interne qui l'activera, non l'être humain. Ce dernier ne peut s'adresser à l'ADN que dans son ensemble. Reprenons l'analogie : l'être humain soutiendra « qu'il veut que le violet de l'arc-en-ciel soit plus brillant ». L'arc-en-ciel activera l'énergie de toutes les couleurs, en réponse à la requête. Il sait comment rendre le violet plus intense ; sa sagesse est absolue. Impossible de traiter une couleur en particulier, seulement l'arc-en-ciel tout entier. Voilà une des raisons qui font que le son et la couleur sont efficaces quand il s'agit d'activation. Y aviez-vous songé ? Le corps choisit ce qu'il lui faut à partir des divers procédés offerts par le guérisseur. Dans cette métaphore, il est difficile de saisir pourquoi seul l'arc-en-ciel peut gérer la bande violette en dépit du fait que l'humain veuille s'y adresser spécifiquement. L'arc-en-ciel est insaisissable, ce n'est qu'un voile, pas un objet qu'il est possible de tenir dans la main, telle une substance chimique.

Je vous révèle une vérité ici. Vous pouvez la désigner comme bon vous semble. Béni soit l'humain qui active son ADN par n'importe quel processus – méditation, musique, eau, travail sur l'énergie, thérapie énergétique, avec ou sans toucher. Puisque vous travaillez avec un système génétique intrinsèquement conscient, celui-ci sait ce que vous tentez de faire. Il en a toujours été ainsi. Plusieurs méthodes, diverses substances existent pour activer l'ADN. Pour tout dire, c'est la conscience de l'ADN qui déterminera la sagesse ou l'énergie avec laquelle ce dernier travaillera. Pas vous.

«J'ai compris, Kryeon. Tout de même, plusieurs guérisseurs prétendent activer une couche ou une autre pour régler mes problèmes. Sont-ils dans l'erreur?»

Non. Le guérisseur vous aide à communiquer avec l'ensemble de l'ADN pour accéder à l'énergie que vous percevez dans la réalité tridimensionnelle comme une couche ou une autre. Ce verbiage tridimensionnel vous concerne et ne pose aucun problème. En vérité, toutefois, l'ADN est conscient, et grâce à cette intelligence il absorbe les messages que vous lui transmettez et détermine lui-même ce qu'il faut activer. Il sait mieux que personne ce dont vous avez besoin. Voilà ce qu'il faut comprendre. Vous aurez peut-être besoin de compartimenter le tout parce que l'enseignement l'est, mais dans les faits ce n'est pas possible.

Bon nombre parmi vous objecteront: «Eh bien, ce guérisseur active cette couche ou cette autre» ou encore: «Je connais un guérisseur qui est persuadé de pouvoir augmenter la vibration de l'ADN». Félicitations! Ces magnétiseurs effectuent un travail bien tangible, mais toutes ces objections sont un simple verbiage linéaire attribué à un processus non linéaire. Respectez ce processus et ne tentez pas de l'insérer dans une cage à couches ou à énergies, comme vous le faites pour tant d'autres processus.. Celui-ci est tout à fait différent. Ces guérisseurs obtiennent des résultats, car l'intention de travailler avec la nuée du champ génétique provoque les communications requises qui inciteront l'ADN à réagir. Le guérisseur croira peut-être activer une couche spécifique, mais l'ADN sait et obéit sans jugement ni commentaire.

Béni soit le guérisseur qui voit l'envergure de l'activation de l'ADN. Ceux qui ont le don de double vue percevront le pourcentage d'activation de l'ADN chez la personne qui vient les consulter. Que font-ils? Ils mesurent la nuée, et l'ADN en a conscience.

Je souhaite vous dévoiler un fait auquel vous ne vous attendiez pas. Soyez attentif, car c'est la conclusion de la leçon. Imaginez que vous êtes entouré d'une brume interdimensionnelle, la merkabah – tout ce qui constitue votre être, les annales akashiques, vos incarnations s'y trouve. Votre Soi supérieur s'y trouve également, ainsi que ce qui est divin. La couche de guérison y réside de même. Tous ces éléments attendent patiemment. Voilà le guérisseur désireux de les évaluer. Pouvez-vous imaginer ce que le voile conscient du champ d'ADN pense à cet instant ? L'énergie de ce voile conscient exulte : « Alléluia ! Un humain aide mon âme partenaire à prêter attention ! » Le champ sait que l'humain ne le ferait pas évaluer à moins d'en avoir conscience et d'être disposé à agir, voire à communiquer !

Cent trillions de composants conscients attendent que vous vous adressiez à eux simultanément. Bénis soient ceux qui sont en mode d'activation, car, à leur manière, ils entreprennent une communication cellulaire.

Pour finir, nous vous offrons ceci : des champs magnétiques résident au centre de la structure atomique. Les physiciens en ont connaissance ; ils les appellent « champs interdimensionnels ». Mais ils savent également que ces champs ont trait à l'état quantique du magnétisme (des énergies infinitésimales). Chaque composant d'ADN est également nanti d'un infime champ magnétique. Les champs de la molécule d'ADN s'entremêlent et produisent une sonorité bienveillante. Le Créateur vit en vous et son énergie n'est pas nouvelle, Lémurien.

On vous invite à communiquer dès maintenant ; cette publication explique le procédé afin que vous compreniez ce qu'entendent ceux qui affirment activer une couche ou une autre. Aux fins de votre compréhension tridimensionnelle, il est tout à fait approprié de l'envisager ainsi, car vous captez simplement des communications sur ce que vous désirez travailler. L'ADN fait le reste.

Et il en est ainsi.

*Pour que l'ADN fonctionne correctement,*
*pour qu'il effectue tous ces prodiges*
*que nous évoquons sur le plan ésotérique et quantique,*
*cent trillions de constituants génétiques*
*doivent tous savoir la même chose au même moment.*

CHAPITRE 13

# Activer les énergies spécifiques de l'ADN

*Kryeon*

Votre corps comporte cent trillions de copies de la double hélice ; je vous ai transmis les noms des énergies de celles-ci. Ici, je souhaite parler plus précisément de quelques énergies, d'une série d'entre elles. Néanmoins, avant d'aborder les détails, je dois vous présenter certains scénarios que vous devez appréhender.

Vous, les humains, adorez les listes. Vous devez tout compartimenter pour linéariser dans votre esprit le fonctionnement des choses. C'est un moyen d'apprentissage, puisque vous êtes tous accoutumés à la pensée linéaire. Vous êtes également habitués aux processus mécaniques et chimiques ayant un rôle unique. Même les fonctions chimiques les plus complexes opèrent invariablement de la même manière. Vous découvrez qu'est-ce qui fait quoi, vous l'appliquez à une liste de propriétés qui surviennent en un ordre précis. Tôt ou tard, vous devenez des chimistes au courant de ces processus linéaires.

L'ADN multidimensionnel n'opère pas d'une manière linéaire. Par conséquent, il est impossible de le circonscrire à ses fonctions. Voici ce que j'entends par là : dans les machines les plus complexes qui comportent des dizaines de milliers de composants, ces derniers ont toujours la même fonction. Dans un objet mille fois plus compliqué qu'une montre, les ressorts et les mécanismes ne seront jamais que des ressorts et des mécanismes. Ils effectuent le même travail encore et encore, avec complexité.

Vos appareils électroniques les plus sophistiqués se comportent ainsi. Ils effectuent sans relâche des millions de processus analogues ; les voies électroniques opèrent invariablement les mêmes transitions, un processus singulier accompli rapidement avec une complexité linéaire. L'ADN est différent, ce n'est pas une machine. Il faut le considérer comme complètement interactif avec lui-même. Si l'un de ses constituants s'altère, son voisin change également. Impossible d'établir une fonction unique pour les composants d'ADN individuels, assignés à une seule tâche. Songez à cette horloge compliquée citée en exemple. Et si elle était interdimensionnelle et que ses ressorts devenaient soudainement des mécanismes, que ses roues prenaient d'autres formes et dimensions, selon le besoin ?

Réfléchissez à ceci – une pièce qui n'est plus nécessaire disparaît tout simplement et une autre apparaît si elle est requise. Ce serait en effet fort élaboré, n'est-ce pas ? Par ailleurs, cette horloge quantique décide d'elle-même de modifier le cadre temporel dans lequel elle est censée travailler. Bizarre ? Voilà pourtant l'ADN quantique.

Il y a quelque temps, nous avons exposé les douze couches d'ADN sur un plan intellectuel, en prenant toutefois garde de ne pas préciser le rôle systématique de chacune. Nous nous sommes contentés de souligner leurs fonctions, leurs énergies ou leurs propriétés de conservation. Vous le verrez plus loin. Du fait qu'elles travaillent ensemble cependant, chacune se transforme ; autrement dit, chaque couche change selon ce que fait l'autre. On peut ainsi dire que dans ce moteur, toutes les pièces se modifient et changent en fonction des besoins de l'engin. Pas simple du tout, et parfaitement quantique.

Dans l'état quantique, le temps n'existe pas ; l'espace où se trouvent les objets non plus. Car la mécanique quantique dicte que toute matière ou toute énergie, si on les désigne ainsi, sont partout simultanément, tout ne faisant qu'un. Imaginez la complexité ! Songez maintenant que tout cela est reproduit des centaines de millions de fois dans votre corps.

Voici un autre point. Avant même de commencer à dresser la liste de ces éléments qui représentent la nouvelle série d'outils, il y a autre chose.

Pour que l'ADN fonctionne correctement, pour qu'il effectue tous ces prodiges que nous évoquons sur le plan ésotérique et quantique, cent trillions de constituants génétiques doivent tous savoir la même chose au même moment. Une communication doit s'établir simultanément au sein de l'ADN microscopique de votre orteil et de celui d'un cheveu sur votre tête. Ils doivent tous deux le savoir en même temps. Par la suite, ces trillions de constituants doivent s'entendre, en une assimilation énergétique de conscience. Tout cela doit survenir dans une construction tridimensionnelle – à savoir, dans votre réalité. Il n'existe aucun terme scientifique pour désigner ce processus, à moins de s'en remettre au mot créé pour décrire les photons : « intrication ».

On pourrait employer « confluence d'énergie ». En français, une confluence dénote une alliance des énergies qui se transmuent, une unification. Les méthodes scientifiques ne sont pas encore parvenues à pénétrer l'atome, mais les hommes de science connaissent l'existence de cette confluence. Comment le corps pourrait-il autrement fonctionner ?

La structure cellulaire est spécifique et unique. À l'instar d'un appareil linéaire, elle est spécialisée ; vous avez certainement entendu parler des cellules souches, qui présentent cette spécificité. L'ADN est toutefois le même partout dans le corps. Il n'est pas spécifique. Il n'y a pas un ADN pour l'orteil, un ADN pour le cœur, un ADN pour les cheveux. Vous n'avez que votre ADN propre, qui est unique. Des trillions de copies du même plan directeur quantique doivent discuter entre elles instantanément, à défaut de quoi vous cesseriez d'exister.

Comment est-ce possible? Aucun terme scientifique ne sert à désigner la communication entre les boucles d'ADN; mais il apparaîtra. C'est une propriété quantique dans la soupe magnétique.

Penchons-nous sur les moyens par lesquels passe cette communication; le casse-tête commence à s'éclaircir. Le maître magnétique se tient devant vous. Depuis plusieurs années, bon nombre parmi vous sont d'avis que la qualité magnétique de Kryeon concerne la grille. Ce n'est que partiellement vrai. Cet aspect a trait surtout au magnétisme de l'ADN. Pendant l'allocution d'aujourd'hui, mon partenaire indiquait qu'il faut savoir que l'ADN possède des composants magnétiques. Chaque boucle d'ADN est douée d'un champ magnétique qui s'entremêle à celui de la boucle adjacente, laquelle, à son tour, se marie au champ de la boucle à côté, etc. Des trillions d'empiètements égalent une conscience humaine. Cela constitue dès lors une empreinte magnétique dont l'humain n'est jamais dissocié.

Le magnétisme est une énergie interdimensionnelle, quantique, et cette empreinte produit l'aura. Cette dernière n'est pas un champ magnétique; impossible de la capter avec un équipement magnétique. L'aura résulte de la confluence de la communication entre l'ADN et le corps; c'est une empreinte quantique, un amalgame de l'énergie qui engendre un champ quantique que rien sur terre à l'heure actuelle n'est capable de mesurer.

Je souligne ces points, car vous devez comprendre que tout processus dans l'ADN survient simultanément dans chacune de ses couches énergétiques. Songez à la coordination, au casse-tête que cela représente. Imaginez ce qui se passe lors de n'importe quelle forme d'activation ésotérique récente dans l'ADN. Des trillions de constituants la perçoivent en même temps. Quel effet résulte de cette activation?

Réfléchissez un petit moment.

Je canalise depuis quelques minutes déjà. Toutefois, chez un public si important, il existe plusieurs voies spirituelles. Quelques individus commencent à réaliser qu'il s'agit d'une communication bien tangible, tandis que d'autres ne le comprendront jamais. Certains saisissent ce qui vient, d'autres, non. Voilà pourquoi ces propos sont transcrits ainsi, en temps réel, pour que vous puissiez revoir l'information au besoin. Rien ne pourra jamais vous procurer ce que vous ressentez maintenant ; vous et moi sommes dans un état quantique, chère famille, en cet instant même. Profitez-en, car ici même des énergies quantiques circulent dans les allées. Quelques-unes vous touchent, vous pouvez les sentir.

## Spécificité

Au sein de cette énergie nouvelle, cinq couches ou énergies sont activées pour que des dons formidables vous soient accordés. Il serait faux d'affirmer que tout cela survient de manière linéaire, car l'une de ces cinq couches est invariablement activée. Il y en a donc quatre, plus une autre. Nous voilà déjà aux prises avec un problème, puisque nous linéarisons des énergies quantiques, nous tentons de les dénombrer. Nous procéderons ainsi malgré tout, puisqu'il n'existe pas de moyen de communiquer des informations quantiques autrement qu'en les réduisant à une construction mentale tridimensionnelle aux fins de l'enseignement. Je poursuis donc.

Cinq énergies quantiques apportent les dons spécifiques à cette ère. Précisément cinq. Impossible de ne pas tenir compte de celle qui prévaut, car c'est la première couche tridimensionnelle. Vous auriez raison de le dire. Il y aurait au total six énergies, mais je persiste à adhérer à l'idée de cinq, puisque la première couche de l'ADN est toujours touchée par ce qui se passe dans les autres. La première couche est identifiée comme la double hélice tridimensionnelle, la chimie linéaire que l'on perçoit sous le microscope. Bien que les constituants ne changent pas, leur interaction est conditionnée par les onze autres couches. Par conséquent, le chiffre un est toujours en transmutation. Il est chimique et, de ce fait, il représente ce que vous voyez et ce que vous ressentez.

En numérologie, le *cinq* est le chiffre du changement ; il est donc approprié d'attribuer cette énergie à la présente leçon. Ces cinq énergies ou identités des couches correspondent aux chiffres *deux* et *six*, aux combinaisons des septième et huitième couches, et au chiffre *neuf*. Celles-ci représentent les cinq énergies concernant six couches. Je préciserai tout cela à mesure que nous avancerons et j'en dresserai la liste pour le sommaire. Cet enseignement ésotérique est particulièrement difficile. Il est inédit, magnifique et il éclaire certains points, des notions que vous devez connaître. Il fournit une explication des premiers dons liés à la transition et procure des qualités vous permettant d'accomplir ce que vous n'aviez pu réussir auparavant. Cet enseignement jette la lumière sur le mystère.

J'ai déjà transmis la numérologie globale pour cette leçon. Nous voici au cœur d'une analyse numérologique. Si vous doutez d'avoir affaire à l'énergie du *cinq*, effectuez l'opération suivante : prenez les deuxième, sixième, septième, huitième et neuvième couches, additionnez-les, et vous obtenez le *cinq* [2 + 6 + 7 + 8 + 9 = 32]. Le 32 réduit à un chiffre donne le *cinq*. Encore une fois, ce chiffre correspond au changement universel. Préparez-vous !

Maintenant, j'accorde à mon partenaire une décharge de responsabilité. (*Kryeon sourit.*) Rien de tout cela ne va se produire si vous vous y refusez. Ce sont des dons adressés aux artisans de la lumière. Si ces derniers souhaitent ouvrir la porte, s'ils désirent s'approprier les aspects quantiques en eux-mêmes grâce à leur libre arbitre, alors la métamorphose surviendra. Sinon, rien de tout cela n'aura lieu. Le libre arbitre de l'être humain sous-tend votre réalité.

Je rappelle le célèbre paradoxe de Hardy à l'intention de ceux qui ne parviennent pas à saisir cette notion. Selon ce paradoxe (parmi vos doctrines scientifiques), les photons dans un état quantique changent de propriétés. Ici, il n'y a rien de différent, car votre intention constitue l'observateur responsable du changement dans l'ADN quantique. Sans l'intention, rien ne se passe.

L'ADN ressemble à l'avion le plus sophistiqué jamais conçu. Néanmoins, l'énergie de votre planète, qui parle littéralement à votre ADN par l'intermédiaire du champ magnétique, a toujours été atténuée. Comparativement à l'énergie de l'état de maître et aux prophètes, votre ADN a toujours été faible en énergie. Voilà pourquoi ce magnifique jet s'est contenté d'aller et venir sur la piste pour l'ensemble de l'humanité de tout temps, au fil de l'histoire. Aujourd'hui, il change; vous êtes prêt à prendre votre envol. Voilà le message, message qui a toujours été le même. Précisons ce qui est différent.

### Enseignements sur l'ADN – Leçons quantiques sur votre passé

Nous avons défini la deuxième couche de l'ADN comme étant la leçon de vie de l'être humain. Si vous compartimentez l'ADN en énergies, puis que vous le traduisez en trois dimensions aux fins de l'enseignement, c'est plus facile à comprendre. Vous devez impérativement vous figurer ce qu'est une leçon de vie et la raison de sa présence dans votre ADN. Vous venez en ce monde nanti de celle-ci; elle s'est élaborée à partir de vos annales akashiques. Ainsi, votre leçon de vie actuelle a trait à vos vies antérieures.

Parce qu'elle a trait à vos vies antérieures, à vos annales akashiques dans l'ADN, elle est associée aux septième et huitième couches [les couches lémuriennes dans l'ADN]. Nous échangeons déjà, n'est-ce pas? Aucune couche n'opère seule. Revenons toutefois à la deuxième couche.

Ceux qui, parmi vous, sont tentés d'objecter «la leçon de vie ressemble au karma» ont tort. La leçon de vie n'a rien à voir avec le karma. Au contraire, c'est une énergie posée sur vous que d'aucuns ont appelée «mission». Qu'est-ce qui vous anime dans ce cas? À leur naissance, les cellules de quelques personnes chantent un message : «Nous ne voulons jamais être seules.» Quelle est, à votre avis, leur leçon de vie? Ne pas se retrouver seules. Cela semble injuste, n'est-ce pas? C'est pourtant l'énergie de leur leçon de vie. Toute entreprise non parachevée lors d'une vie antérieure devient votre leçon de vie. Continuons. La couche qui est systématiquement impliquée dans tout est la sixième. Vous connaissez son sens numérologique? Recherchez-le, car nous l'avons précisé déjà. En fait, le chiffre *six* représente l'énergie du Soi supérieur.

Si vous ne l'avez déjà oublié, vous pouvez le relire ici. Où se situe le Soi supérieur? Si l'on considère l'expression, il est forcément quelque part là-haut, n'est-ce pas? Faux. Le seul aspect qui est là-haut, c'est votre perception de sa vibration. Il réside dans un endroit où vous désirez lui rendre un culte. Réalisez-vous que bon nombre de gens parmi vous fréquentent des lieux de culte afin de se connecter avec eux-mêmes? Vous vous agenouillez, vous écoutez la musique et vous vous priez vous-même!

Je ne blasphème pas. J'offre une information primordiale sur le fonctionnement de l'humain et sur votre perception de Dieu. Le Soi supérieur, cet ange grandiose, l'être doré, cet aspect qui est relié à l'autre côté du voile, votre âme élémentaire, ressemble invariablement à Dieu pour vous. Il fait pourtant partie de vous – c'est votre ADN! Vous aimeriez être sans cesse en contact avec celui-ci, n'est-ce pas? Eh bien, jusqu'à ce que cette nouvelle énergie se développe, il fallait que vous vous efforciez de l'atteindre, car il n'était pas accessible à la conscience humaine ordinaire. Aujourd'hui, il l'est!

Et si on établit une connexion permanente avec le Soi supérieur? «Si je la détenais, Kryeon, je serais un maître.» Exactement. Et qu'est-ce qui vous fait croire que cette réalisation est impossible, cher humain? Est-elle un peu trop grandiose pour vous ? Elle ne l'est pas. C'est ce sentiment d'une raison d'être, d'un motif sacré à votre venue ici. Oh, les difficultés vont et viennent, mais c'est la vie. L'amour de Dieu est à jamais dans votre cœur, vous êtes toujours connecté. L'énergie de la transition change votre capacité à l'atteindre ; il est désormais plus facile d'accéder à l'état de maître.

La sixième couche participe à chaque série de procédés que je m'apprête à décrire. Les intellectuels qui cherchent à tout ramener en trois dimensions s'efforceront de compter les couches pour des raisons numérologiques et concluront : « Si cette couche participe à tout, faut-il la compter ou pas ? » Peu importe, puisqu'elle se transforme avec chaque couche avec laquelle elle travaille. Pourquoi tenter de cerner cette énergie indéfinissable et quantique ? Avez-vous vraiment besoin de la comprendre entièrement pour l'employer ? La deuxième couche est donc la leçon de vie et la sixième, le Soi supérieur. Elles contribuent toutes deux à cette série d'outils. Nous en venons cette fois aux deux couches critiques que nous avons mentionnées plus tôt.

## Les deux plus importantes

Les deux énergies (couches) d'ADN que je m'apprête à transmettre sont les énergies génétiques humaines les plus importantes sur terre. Elles prévaudront toujours, puisqu'elles animent la raison d'être karmique. Elles sont responsables des leçons de vie et elles ont trait à la sixième couche, le Soi supérieur. Écoutez : seuls deux groupes énergétiques d'ADN forment des paires. Ce sont les quatrième et cinquième couches, que nous n'aborderons pas aujourd'hui, et les septième et huitième couches dont nous parlerons.

Comme quatre et cinq, sept et huit se conjuguent. « Pourquoi alors ne pas les regrouper sous une seule couche ? » demanderez-vous. Pour souligner les propriétés, et pour les numérologues. (*Kryeon sourit.*) Il faut connaître la portée de l'énergie pour comprendre, car les septième et huitième couches sont lémuriennes. Ce sont les couches de création, celles qui forment vos annales akashiques, lesquelles comportent chaque incarnation que vous avez vécue sur terre, tout ce que vous avez fait, toutes vos réalisations, toutes les aptitudes acquises et le réceptacle de savoir spirituel que vous avez alimenté en route.

Nombre de canalisations jettent la lumière sur cette énergie. Je le répète : votre ADN renferme le savoir spirituel accumulé au fil de millénaires. Combien de vies antérieures croyez-vous avoir vécues ? Vous ne détenez aucune preuve de leur existence, mais intuitivement vous savez, n'est-ce pas ? Oh si, vous savez ! Je connais l'identité des gens ici présents, vous ne pouvez le nier.

En chemin, vous avez appris tout ce que vous savez maintenant. Au cours de ces incarnations, vous avez recueilli les éléments d'une mission et d'un apprentissage spirituels. Vous avez également commis les erreurs que vous deviez commettre, ce qui remplit de connaissances le réceptacle spirituel dans votre ADN. Et vous voici de retour, sous la forme de l'être humain assis sur ce siège, ici. Je vous le demande donc : avez-vous ouvert votre réceptacle ou allez-vous répéter les mêmes erreurs ? Vous devez savoir ceci : dans ce réceptacle spirituel, dans ces couches d'ADN nommées annales akashiques se trouvent des existences entières en tant qu'érudit. Si vous choisissiez d'ouvrir ce réceptacle quantique grâce à l'intention, il en sortirait une énergie chamanique ! Et vous acquerriez la sagesse, cher ami.

Je viens de décrire l'une des propriétés du premier don. La faculté d'accéder à la sagesse spirituelle sur-le-champ pour connaître votre raison d'être en ce monde, votre leçon de vie, pour ressentir l'amour de Dieu et amorcer le processus de connexion. Il suffit d'ouvrir ce contenant spirituel pour y accéder. C'est énorme, n'est-ce pas ? Vous obtiendrez ce qu'il vous faut savoir et ce qui vous conduira aux synchronicités permettant de manifester votre raison d'être ici-bas. Ceux qui ouvriront leur réceptacle spirituel sauront également quelle voie emprunter au sein de la nouvelle énergie, car il y en a une multitude. Ce fait accentue ce que je m'apprête à dire, qui relève du domaine quantique. Tôt ou tard, tout se tient.

Examinons plus en détail l'interaction entre les septième et huitième couches, et la sixième couche, celle du Soi supérieur. À votre avis, qu'est-ce qui importe le plus en ce qui concerne les vies antérieures ? Précisons deux propriétés à examiner qui ne sont pas inconnues, mais qui ont trait à cette discussion.

Sur le plan quantique, les vies antérieures n'existent pas. Notez-le bien, car votre ADN et les annales akashiques sont quantiques. De ce fait, vous ne pouvez faire référence au cadre temporel en employant le mot « passé ». « Que sont donc les vies antérieures, Kryeon ? Je n'en ai pas eu ? » Dans la réalité tridimensionnelle, si, mais l'expérience se situe dans votre ADN, sous forme d'énergie vitale. « Qu'est-ce que cela signifie, Kryeon ? » Je vous l'explique de manière compréhensible et simple. Supposons qu'il y a trois cents ans vous ayez vécu une existence d'illustre peintre. Saviez-vous que ce talent est toujours en vous, qu'il a survécu ? « Eh bien, Kryeon, je ne peux même pas dessiner. » Je vois. Vous avez donc décidé d'avance et vous me dites : « Non, j'ai tenté le coup et je ne sais pas dessiner. » Je vous répondrai alors que vous n'avez tenté qu'en trois dimensions. Et si vous vous immergiez en méditation pour parler à votre structure cellulaire par ces mots : « J'aimerais puiser à même cette incarnation, lorsque je savais peindre. »

Laissez-moi vous dévoiler quelque chose que vous assimilerez graduellement : il est nécessaire que vous amorciez le processus ! Grâce à l'intention, vous retrouverez ce talent. Vous vous mettrez à dessiner, maladroitement d'abord, puis il se passera quelque chose : les couleurs se traceront comme jamais auparavant. Instinctivement, vous saurez les marier.

Mon partenaire sait que c'est vrai, car il a puisé dans son akash pour parvenir à réaliser ce que je l'avais prié de faire. Il lui a fallu des années, mais il a découvert ce qu'il possédait déjà, et vous le constatez maintenant dans son œuvre. Vos annales akashiques sont donc actuelles et non pas passées. Prenez-en note.

Mais quel est le rapport avec le Soi supérieur ? Voici : vous êtes dans le cabinet d'un spécialiste des régressions vers les vies antérieures, pour reprendre votre expression, et vous examinez une de ces vies qui a eu lieu il y a, disons, un siècle. Ce spécialiste sera peut-être en mesure de confirmer que vous étiez quelqu'un d'autre. Il précisera votre identité précédente. Il pourra le faire, car tout est inscrit dans votre akash, accessible à plusieurs. Quelle impression cela vous fait-il ? Vous sentez-vous connecté à cette existence, ou pas du tout ?

Voici ce que je souhaite partager : le Soi supérieur, le chiffre *six*, était le même alors qu'aujourd'hui. Vous êtes connecté à tout ce que vous avez jamais fait depuis. Votre Soi supérieur est resté le même au fil de toutes vos existences. C'est celui que vous avez à ce jour. Cet aspect de vous si précieux est resté identique à chaque incarnation, des centaines au total. Voyez-vous ce que j'entends par là, à savoir que vous avez un copain qui a été témoin de tout ?

Cette information jouera un rôle dans l'enseignement que je souhaite dispenser par la suite. Les choses se compliquent et je suis conscient que nous étirons le sujet, mais il est impératif que vous en preniez conscience. Vos annales akashiques renferment des qualités dont vous avez besoin, cher humain. Le moment est venu, dès maintenant. En ce nouvel âge, ces outils vous sont indispensables. Vous avez besoin de cette maîtrise, de cette patience quantique. Pourquoi ne pas pénétrer l'akash et prier votre Soi supérieur de l'activer ? Ce dernier ira tout puiser et vous apportera la patience. Le croyez-vous ?

« Kryeon, puis-je modifier les traits de ma personnalité ? » Voilà précisément de quoi il s'agit ! Voici le nouvel outil, qui est bien davantage que cela. Aimeriez-vous être moins irascible ? Préféreriez-vous ne jamais vous faire de cinéma ou ne jamais être en proie à la peur ? Combien de vies parmi lesquelles choisir ? Ces traits sont à votre portée, parce que tout se trouve dans l'ADN, tout est conservé à cet endroit, Lémurien. Retrouvez-les !

Nous avons baptisé cette nouvelle aptitude « puiser dans l'akash ». C'est le nouvel outil. Retrouvez les qualités qui forment votre identité, les traits que vous aviez et que vous méritez. Qu'avez-vous appris en cette vie ? Si je vous accordais un moment ou toute la soirée, pourriez-vous m'énumérer ce que vous avez appris au cours de la présente existence ? En tant que femme, en tant qu'homme, en tant qu'humain ? Vous me répondriez : « Eh bien, j'ai besoin de bien plus qu'une soirée pour tout noter. » En effet. Maintenant, multipliez cette liste par des centaines d'existences et vous voilà avec une bibliothèque d'expériences et de connaissances, avec un formidable réservoir. Vous êtes nanti d'une quantité considérable d'expériences qui ne se situent pas dans le passé : elles sont toutes actuelles. Tout est vous.

Vous avez entendu parler de ces enfants prodiges qui peignent comme des maîtres ? Ils existent, vous savez. N'êtes-vous pas curieux de savoir comment une telle chose est possible ? Eh bien, je viens de vous l'expliquer. Leurs vies antérieures et présentes sont transparentes au point de se conjuguer à leur naissance et ils continuent donc là où ils s'étaient arrêtés.

Certains d'entre vous ont d'autres prédispositions, parce qu'ils ont vécu des événements terrifiants antérieurement. Peut-être ont-ils abouti ici-bas tourmentés par la même peur que la dernière fois ! D'aucuns soutiendront même qu'ils sont affligés d'une énergie qu'ils ne parviennent jamais à surmonter. Cette énergie repose dans leur akash et ils l'ont transportée avec eux. Cette peur est si vive qu'elle influe sur leur leçon de vie, sur leur Soi supérieur et sur l'ensemble de leur akash.

Le moment n'est-il pas venu pour eux de se défaire de cette peur ? C'est désormais possible. Ils peuvent pénétrer les couches énergétiques recelant ces incarnations et choisir celles où ils étaient des héros pleins d'assurance, intrépides, bienveillants, sereins et en bonne santé.

Avez-vous remarqué que je ne vous ai pas encore présenté la dernière couche ? La voici.

## La neuvième couche de l'ADN

La neuvième couche de l'ADN est curative. Ici, dans la réalité tridimensionnelle, vous vous sentez tout excité : « Alors, c'est elle que je veux ! » Comme si vous pouviez l'attraper... Mais c'est impossible. Les couches sont interactives. Je l'ai déjà précisé. Impossible d'extirper une saveur particulière dans un bol de soupe ou une molécule de tomate. C'est la même chose avec l'ADN, puisqu'il est interactif.

C'est la saveur de l'ADN que vous goûtez, que vous sentez. Aimeriez-vous changer la saveur de votre identité ? Retrouver la maîtrise que vous déteniez autrefois ? Les moyens sont à votre disposition.

La neuvième couche est curative non pas parce qu'elle guérit le corps – nous n'avons jamais affirmé une telle chose –, mais parce qu'elle guérit l'akash. Voici quelques secrets : ces couches travaillent ensemble, et quelques-unes sont latentes depuis l'apparition de l'humanité sur terre. Elles seront activées au moment où l'énergie terrestre atteindra un certain niveau. Le moment est venu. Ce soir, je m'adresse à un groupe de gens qui savent ce que c'est d'être coincés dans une vieille énergie et de se voir soudain libérés, de devenir enfin des esprits libres. Voilà pourquoi je vous ai choisis pour que vous soyez les premiers à recevoir le message : vous comprenez l'expansion de la conscience, la joie de la délivrance, l'idée que tout est possible.

La neuvième couche guérit l'akash. « Qu'est-ce que cela signifie, Kryeon ? » Que vous avez la capacité de pénétrer vos propres annales akashiques pour tout régler. À votre manière, vous vous guérissez en provoquant un changement dans l'ADN par l'entremise de ces annales.

Êtes-vous venu ici avec un corps défectueux? « Kryeon, je suis prédisposé à telle ou telle maladie. Mes parents en souffraient, ainsi que ma sœur. Je vais peut-être en souffrir aussi. » Vous n'allez pas le croire; je préfère donc que vous ressentiez la pureté de ce message. Je veux que vous éprouviez l'amour qui vous est offert, car je présente des prodiges qui paraissent saugrenus, impossibles et dont seuls les maîtres ayant vécu jadis étaient capables. Cher humain, vous pouvez accéder à vos annales akashiques pour y découvrir l'ADN le plus pur que vous ayez jamais possédé, le sélectionner et l'appliquer à votre état de santé actuel. Voilà de quoi s'occupe la neuvième couche – guérir l'akash.

« Prétendez-vous que je peux me guérir? » Absolument. Voilà la raison de votre venue ici; vous êtes disposé et prêt à l'entendre de ma bouche. C'est aisé ou c'est ardu, selon la foi que vous accordez au processus. La communication provient-elle vraiment de l'autre côté du voile? Si vous êtes assis ici à songer : « Ce n'est qu'un type sur sa chaise », alors je vous souhaite une bonne vie, car votre ADN restera tel qu'il est maintenant. Si vous voulez participer à la transition, vous devrez développer votre conscience pour admettre l'invisible.

Saisissez-vous? Saisissez-vous ce que sont les différences? Vous croyez que c'est chimique? Vous pensez pouvoir miraculeusement défaire une prédisposition génétique? Vous vous trompez! La prédisposition est constituée d'informations dans l'ADN, informations annoçant l'anéantissement de votre civilisation ou votre mort en bas âge. Changez ces informations!

Sentez-vous l'amour de Dieu ici? Si c'est le cas, c'est un excellent début. J'affirme ceci : si vous pouvez *ressentir* ce message, vous êtes en mesure d'accomplir ce qu'il enseigne. Cette guérison n'est pas instantanée, mais voici la méthode. Chacun de vous est unique ici-bas. Chacun possède une leçon de vie également unique. Et chacun présente un schéma d'incarnations vécues antérieurement. Cela signifie que vos annales akashiques sont de même uniques, ainsi que votre Soi supérieur. De ce fait, je suis incapable de fournir une liste ou méthode générique tridimensionnelle pour vous guérir, puisque vous êtes aux prises avec vos caractéristiques spécifiques. Pourquoi alors ne pas plutôt méditer en silence un moment, avec pureté, et dire à l'Esprit : «J'aimerais obtenir ces qualités. J'accorde mon autorisation d'activer les énergies requises afin d'accomplir ces visées pour lesquelles je suis venu. Je veux de la joie dans ma vie et je veux découvrir la joie dans mon akash, car je le mérite et j'en suis digne. J'ai vécu des existences heureuses, joyeuses, je veux donc puiser dans cette énergie. Je fais savoir à mon ADN que je suis un maître!»

Supposons que vous cherchiez à acquérir l'estime de soi. Vous l'invoquez. «Esprit, corps, j'ai besoin d'estime personnelle parce qu'elle me fait défaut.» Le Soi supérieur puisera à même l'akash et ramènera le guerrier sur le champ de bataille – «vous», lors d'une autre vie. Cet individu se dresse avec fierté parmi les rangs de l'humanité et se montre intrépide au combat. Vous ne faites pas cette requête pour gonfler votre ego, mais plutôt pour obtenir la confiance en soi. N'oubliez pas, vous ne demandez qu'à puiser dans ce que vous avez déjà été et à récupérer l'information.

Si vous souhaitez retrouver l'écrivain, l'orateur ou l'auteur dans votre ADN, foncez! Ils y sont. Comment savoir? Les gens qui solliciteront ces privilèges écoutent et lisent; ce sont de vieilles âmes sur la planète, leurs annales akashiques sont les plus complètes, et ils possèdent l'expérience la plus exhaustive en tant qu'humains.

Vous qui êtes en quête de savoir spirituel, récupérez votre réceptacle spirituel! Vous y retrouverez le chaman que vous avez été, le guide spirituel du village. Tout y est. Je le sais, car je vous connais.

## Sommaire

Cinq couches énergétiques sont donc activées : la leçon de vie [deuxième couche], le Soi supérieur [sixième couche], les deux couches lémuriennes [sixième et septième couches] et la couche de guérison (curative) [neuvième couche]. Voilà les dons de l'ère actuelle, des dons interdimensionnels. Je ne peux conclure ce message sans vous prier de rejeter les chiffres. Vous n'êtes pas autorisé à les considérer comme séparés. Au contraire, il faut les envisager comme un noyau lumineux qui pulse, un portail. Et à propos de ce portail d'activation : il souffle de la musique de l'autre côté du voile.

En méditant, si vous accédez à cette lumière grâce à l'intention pure, vous découvrirez la main du Créateur tendue vers vous. Pourquoi ? Parce que celui-ci veut qu'on le découvre. Le saviez-vous ? On prétend que le chemin menant à Dieu est abrupt. On vous a laissé croire qu'il faut souffrir ou que Dieu est indifférent, mais rien n'est plus faux, car le Créateur veut qu'on le découvre ! Il est *la famille*. En entrouvrant cette porte, des secours viendront à vous. Vous n'avez pas à accomplir seul cette tâche. Il s'agit d'une énergie de coopération, d'un partenariat. Je le répète, l'ADN est un partenariat quantique.

Une transition est en cours ; si vous l'envisagez uniquement en trois dimensions, elle paraît remplie de bouleversements, de terreur, d'anxiété et d'incertitude. Qu'il s'agisse du climat, de l'économie, de problèmes familiaux, de conflits entre amis ou au travail, c'est la transition qui agit. Néanmoins, une autre transition est aussi à l'œuvre. Si vous parvenez à la considérer sous un angle quantique, c'est de celle-ci dont nous parlons depuis vingt et un ans. On vous accorde aujourd'hui tous les outils pour la gérer. Tous, sans exception.

Ces procédés viennent intégrés au treillis, pour reprendre l'expression de Peggy, l'enseignante [voir l'enseignement de Peggy Dubro sur le treillis cosmique]. Ce treillis représente les qualités akashiques personnelles, une énergie quantique qui entoure l'individu et que ce dernier peut utiliser et invoquer. Il comporte la guérison, l'équilibrage de la vie, voire l'état de maître. L'ADN est l'unique véhicule physique de l'état quantique, qui est partout. C'est difficile à comprendre pour vous, cher humain, mais votre ADN ne comporte aucun constituant : les constituants sont partout dans l'univers ! Dieu sait qui vous êtes, cher être quantique. Si vous activez ces constituants, votre treillis changera de couleur, le saviez-vous ?

Des énergies nouvelles existent, et aujourd'hui j'ai décrit les outils inédits qui leur sont associés. Tout a débuté il y a près de vingt et un ans. Vous deviez atteindre un certain niveau de compréhension. Il a fallu tout ce temps pour vous préparer. Tout ce qu'a vécu mon partenaire, tous les stades qu'il a franchis l'ont préparé à cet instant.

En fait, d'aucuns affirment que cela ne se produira jamais, que l'humanité stagnera et n'évoluera jamais, que le genre humain n'avancera jamais, qu'il ne décrochera jamais son diplôme et restera empêtré dans une conscience inférieure. Tout cela a pourtant changé depuis 1987.

Félicitations, chers humains, car vous êtes sur la bonne voie. Grâce au libre arbitre, puissiez-vous quitter ce livre en étant plus illuminés qu'à votre arrivée, en étant prêts à réaliser des choses que vous n'aviez jamais crues possibles. Grâce au libre arbitre, diffusez la lumière de ce message et de qui vous êtes – des parcelles de Dieu. Je vous invite à entendre la musique.

Et il en est ainsi.

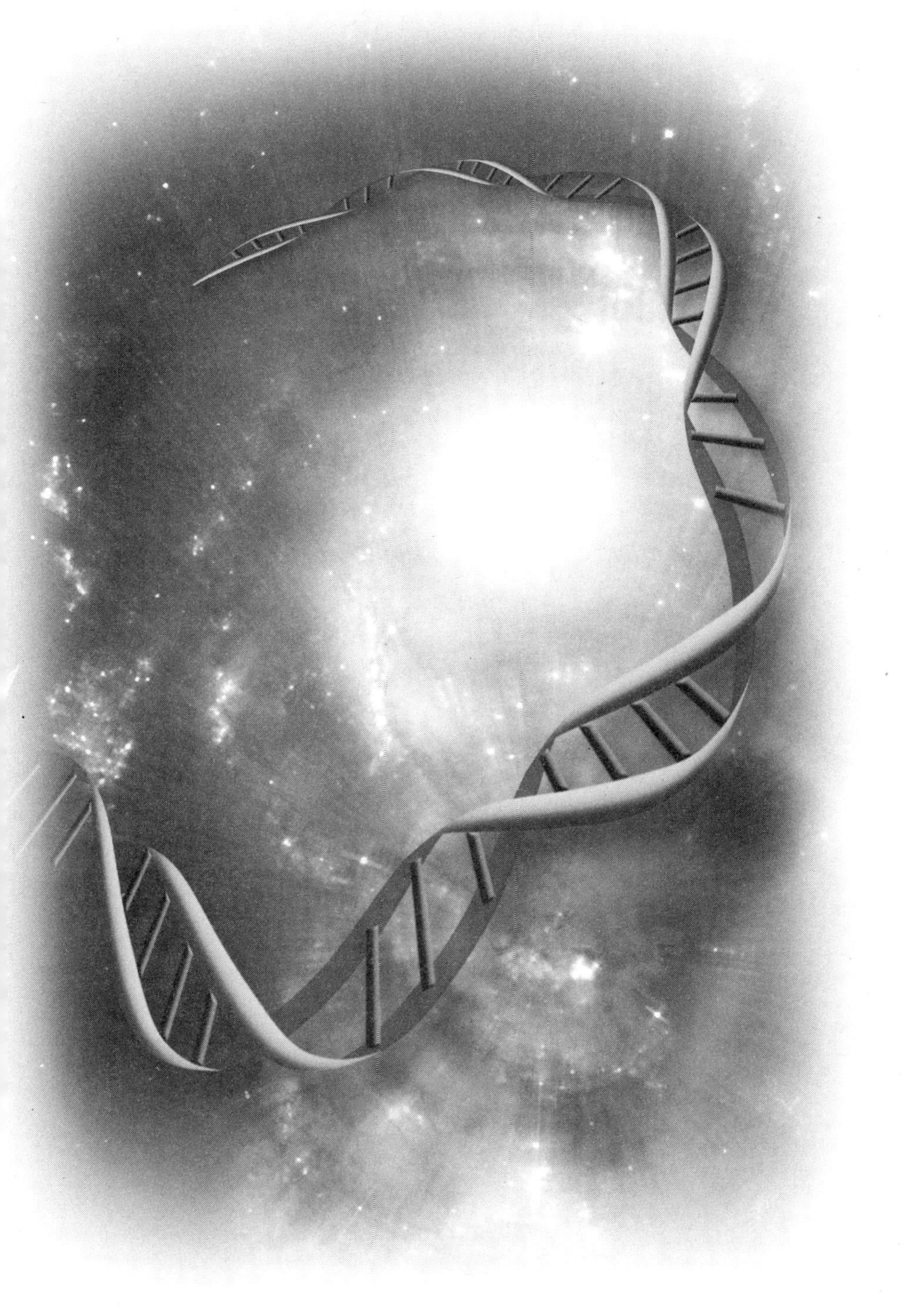

*Tout se trouve dans votre ADN.*
*Vos incarnations, votre croissance spirituelle,*
*vos talents accumulés, vos antécédents spirituels*
*sont tous là.*

CHAPITRE 14

# L'histoire de l'ADN et du genre humain

*Kryeon*

L'information donnée ici a déjà été transmise au cours des vingt dernières années, lors d'autres canalisations de Kryeon. Mais nous ne vous avons jamais présenté ce résumé, parce que nous condensons les thèmes aux fins de la simplicité, de la clarté, pour qu'ils deviennent moins opaques et qu'ils s'intègrent à votre réalité. Un message limpide est susceptible de vous apporter un langage direct, des paroles simples.

Diffusez cette information au plus grand nombre. Elle concerne le lignage de l'ADN, de ses commencements jusqu'à ce jour. Nous détaillerons la manière dont il a été introduit sur terre, son fonctionnement, ses mutations et tout ce que, au cœur de cette nouvelle énergie, vous devez savoir à son sujet pour y faire appel aux fins pour lesquelles il a été conçu.

Voici l'histoire de l'ADN et du genre humain.

## Qu'est-ce que cet ADN ?

L'ADN est l'élément clé de votre identité à la fois physique et spirituelle. Le Soi supérieur y réside. Les annales akashiques, le plan directeur de tout ce que vous avez jamais été, s'y trouvent aussi. Vos incarnations, votre croissance spirituelle, vos talents accumulés au fil d'éons sont tous là. L'ADN contient aussi le karma avec lequel vous êtes venu et que bon nombre ont rejeté. Les annales de cette action éclairée s'y trouvent également.

Vos antécédents spirituels sont dans l'ADN, inscrits dans les aspects quantiques. Quelques-uns conçoivent cela au point de savoir qu'ils ont été lémuriens. Si c'est votre impression, vous mesurez l'envergure de ce qui réside en vous. Voilà pourquoi nous abordons ces points. L'être humain l'admet difficilement, car ce qu'il croyait extérieur à lui-même est présent en lui. Cela correspond pourtant aux enseignements des maîtres et à ceux de Kryeon, puisque vous êtes chacun une parcelle du Créateur et que les processus de l'état de maître sont en vous.

## La science de l'ADN

Au cours des dernières années, la preuve scientifique de ce que nous sommes sur le point d'affirmer vous a été apportée. Nous y avons déjà fait allusion, mais aujourd'hui nous nous contenterons de parler franchement pour qu'aucun doute ne subsiste quant à ce qui déroute vos scientifiques : votre ADN renferme trois milliards de substances chimiques. Chaque molécule d'ADN, en forme de boucle, comporte plus de trois millions de substances chimiques. Ces molécules sont si petites qu'elles ne sont visibles qu'au microscope électronique.

Comme je l'ai mentionné déjà, le Projet génome humain [PGH], une entreprise scientifique, a élucidé un mystère : seuls 3 % de la chimie génétique exercent un effet tangible, soit les portions d'ADN encodées en protéines. À eux seuls, ces 3 % produisent des milliers de gènes qui constituent le plan directeur de la vie que vous recherchiez. Toutefois, uniquement 3 % produisent les gènes. Plus de 90 % de la chimie de l'ADN observé demeurent ainsi un mystère, puisqu'ils semblent n'avoir aucune fonction évidente. Ces 90 % de la chimie génétique ne comportent aucun système, aucune symétrie ou fonction biologique observable. Ils ne possèdent pas de codes chimiques, comme les parties encodées sous forme de protéines. Voilà pourquoi on a tendance à n'en tenir aucun compte – ils sont considérés comme superflus.

*Un groupe d'anciens font une découverte sidérante : ils ont retrouvé, abandonné sur une plage par un voyageur dans le temps, un système stéréophonique sans fil. De petits haut-parleurs efficients diffusent les rythmes les plus incroyables, et les primitifs sont fascinés. Ils n'osent y toucher et restent donc là à savourer la musique, sans s'expliquer comment elle est produite ni quoi que ce soit sur l'équipement rutilant.*

*Après quelques jours, ils se mettent à examiner plus à fond la magie apparente de l'appareil. Ils sont curieux, car la curiosité est le propre de l'humain. Ils l'analysent, le retournent dans tous les sens, sans oser le toucher, et finissent par annoncer qu'ils ont percé le mystère.*

*Ils voient le platine laser, les amplificateurs et les processeurs attachés aux haut-parleurs... une quantité d'équipement. L'audio provient toutefois des haut-parleurs ; les Anciens sont persuadés que ces derniers font tout le travail.*

*La tribu s'assemble et ils annoncent leurs conclusions : des créatures évoluées venues de l'espace ont atterri et oublié quelques pièces d'équipement. Les sages de la tribu ne peuvent s'expliquer le fonctionnement des divers composants, mais deux petits objets semblent responsables de la production de musique. Le reste de l'appareil demeure un mystère; ce doit être simplement de l'espace superflu qui n'a rien à voir avec la musique.*

Cette parabole parle d'elle-même. Par ignorance, on écarte ce que l'on considère comme ne faisant pas partie du tout. Cette analogie a une connotation plus vaste que vous ne le croyez. La musique invisible n'est pas le produit que de cette incroyable technologie. Il y a aussi l'auteur et le compositeur, les techniciens qui l'ont enregistrée, et les ressources qui ont contribué à la mettre sur lecteur CD. Il y a l'histoire de la musique, l'évolution des rythmes au fil des siècles. Le sable sous leurs yeux fourmille de secrets conceptuels, mais les Anciens n'aperçoivent que les haut-parleurs qui génèrent ce bruit.

L'évolution et ce que vous nommez Mère Nature (Gaia) collaborent très efficacement en ce qui a trait à la biologie humaine et à la vie plus généralement. Qu'il s'agisse de déclencher la photosynthèse au moment opportun, ou de l'évolution du génome humain, le système rejette ce dont il n'a nul besoin. Les 90 % de l'ADN qui demeurent inexpliqués ne sont pas superflus. Ce sont les processeurs et les instructions qui régissent les constituants que l'on a élucidés. Ils traitent la musique que jouent les 3 %.

Je compte préciser de quoi il s'agit spécifiquement et je souhaite que vous réfléchissiez au sens de cette révélation pour vous. Quatre-vingt-dix pour cent de votre ADN constituent littéralement le plan directeur quantique de votre divinité. C'est le plan directeur de votre akash. Les annales de vos incarnations, de vos accomplissements, de votre croissance, de vos épiphanies et de vos échecs. Pour ceux qui, parmi vous, se disent Lémuriens, cela représente une foule d'expériences sur la planète, depuis les tout premiers débuts. Nous en parlerons ici.

Ce qui appartient à l'état multidimensionnel n'est pas logique dans la tridimensionnalité. La physique quantique n'a que peu de sens pour le penseur linéaire que vous êtes. Voilà pourquoi, en fonction de votre a priori, votre réalité se fonde sur seulement quelques-unes des dimensions qu'abrite l'univers. Jusqu'à ce que le reste du tableau se révèle, vraisemblablement grâce à vos recherches scientifiques, vous ne percevrez que cette réalité circonscrite où vous vous trouvez. Tout ce qui se situe hors de cette réalité tridimensionnelle demeurera un mystère, apparemment aléatoire et chaotique, plutôt que logique et systématique. L'ADN porte en lui votre plan directeur spirituel ainsi que l'ensemble des instructions régissant votre identité. Tout cela réside dans les 90 % qui sont multidimensionnels.

De ce fait, la discussion sur l'ADN concerne votre création, vos annales akashiques, votre Soi supérieur et votre lignée spirituelle. Voilà pourquoi nous nous concentrons sur celui-ci.

### La conscience humaine, réalité tridimensionnelle

Le moment est venu d'établir des liens et d'apercevoir l'ensemble du tableau : ces 90 % de l'ADN comportent la conscience humaine. Celle-ci ne peut se mesurer en codes et en gènes. Elle se situe hors de la portée de la chimie ; la science persiste à la considérer comme le résultat inexplicable d'opérations biologiques. Encore une fois, on ne comprend pas ce qui engendre l'être humain intégral. La conscience humaine présente une aptitude à parler à l'ADN, à s'en rendre maître, à travailler sur celui-ci et à devenir une partie de lui. Voilà ce que nous enseignons depuis les tout premiers débuts. Ainsi, l'un des secrets les mieux gardés de votre réalité, c'est votre capacité à être aux commandes de votre corps et de ses opérations élémentaires.

Néanmoins, selon les nouvelles théories scientifiques, quelques-uns des processus sur terre sont sous l'influence de la pensée humaine. Vous pigez ? Les 90 % de votre ADN sont plus vastes que votre biologie personnelle.

Voici l'une des premières choses que je vous ai dites : la conscience fait bouger la Terre. Elle est responsable de la vibration ici-bas ; vous avez toujours été capable de transformer ce que vous estimiez n'avoir aucun rapport avec vous – le cours des événements. Saisir cette vérité vous permettra de constater que Gaia réagit à vous.

C'est donc ainsi que cela fonctionne, formulé en termes clairs. Grâce au Projet génome humain et à la découverte que 90 % de l'ADN semble n'avoir aucune fonction, nous nous permettons de préciser ce qu'il fait. La science sera en mesure de le déterminer un jour. L'indice : lorsque les scientifiques envisageront ces 90 % comme des engrammes non codés, ils comprendront que pour l'essentiel l'ADN est constitué de modificateurs de signaux qui agissent sur les 3 %, soit sur le régisseur des processus biologiques.

## L'énigme de la faiblesse du corps humain

Il y a un mois, nous avons abordé cette question : vous vous situez au sommet de la chaîne évolutionnaire génétique et votre organisme est fragile, beaucoup plus fragile que l'on s'y attendrait. Faisons un retour en arrière.

Votre structure cellulaire ne correspond pas à celle que l'on vous a accordée à l'origine. Au lieu d'évoluer, la portion quantique de votre ADN a dégénéré en raison de votre conscience (le gestionnaire de votre réalité). Pour tout dire, votre système immunitaire n'est pas très efficace. Bon nombre des principales maladies et des virus en font fi, tout simplement. L'aviez-vous remarqué ? Vous n'arrivez même pas à guérir un rhume.

Cela pose problème, diriez-vous, et vous auriez raison, car les 90 % d'ADN censés être quantiques ne travaillent qu'à 30 %. Nous vous avons transmis cette information il y a quelque temps, mais je la répète aux fins de cette leçon pour que sa logique soit succincte.

En bref, voici : quel sentiment vous habite lorsque vous apprenez qu'un cancer mine peut-être votre organisme sans que ce dernier vous en avise ? Celui de devoir consulter un oncologue et de faire des analyses pour découvrir ce que fabrique votre corps. Quel genre de système est-ce là ? À l'évidence, les procédures d'autodiagnostic intégrées à l'être humain ne marchent pas très bien. Le cancer est le résultat d'une incompatibilité entre l'organisme et l'alimentation moderne. Cette incompatibilité suscite des signaux qui ne sont pas en accord avec l'opération prévue du corps – une mitose équilibrée des cellules conforme à la chimie des aliments que le corps ingère. Au contraire, l'organisme produit des croissances anormales, des tumeurs qui, tôt ou tard, le détruiront.

Le cancer n'est pas causé par un virus; il n'est pas contagieux. C'est plutôt un déséquilibre, une allergie à la société moderne. Le système immunitaire n'intervient aucunement, puisque le cancer apparaît aux mécanismes de défense comme des cellules normales se comportant comme prévu, ce qui n'est pas le cas, car ces cellules sont cancéreuses. Elles ont toutefois appris à se dissimuler au sein de la structure cellulaire.

Une conscience quantique engendrerait un système intuitif qui avertirait le corps de la présence de déséquilibres. Résultat ? Vous sauriez immédiatement qu'il y a un problème. Cependant, vous demeurez dans l'ignorance, parce que ce système ne fonctionne pas comme il est censé le faire.

Si l'ADN quantique se comportait comme il le doit, l'espérance de vie serait beaucoup plus importante. Le corps ne veut pas vieillir. Il veut continuer à vivre ! Il s'agit d'un instinct de survie élémentaire, et l'organisme est capable, grâce à l'intuition, de gérer intelligemment la division des cellules. En l'absence de ce perfectionnement quantique, l'horloge biologique du corps se contente de compter les jours et de s'accorder aux cycles lunaires. Il ne sait pas comment faire mieux. Il n'opère pas suivant le plan originel.

Quelques-uns des Anciens vécurent des existences deux ou trois fois plus longues que la vôtre. Tout dépendait de la région qu'ils habitaient et de la quantité de l'état quantique perdue. Sachez ceci : les procédés de prolongation de la vie humaine éventuellement opérants auront un dénominateur commun : l'information accrue sommant l'ADN de revenir à un état plus multidimensionnel. Vous appelez cela « activer l'ADN ».

Une conscience quantique en est une qui fait un avec tout et qui sait dans l'absolu si les cellules sont détraquées et si une tumeur maligne met en péril votre vie. Votre système immunitaire ne vous avertit cependant jamais. Quelque chose s'est cassé, et parce que vous avez grandi dans votre réalité, le sens de mes propos vous échappe.

Permettez-moi d'emprunter la métaphore suivante pour mieux vous faire comprendre : si vous restez suspendu à l'envers assez longtemps, votre corps se rebellera bientôt à l'idée de marcher. Puis, un beau jour, tout le monde se tiendra sur la tête et mourra de faim, ayant oublié comment marcher, et la rumeur se répandra voulant que la marche ait été une faculté des maîtres. De ce fait, personne ne sait plus marcher. Voilà simplement comment la réalité perceptuelle s'élabore au fil du temps, et c'est ce que nous réfutons quotidiennement au sein de cette énergie nouvelle.

Si vous scindez des nerfs dans l'épine dorsale, des neurotransmetteurs se précipitent vers cette région du corps pour les empêcher de se ressouder. Le saviez-vous ? Les scientifiques sont au courant du phénomène, ils ont même un nom pour le désigner. Ce phénomène va à l'encontre de ce que vous espérez et semble s'opposer à la logique du fonctionnement normal de l'organisme. Quelque chose ne va pas.

Les étoiles de mer peuvent faire repousser un de leurs bras, mais pas vous. Que ressentez-vous par rapport à cela, installés comme vous l'êtes au sommet de la chaîne évolutionnaire? Tout cela parce que le plan directeur qui a produit les gènes ne fonctionne pas comme il était censé le faire.

Autrefois, pourtant, il le faisait…

**Revenons aux tout premiers débuts.**
**À la création de votre nature quantique, au créateur en vous.**

Le voici exposé pour que chacun le voie, l'entende; toutes ses propriétés seront expliquées en termes clairs. Il y a cent mille ans, la Terre abritait près de dix-sept types d'êtres humains en développement. La nature exige la diversité chez les animaux et les mammifères pour assurer leur survie. Il y avait donc des dizaines d'espèces de singes et une considérable diversité d'autres espèces animales; et la diversification des types humains augmentait aussi. Mais aujourd'hui, vous remarquerez qu'il n'existe qu'un type d'humain, bien qu'il y ait différentes couleurs de peau et que les traits du visage varient. Le genre humain ne présente pas les différences typiques que l'on voit dans la nature. Il n'existe pas d'espèces humaines avec une queue et d'autres sans queue; il n'y a pas d'humains minuscules et poilus sur un continent à côté d'un autre continent peuplé de géants tachetés. Quelque chose s'est passé.

Remontez à 100 000 ans. Le fait est documenté scientifiquement : les chercheurs viennent de découvrir cette anomalie au cours de la dernière décennie. Ils constatent le même phénomène. Il y a cent mille ans, un événement qui va à l'encontre de l'évolution des espèces s'est produit pour engendrer un seul type d'humain.

Soyez prêts, car quelques-uns parmi les auditeurs et les lecteurs n'apprécieront pas ce qui suit. C'était l'enseignement dispensé par mon partenaire aujourd'hui; je ne vais pas le répéter. Écoutez : quelque chose de tout à fait merveilleux s'est produit! Un événement délibéré est survenu, vous l'attendiez avec moi, lorsque vous étiez en train de créer la planète, chers amis. Vous étiez à mes côtés, regardant ce joli globe bleu se refroidir et vous saviez ce qui allait arriver. Un plan divin était à l'œuvre.

Dans votre galaxie, la Voie lactée, se trouve un groupe de sept étoiles, les Sept Sœurs, et des planètes orbitent autour de l'une d'elles. Vous avez baptisé cette constellation les Pléiades et nommé ses habitants les Pléiadiens. Ce sont ces derniers qui sont venus sur la Terre il y a cent mille ans; il ne leur a pas fallu très longtemps pour effectuer le voyage.

Cette race humanoïde est semi-quantique, tout comme vous. Autrement dit, leur conscience marie le tridimensionnel et le quantique. Le temps n'existe pas pour eux, non plus que l'espace et la distance. Par un acte de volonté, ils sont apparus en votre monde. C'est une race avancée et spirituelle. Vous n'y comprendrez rien, puisque cela ne fait pas partie du système religieux que vous croyez réel. Contentons-nous de dire que leur spiritualité est mature, sublime et parfaitement appropriée. Ils sont arrivés à point, intentionnellement, et au moment opportun.

Ils sont venus ensemencer de l'ADN quantique divin dans l'une des dix-sept espèces d'humains en développement sur terre. Ils sont restés aussi longtemps que nécessaire. Vous devez savoir qu'il leur a fallu plus de cent mille ans. Les autres espèces disparurent peu à peu, jusqu'à ce qu'il n'en reste qu'une seule, celle qui portait les semences du Créateur. C'est celle-là qui survit à ce jour.

C'est l'histoire de la Création originelle que l'Esprit vous a servie délibérément. L'époque était bénie, et j'aimerais vous dire, à vous les âmes ici présentes, que longtemps avant la Lémurie vous connaissiez la valeur de ce scénario. Vous le sentiez, vous le saviez intuitivement, car vous partagiez des liens familiaux étroits avec ces êtres d'une autre constellation qui vous ont accordé ce don formidable.

Vos frères et sœurs pléiadiens vous ressemblent. Ils n'ont pas une peau de crocodile ni des membres étranges, des yeux globuleux ou d'immenses têtes. Ils n'ont aucun motif ultérieur et ne contrôlent pas la pensée des gens. Ils sont beaucoup plus grands que vous, mais ils vous ressemblent. Un jour, ils viendront. Lorsque le moment sera opportun et approprié, ils se révéleront à vous. Vous ne verrez pas ce jour de votre vivant, car ils attendent une vibration spécifique sur terre. Mais lors de leur venue, d'autres les verront descendre de leurs vaisseaux, et ils auront la même tête qu'eux ! Ils sauront alors que mes paroles sont vraies, car les Pléiadiens surveillent tandis que je transmets ce message et sourient à l'opportunité de le livrer à ceux qui ont besoin de l'entendre ainsi.

Écoutez-moi bien : il n'y a aucune conspiration. Personne n'a jamais rien fait à la Terre ni à l'humanité que vous n'aviez pas planifié. Personne n'exerce un contrôle sur vous et rien n'est dissimulé. Délibérément, intentionnellement, l'Esprit a consenti, par invitation, à ce que les Pléiadiens viennent ici pour vous accorder ce don. La seule planète où prévaut le libre arbitre est passée des Pléiades à votre système solaire, puis à la Terre. Des créatures biologiques ont graduellement acquis un ADN quantique et la spiritualité a vu le jour. Rien ne se déroule rapidement avec Dieu, l'avez-vous remarqué ? Dieu est lenteur et la Terre est patiente. Les humains néanmoins n'apprécient pas trop la lenteur. Ils veulent que les phénomènes spirituels surviennent rapidement; la mythologie en témoigne.

Cette information est controversée; les auditeurs et lecteurs n'ont pas à y accorder foi. Elle n'est pas indispensable au rayonnement de votre lumière sur terre. Si elle n'a pas la consonance de la vérité pour votre âme, alors laissez-la de côté. Sachez toutefois que Dieu réside en vous. Vous n'avez pas forcément à savoir comment, mais à ressentir le Créateur à l'œuvre dans votre ADN.

La controverse fera rage et il ne faut pas l'imposer à qui que ce soit. Il ne s'agit pas de prosélytisme ici; nous ne cherchons qu'à vous faire voir l'ensemble du tableau. C'est toutefois l'origine de votre semence biologique; je vous ai révélé la vérité.

Étrangement, quelques-uns persistent à croire à la légende voulant que Dieu ait achevé la Terre en sept jours et formulé un système religieux complet en ce bref laps de temps. Ils refusent de concevoir que l'invraisemblable histoire d'extraterrestres venus sur terre ait quoi que ce soit à voir avec Dieu ou avec la nature spirituelle d'un être humain. Elle leur paraît absurde. Comme l'affirme mon partenaire : « Ils préfèrent leur histoire de serpent qui parle. » Qu'ils la gardent ainsi, car l'histoire cachée ne doit pas interférer avec l'humain et sa foi ni empêcher celui-ci de croire.

### La Lémurie

Peu à peu, la Lémurie, une première civilisation d'envergure, vit le jour. Sachez ceci : ce n'était pas une civilisation évoluée telle que vous le concevez. Elle était toutefois en possession de quelque chose que vous devez connaître. Leur ADN multidimensionnel était à 90 %, pas à 30 % comme le vôtre. Toutes les propriétés quantiques de leur ADN étaient activées, car c'était le legs des Pléiadiens. La Lémurie est la civilisation la plus ancienne sur la Terre, celle qui survécut le plus longtemps et ne connut jamais la guerre.

Cette civilisation fut anéantie uniquement en raison de la montée des océans. J'ai décrit cela auparavant. Ces gens ont donc adopté une existence de marins et se sont dispersés aux quatre coins de la Terre. Curieusement, certains ont réussi à atteindre des continents lointains ; les archéologues considèrent que c'est de là qu'ils tirent leurs origines, pas d'une terre lointaine immergée.

Les Lémuriens représentent la société originelle sur la planète. Ils s'établirent là où les Pléiadiens avaient d'abord atterri, soit au sommet de la plus haute montagne sur terre – mesurée de la base au pinacle. C'est aujourd'hui la plus grande des îles de l'archipel d'Hawaï, où les « canoës » lémuriens sont ensevelis. Les Anciens d'Hawaï vous diront que les Pléiadiens sont venus sur leurs îles, car c'est ainsi que l'humanité est née selon leur mythologie. Ils se sont disséminés en plusieurs autres endroits, mais aucune de ces sociétés n'est parvenue à la magnificence de la Lémurie.

Les Lémuriens entrevoyaient la vie sous un jour quantique et ils savaient tout au sujet du système solaire, par leur ADN. Un ADN multidimensionnel, opérant à 90 %, génère une conscience qui ne fait qu'un avec l'univers. L'une de vos croyances les plus anciennes préconise de devenir un avec tout. Ce n'est pas fortuit. Nous y reviendrons dans un instant.

Les derniers vestiges de la Lémurie sont disparus, engloutis il y a fort longtemps. Impossible d'obtenir la preuve de leur existence, car les forces de la nature les ont ensevelis complètement; on ne peut les déceler qu'en ces régions où était sise la Lémurie et qui n'ont pas été immergées. Et si quelqu'un parmi vous s'y rend avec une intention pure, les ancêtres l'accueilleront à bras ouverts.

Voici un conseil sur l'histoire : ne vous concentrez pas trop sur l'Atlantide. Ce continent a existé beaucoup plus tard; il y en avait trois en réalité, et la confusion règne quant à déterminer ce qui s'y trouvait et la nature des événements. Lequel souhaitez-vous aborder ? L'Atlantide n'a pas joué le rôle que les tenants de la métaphysique ou des enseignements ésotériques veulent lui attribuer. Ce fut un rôle capital, il va sans dire, mais l'un de ces continents n'est pas du tout archaïque. Il est récent, à proximité des îles grecques; l'histoire grecque récente en fait même état. Les humains portent un intérêt marqué aux civilisations qui connaissent un déclin rapide. Ce genre de phénomène a donné lieu aux légendes qui soutiennent que l'Atlantide fut l'une des civilisations les plus avancées, ce qui est faux. C'était la Lémurie, mais en conscience seulement.

Cette dernière n'était pas technologiquement avancée, car elle n'avait accompli aucun exploit technique. Ces êtres savaient pourtant comment guérir à l'aide du magnétisme. Cette faculté résidait dans leur ADN. L'information était intuitive. L'ADN multidimensionnel génère une information intuitive de qualité. Puisque les Lémuriens ne faisaient qu'un avec l'univers, ils connaissaient tout de l'ADN. Pas vous? (*Kryeon sourit.*) Ils en connaissaient même la forme. Tout cela, sans l'aide d'un microscope. Voilà le miracle de l'ADN quantique.

## Les Anciens savaient!

Les Lémuriens étaient en possession de vastes connaissances en raison de l'ADN multidimensionnel que les Pléiadiens leur avaient légué. Ils savaient tout du système solaire et de la galaxie en général. Ils observaient les étoiles et comprenaient ce qui s'y trouvait. Grâce à ce savoir, leur société était de toute évidence évoluée, mais dépourvue des avancées technologiques dont vous bénéficiez.

Des millénaires après la disparition de la Lémurie, des preuves solides témoignaient que les Anciens étaient toujours en possession de ces connaissances. La version actuelle de l'histoire de l'humanité n'accorde aucune valeur aux trente mille ans d'évolution de la Lémurie. Elle ne remonte qu'à dix mille ans à peine. Cette version historique changera toutefois avec le temps, lors de découvertes.

Néanmoins, vos annales historiques ne remontent qu'à quatre mille ans ou cinq mille ans, mais les gens de ces époques détenaient encore des connaissances sur les étoiles allant bien au-delà de ce que vous imaginez. La plupart des civilisations archaïques étaient renseignées sur l'alignement galactique de 2012. Nous avons souligné que cet alignement est déjà en cours. Pour vous, la date est fixée à 2012, alors que nous situons cela en 1998. Faites les calculs avec vos ordinateurs et télescopes, et vous verrez que 2012 n'est qu'une estimation grossière fondée sur des civilisations dépourvues de technologies. Cela dit, vous constaterez que vous êtes au cœur de l'alignement galactique en ce moment précis.

Cet alignement consiste en un cycle de 26 000 ans que les Anciens connaissaient. Comment est-ce possible ? Car si on remonte le cours de l'histoire à quelques siècles seulement, on constate que la science moderne a perdu tout ce savoir. À ses yeux, la Terre était plate, le Soleil orbitait autour de celle-ci et presque toute connaissance intuitive sur le corps avait disparu.

L'ADN des Anciens opérait de manière multidimensionnelle, un héritage des prédécesseurs lémuriens, et ces Anciens ne possédaient ni télescopes ni ordinateurs. Ils savaient pourtant. Ils connaissaient le système solaire, les équinoxes, les éclipses et les mouvements planétaires. Ils savaient même que votre système solaire fait partie d'un groupe plus vaste, la galaxie. Je vous le demande donc : que s'est-il passé ? À l'évidence, vous avez régressé très sérieusement, et ce, depuis peu de temps.

Lorsque nous nous exprimons ainsi, il y a toujours quelques individus qui préfèrent croire qu'une force extérieure à l'humanité est responsable de la disparition de votre savoir et vous a tous laissés dans cette ignorance. Ce sont d'ailleurs les mêmes qui nient être en mesure de maîtriser la vibration de la Terre. L'Esprit respecte le libre arbitre, et la raison de votre présence ici, c'est de voir où ira la planète suivant ce que fera l'humanité. La division de la Lémurie et la fragmentation de la société humaine furent à l'origine de ce qu'a perdu la conscience collective. Tant que les sociétés possédaient une communauté quantique, leurs connaissances concordaient. Au fil du temps, ces sociétés se sont éloignées et les savoirs les plus intuitifs, admis depuis des siècles, se sont tout simplement éteints. Si vous en doutez, alors comment expliquer que les Anciens savaient ce que seule l'astronomie contemporaine vient de découvrir récemment ?

C'est ainsi que l'ADN qui opérait à 90 % a réduit son fonctionnement à 30 %. Et voilà ce que vous avez aujourd'hui. Vous êtes littéralement repartis de zéro. Vous avez perdu la connaissance intuitive et quantique, ce discernement, cette compréhension absolue de l'origine de votre semence, du fonctionnement du corps et de l'expérience pléiadienne.

Les humains ont oublié l'astronomie la plus élémentaire; ils ne croyaient même pas que la planète était ronde. Toutes ces intuitions merveilleuses sur le fonctionnement de l'univers et de l'ADN furent oubliées. Seuls les gardiens de la sagesse les avaient préservées. Vous êtes au seuil d'une transition et vous repartez de là où vous vous trouvez actuellement. Je vais maintenant vous expliquer ce qui est différent aujourd'hui, et sur ce nous conclurons.

## La grande transition

L'ascendance et l'histoire de l'ADN remontent à une création précieuse, tout à fait appropriée, nantie de l'intégrité des royaumes angéliques et ointe d'une mission sacrée. À cause du libre arbitre, tout cela s'est détérioré, car les humains ont accepté un état de conscience inférieur. Les légendes évoquent le déclin tragique de l'humanité. Pourtant, aucun démon n'y a contribué; ce n'est que le choix consenti par l'humanité.

Vous êtes au cœur d'une transition que vous avez baptisée nouvel âge; ce dernier n'est toutefois pas nouveau. C'est plutôt un rappel du savoir millénaire et des traditions de la Lémurie. Dès lors, il s'agit d'un retour à l'état lémurien et il est grand temps! Voilà ce que vous nommez énergie nouvelle; la transition est imminente et elle offre des dons permettant une élévation lente et délibérée de la conscience sur cette planète. Nous l'avons toutefois mentionné, tout doit commencer par votre ADN.

Cher humain, entendez-moi : voici la clé qui explique essentiellement votre venue ici. C'est ce que nous enseignons aujourd'hui : l'ADN, cet aspect multidimensionnel et sacré en vous, est prêt pour les améliorations que lui apportera votre intention pure. Tout ce que Kryeon vous a offert en termes de services magnétiques visait à servir la planète de manière que le magnétisme change et communique avec votre ADN. Cette communication nouvelle est le produit de la Convergence harmonique de 1987 et de l'arrivée d'une nouvelle énergie de Gaia induite par l'alignement galactique. Le retour à un état mérité est désormais possible – un état de conscience lémurien, un état où la guerre n'est pas une option viable et où la santé est une question d'intuition. Les Mayas l'avaient prédit. C'est la vibration la plus élevée que Gaia ait jamais vue ; vous êtes à l'aube de tout cela. Voilà l'information qu'ils détenaient au sujet de 2012 ; rares sont ceux qui l'enseignent ainsi.

Amenez la conscience humaine à la hauteur de cette vibration et votre ADN sera plus efficace. Il redeviendra multidimensionnel. Le phénomène sera apparent sous plusieurs formes ; nous l'avons déjà décrit. Cherchez les signes indiquant que l'humanité évolue. Cette évolution s'amorce avec ceux que vous appelez les enfants indigo. Ces enfants de la conscience nouvelle sont très différents, ne l'avez-vous pas remarqué ? Tout dépend de la quantité d'ADN quantique dont ils font usage par rapport à votre tendance linéaire. L'affrontement entre le quantique et le linéaire commence à peine. Si vous croyez qu'il y a aujourd'hui des problèmes avec les enfants nouveaux, attendez de voir qu'ils aient eux-mêmes des enfants ! L'être humain se métamorphose.

Au cœur de ce « nouvel âge », vous réveillez peu à peu une énergie originelle conçue pour l'époque actuelle. Le temps est venu de revenir à l'état quantique, à l'état spirituel que vous ont apporté les Pléiadiens. Et tout débute dès maintenant.

À l'heure actuelle, un combat fait rage entre l'énergie ancienne et l'énergie nouvelle, et cette dernière l'emporte. Ne vous méprenez pas : l'ancienne énergie subsistera encore un moment. Elle continuera à créer des ennuis que vous considérerez comme problématiques, mais il s'agira en réalité d'un nettoyage quantique. En mettant de l'ordre dans votre économie – et ce n'est pas terminé –, vous verrez se dessiner un nouveau paradigme sur la façon d'être, de structurer, mais du temps sera nécessaire.

Ne craignez pas les effets de ce paradigme, car il apparaîtra tel que vous l'aviez prévu : comme l'une des énergies les plus puissantes sur terre, et il sera parfaitement intègre. Ce sera potentiellement le nouveau paradigme correspondant au nouvel âge. Attendez-vous à cela. Et les adultes indigo vous aideront à le développer. De nouveaux concepts prévaudront sur la pensée existante et révolutionneront la manière de vivre ici-bas.

Tout cela fait partie de l'évolution de la conscience humaine que vous pouvez apercevoir dans votre ADN. « Kryeon, les scientifiques pourront-ils l'observer au microscope ? » Non. En dépit de ce que l'on vous a raconté, ils ne remarqueront aucun changement dans l'ADN. Les microscopes actuels sont tridimensionnels. Je dis donc aux scientifiques : lorsque vous développerez une lentille quantique, vous serez en mesure de le constater, car vous observerez alors la chimie dans les régions aléatoires qui constituent 90 % de l'ADN. Celles-ci brilleront sous l'influence de l'état quantique, et vous saurez alors que j'avais raison. Elles changeront ensuite de couleur en raison des activations que vous suscitez ; vous pourrez également les mesurer et les voir. Pour l'instant, cependant, vous ne possédez pas de lentille quantique. Il n'existe aucun appareil susceptible de mesurer le quantum de l'univers ; vous vous en approchez toutefois. Et une fois que vous l'aurez en main, vous ferez une première découverte dans votre biologie. Voici un indice. Persistez à analyser les objets dans leur état intriqué, car c'est le début d'un véritable état quantique susceptible d'être modifié par une technologie tridimensionnelle.

Voilà les renseignements que nous souhaitions vous apporter aujourd'hui ; notre enseignement s'achève ici. Tout au long de celui-ci, nous vous avons étreints. Pourquoi vous transmettre ces éléments ? Pourquoi cela nous tient-il à cœur ?

Parce qu'en tant que famille, vous découvrez un formidable secret : votre âme primordiale est liée à l'univers et votre Soi supérieur est de nature angélique et éternelle. L'humanité parachève un cycle. Très lentement, et au cours des trois prochaines incarnations, vous façonnerez peut-être une Terre nouvelle. Ce sont les potentiels dont nous vous avons informés il y a environ vingt ans.

Vous n'auriez pas raté cela, chers humains. Vous parcourez d'ailleurs ces lignes pour cette raison. Vous faites partie de la solution pour amener la paix sur terre. Je vous connais. Au cours des années à venir, un certain pourcentage des lecteurs et des auditeurs viendront me voir. Une transition qui ne vous est pas inconnue surviendra. C'est une transition de vie appropriée et magnifique. En tant que vieille âme, vous l'avez accomplie à maintes reprises. Après cette transition, vous serez de retour sur terre et vous reviendrez encore une fois, car vous avez passé des éons à œuvrer en ce monde et vous ne voulez pas rater cela.

C'est la transition à laquelle vous aspiriez, que vous attendiez et que vous avez sollicitée. Plusieurs personnes ici présentes vivront leur existence jusqu'à son terme, mais elles seront de retour avec une efficacité génétique supérieure à celle de leur vie passée. Nous le répétons : si vous choisissez d'être témoins de l'évolution humaine, surveillez ces enfants indigo. Ils évolueront en un groupe encore plus contrariant qu'il ne l'est maintenant. Et certains parmi vous deviendront des enfants indigo à leur retour. (*Sourire de Kryeon*)

Et il en est ainsi.

*Vous êtes aux commandes de cette transition puisque vous devenez plus multidimensionnels. La cohérence de la peur, de la haine, de la déception, tout cela change.*

CHAPITRE 15

# L'énorme parti pris scientifique

## *Kryeon*

Je souhaite aujourd'hui aborder un sujet assez indéfinissable. Je laisse mon partenaire trouver un titre à ce chapitre, car les humains apprécient. Ils préfèrent compartimenter leurs attentes. Comme ils cherchent à identifier tout ce qu'ils font, je consens à ce que Lee décide d'un titre. Je compte aborder la perception de la dimensionnalité comme je ne l'ai jamais fait auparavant. J'aimerais préciser la mécanique de cette perception et son fonctionnement, et ce que mon partenaire appelle la création de l'élément imprévisible – ces choses auxquelles vous ne croyez pas ou que vous n'attendez pas. Je commence donc par un exemple.

Laissez-moi vous présenter Michel et Marie, ce sont des personnages de bandes dessinées, des bonshommes plats sur une feuille de papier. Ils n'ont que deux dimensions. Naturellement, ils sont intelligents, aux fins de cette parabole. (*Kryeon sourit.*) Leurs vies ne sont pas compliquées, ce sont de simples bonshommes fictifs.

Ils ont tout figuré. Ils ont même l'amour. Leur existence bidimensionnelle, voilà tout ce qu'ils ont jamais connu, et ils en sont satisfaits. Ils connaissent les paramètres de la feuille sur laquelle ils vivent, et en sont heureux. Ils n'ont jamais rien possédé d'autre. Ils sont conscients de ce qui leur est possible et de ce qui ne l'est pas. Michel et Marie se sentent comblés dans leur réalité.

Apparaît un libre penseur, un personnage dessiné autrement. Ce curieux bonhomme se met à leur parler d'une troisième dimension potentielle – d'un concept de haut et de bas –, d'une réalité à trois dimensions au lieu de deux comme celle qu'ils habitent. La conception d'une réalité qui leur serait parfaitement inconnue vient de naître, une réalité à laquelle ils n'ont pas l'impression de participer et qu'ils ne peuvent pas vraiment saisir.

Voyons ce que Michel et Marie font de cette information. En premier lieu, ils ont de la difficulté à l'assimiler. C'est un peu trop sophistiqué pour eux. En second lieu, elle se situe hors de leurs perceptions ; ils ne sont donc pas vraiment intéressés. Comme ils n'ont pas à s'en servir, ce n'est alors pour eux que pure conjecture, et à leurs yeux cette réalité n'a pas vraiment d'importance et n'existe peut-être même pas. Ils estiment qu'il s'agit d'un fantasme scientifique, d'un principe qui ne les concernera jamais, car, après tout, ils sont des personnages bidimensionnels sur une feuille de papier.

Nombreux sont les lecteurs qui, prenant conscience de cette analogie, sont similaires à ces personnages. Ils ne s'intéressent à rien qui se situe hors de leur réalité. Ce n'est pas par choix, mais bien parce qu'ils font partie d'un paradigme systématiquement tridimensionnel avec lequel ils ont toujours vécu. Il est difficile de penser hors du cadre de cette réalité, et rares sont ceux qui s'y intéressent. Après tout, la réalité où ils évoluent leur convient parfaitement. Il n'y a pas à s'en plaindre.

La transition imminente est de nature multidimensionnelle. Elle exigera que l'être humain acquière une compréhension plus sophistiquée de ce qui l'entoure et qui demeure invisible, tout en étant bien réel. L'humain doit savoir, et de ce fait croire, que tout ce qui existe n'est pas visible et explicable dans la pensée tridimensionnelle et que son monde se constitue de bien davantage, mais que ces choses exigent, pour être comprises, une réflexion qui dépasse ce à quoi il est habitué.

J'amorce cette analyse dans les temps prescrits, en vous emmenant sur un parcours qui vous apportera quelques précisions. Certains éléments de ce message plairont aux adeptes d'une approche scientifique. Ceux qui n'ont pas ce penchant auront peut-être du mal à suivre, mais ils pourront quand même saisir l'analogie et la leçon qu'elle recèle.

Je souhaite vous conduire vers un lieu réel, mais pour aujourd'hui cet endroit ne vivra que dans votre imaginaire. Fait intéressant, chacun de vous s'y est déjà rendu lors de séjours ailleurs que sur terre; ce fut avant qu'il ne devienne humain. Nous avons passé du temps à cet endroit incroyablement merveilleux. Le paysage est, oserais-je dire, surnaturel. Je veux vous mener un peu à l'extérieur et au-dessus de votre galaxie; observez sa spirale depuis les cieux. Suivez-moi pendant un moment. Imaginez que les pressions et les températures de l'espace [intersidéral] n'affectent pas votre organisme. Rien de tout cela n'importe, car vous voyagez dans une bulle protégée, votre soi spirituel. Nous voyageons tous ensemble et contemplons cette vision sublime.

Le silence intersidéral vous surprend; vous n'appréciez pas du tout. Pourtant, vous ne savez pas que de chaque étoile émane un chant. Je les entends tous. Ce qui est silence pour vous est symphonie pour moi. Car les taux vibratoires de la lumière émise par les étoiles se marient tous en un chœur, en une exquise orchestration de sonorité vibratoire. L'univers chante pour moi, car je suis un quantum. Les parties de vous qui sont quantiques franchissent les aspects tridimensionnels. Cette fusion, cette confluence, donnera naissance à de nouveaux paradigmes de pensée complètement différents de tout autre en votre monde. La planète n'a jamais connu une telle ère, une ère où l'on vous demande de pousser votre réflexion hors de votre réalité confortable et de franchir le mur de votre préjugé naturel. Contemplez votre galaxie. Sa merveilleuse spirale se meut lentement comme une seule créature, elle tourne doucement comme un disque de lumières. Admirez-la.

Aujourd'hui, je vous parle de science. Je vous offre des connaissances qui ne seront découvertes que plus tard. Et grâce aux transcriptions, viendra un temps où vous pourrez y revenir et dire : « Kryeon avait raison. » Et alors, quand la science corroborera mes assertions, je veux que vous examiniez l'ensemble du message, car vous aurez ainsi le sentiment que je dis la vérité lorsque j'évoque votre relation à l'Esprit, au créateur en vous. Mes affirmations au sujet de ce qui est devant vous et de votre avenir sont factuelles. Et le seul motif qui me pousse à fournir des renseignements scientifiques, c'est que votre linéarité et votre a priori les rencontreront bientôt. « Les choses se suivent et se ressemblent, direz-vous. Je vais donc faire attention à tout ce qui se dit. »

## Un regard sur la galaxie

Quelle merveille, n'est-ce pas, de notre position au-dessus de la galaxie où vous habitez ? Dans ce que vous appelez le silence de l'instant, le spectacle de la galaxie tournoyant majestueusement en une spirale unifiée est surnaturel et indescriptible. Je vous conduis maintenant à l'intérieur de la Voie lactée pour préciser un peu ces phénomènes qui demeurent un mystère pour la science. Il existe des occurrences insolites qui ne correspondent pas aux paradigmes ou aux lois terrestres, qui ne s'intègrent pas dans votre science physique.

Michel et Marie, les deux personnages de bande dessinée sur la page, avaient leurs scientifiques aussi. Ils possédaient des lois physiques bidimensionnelles, et c'est tout ce dont ils avaient besoin. Tout se tenait parfaitement tant qu'ils se confinaient à leur page. En physique, vous avez quatre lois, parce que techniquement vous êtes en quatre dimensions, et ces lois conviennent parfaitement. Elles ont été démontrées à maintes reprises, et tant que vous demeurerez en quatre dimensions (que vous appelez trois dimensions), elles vaudront toujours.

Observez les personnages, Michel et Marie. Voici une question ésotérique à leur propos. Combien de lois physiques possèdent ces personnages bidimensionnels ? Y a-t-il une série de lois qui engloberaient la réalité multidimensionnelle, ou ces lois ne se restreignent-elles qu'à la réalité bidimensionnelle ? La réponse est évidente. La physique est complète, peu importe la perception que vous en avez. Voilà pourquoi Michel et Marie n'ont conscience que de leur réalité, n'accordent foi qu'à cette dernière et ne se servent que d'elle. Toutes les lois sont pourtant là, attendant qu'ils les découvrent. Les couleurs préservent leur teinte même si elles sont perçues par des daltoniens. Pendant des années, les images sur vos écrans de télévision étaient en noir et blanc, mais tout le monde savait que ces images étaient multicolores, n'est-ce pas ?

Poussez plus loin l'idée et permettez-moi de vous poser cette question, créature tridimensionnelle : si je vous dis qu'il existe au total six lois de la physique touchant une dimensionnalité que vous ne percevez pas, combien en existe-t-il pour vous ? Réponse : le même nombre que pour Michel et Marie. En réalité, il y en a plus que celles que vous connaissez, même si vous n'avez conscience et n'employez activement que celles que vous possédez.

Vous pigez ? Les quatre lois que vous possédez sont valides. Elles sont correctes, mais il en existe d'autres. Voilà pourquoi nous vous conduisons au-dessus de la Voie lactée pour vous le démontrer et pour introduire ce que les astronomes aperçoivent également. Voyez : la galaxie se meut de manière inusitée. L'aviez-vous remarqué ?

Auparavant, nous vous avons donné deux lois physiques supplémentaires, et ce n'est pas ici que nous allons les expliquer de nouveau. Mais dans une sphère interdimensionnelle, certaines énergies multidimensionnelles renferment quantité d'informations dont ne peuvent rendre compte vos lois physiques actuelles. Vous avez quatre lois, qu'elles soient newtoniennes, euclidiennes, einsteiniennes, à votre guise. Ce sont elles qui vous ont tous conduits là où vous êtes aujourd'hui.

Contemplez un peu votre spirale galactique et observez son mouvement lent. Elle ne se déplace pas comme le fait votre système solaire.

Les lois que vous possédez décrivant les objets en mouvement sont nuancées d'un a priori tridimensionnel de cohérence. Vos scientifiques préfèrent les lois empiriques et découvrent ce qu'ils estiment valoir pour tout. Ils ne se rendent pas compte de leur parti pris, qui ne convient qu'à la réalité en trois dimensions. Si vous appliquez ces lois à un seul champ temporel, alors employez les mathématiques linéaires et déterminez ce que vous voulez en tirer. Tout va en ligne droite, vers l'avant, immuable, toujours pareil. On peut dire que votre pensée scientifique est biaisée par une cohérence simpliste.

« Kryeon, pourquoi cela pose-t-il problème ? Tout me paraît correct ! » Mais voici le libre penseur qui objecte : « Les phénomènes interdimensionnels ne s'appliquent pas à la logique ou à l'a priori tridimensionnels. Les lois sur les forces interdimensionnelles faibles et fortes vont au-delà de la compréhension tridimensionnelle et paraîtront chaotiques et incohérentes. »

Permettez-moi de préciser. Votre système solaire opère en fonction de vos attentes. Selon les lois physiques que vous avez appliquées au mouvement des objets dans l'espace, certains d'entre eux sont plus près du Soleil. La planète Mercure, par exemple. D'autres corps célestes sont toutefois plus loin du Soleil et se déplacent plus lentement (les planètes extérieures). Les lois de la mécanique orbitale entrent en jeu. La distance depuis le Soleil fait appel aux lois tridimensionnelles de la mécanique orbitale, basées sur les lois de la gravité, de la masse, de la distance et de la vitesse. Et ces lois sont adéquates – en trois dimensions. Encore une fois, elles vous permettent d'envoyer des vaisseaux vers les étoiles, vaisseaux qui se mettront en orbite, prendront des photos et les analyseront.

Mais observez la Voie lactée avec moi un petit instant... Ce *n'est pas ainsi qu'elle se meut*. Son mouvement est élégant et défie la loi de l'inverse des carrés (une loi qui définit comment l'énergie se dissipe par rapport à la distance de la source). Il va à l'encontre des lois élémentaires de la gravité et de la force, ainsi que des caractéristiques simples, déformées et singulières du mouvement des objets dans l'espace. Observez votre galaxie avec moi. Regardez-la tournoyer. On dirait presque qu'elle est posée sur une assiette. Tout se déplace à l'unisson. Tout! Tout pivote à la même vitesse par rapport au centre, comme une gigantesque roue où tout est interrelié. Cette assiette géante se comporte comme si toutes les étoiles étaient des cailloux collés dans le tissu de l'espace et se mouvant à l'unisson. Les spirales et leurs rayons révèlent qu'il n'en fut pas toujours ainsi. Pourquoi est-ce le cas maintenant?

Comment est-ce possible? Que voyez-vous? Voici un indice et un tuyau : nous avons parlé des forces interdimensionnelles faibles et fortes : les cinquième et sixième lois de la physique. Celles-ci n'ont pas encore été découvertes. Le mouvement de votre galaxie dépend de ce qui se trouve en son centre et qui rend évidentes ces forces. Vous croyez qu'il s'agit d'un trou noir, mais c'est faux. Le centre galactique contient bien davantage que ce que vous imaginez. Avez-vous remarqué qu'en physique, il y a toujours une polarité? La polarité prévaut de la plus petite structure atomique à la plus immense. Le magnétisme présente le même phénomène, de même que la gravité. La polarité caractérise l'énergie partout. Il y a toujours deux types d'énergie qui s'opposent et collaborent pour façonner une réalité dimensionnelle. La matière est en soi une polarité de la réalité; l'antimatière représente l'autre pôle. Recherchez systématiquement l'énergie *pousser-tirer*, car celle-ci vous conduira aux réponses aux problèmes de physique les plus nébuleux.

Au centre de chaque galaxie se trouvent «les jumeaux». Ils se situent aussi au milieu de la Voie lactée. Vous avez deux énergies : une qui pousse, l'autre qui tire. Néanmoins, d'après votre perception, ce n'est qu'un gigantesque trou noir qui porte un nom impossible : singularité de l'espace-temps. Vous supposez que la gravité du trou noir retient cette spirale et l'incite à tournoyer à l'unisson de manière très insolite, transgressant les lois de Newton. C'est faux. Le phénomène au centre de votre galaxie est sublime. C'est une force interdimensionnelle élégante qui n'est pas la gravité, qui se diffuse dans toute la région de votre galaxie, une force qui la cimente d'une manière que vos principes ne peuvent expliquer. Pas encore. Par ailleurs, la science s'attaque à une autre énigme.

Cette explication conduit à une logique qui percera un mystère très opaque. En termes simples : lorsque vous passerez à la physique interdimensionnelle, présentant les mêmes énergies que vous attribuez à la spiritualité, vous ferez une découverte inattendue : la conscience. La physique non conformiste. L'interdimensionnalité au centre de votre galaxie est douée de conscience. Il le faut. Tout ce qui est interdimensionnel est aligné sur la création. Je parle de faits que vous ne pouvez saisir. Ce sont des caractéristiques subtiles, parfois invraisemblables, et que l'on n'a pas encore abordées sous cet angle. Une fois franchi le mur de la logique linéaire qui module vos attentes de la physique tridimensionnelle, vous rencontrerez des phénomènes incompréhensibles dans le cadre de votre a priori. Ils seront incompréhensibles non seulement parce qu'ils appartiennent à l'état quantique, mais aussi parce qu'ils présentent quelque chose que la science tridimensionnelle cohérente n'admet pas : l'intelligence en physique.

Vos scientifiques s'enorgueillissent de leur théorie du *big bang*. Ils ont tout figuré et ont même une ligne temporelle. Cela nous amuse énormément. Comment peut-on avoir une ligne temporelle quand il est question d'un événement quantique ? Dans l'état quantique, le temps n'existe pas, et pourtant vos chercheurs ont tout résolu. Ils ont même établi qu'un résidu mesurable confirme leurs théories. Très futé !

Si vous humez le parfum résiduel du pain frais dans la cuisine, qu'est-ce que cela signifie? Cela révèle-t-il «qu'on a fait cuire du pain ici il y a quatre milliards d'années»? Voilà le parti pris de la pensée linéaire dans une dimension temporelle singulière qui flaire le pain et calcule le temps écoulé depuis la cuisson.

On ne comprend pas que l'événement quantique baptisé *big bang* a toujours cours. Voilà qui explique pourquoi l'univers est en expansion. Cela explique même l'énergie de l'invisible. Le «résidu» que les scientifiques décèlent apporte la preuve que l'événement est actuel, tel que vous le percevez en trois dimensions. C'est toutefois un événement qui constitue *la réalité de la création*, au sein d'un état multidimensionnel. Il a trait au passage entre diverses membranes dimensionnelles.

Voyez la contradiction linéaire avec la théorie actuelle : comment tout pourrait-il émaner de rien, puis, à une vitesse supérieure à celle de la lumière, s'étendre instantanément, transgressant toutes les lois de la physique contemporaine pour produire la masse courante de l'univers, et ce, en une nanoseconde? Le parti pris de la pensée linéaire conçoit que tout est survenu en un instant; et les scientifiques croient avoir tout compris. Ils devraient faire la fête avec Michel et Marie! (*Humour de Kryeon*)

Voici un point que je n'ai jamais dévoilé auparavant. Le centre de votre galaxie a émis la matière qui vous compose. La science comprend tout à l'envers. Les jumeaux au cœur de la Voie lactée conduisent à ceux qui occupent le centre de millions de milliards de galaxies, lesquelles sont toutes reliées d'une manière que vous ne pouvez comprendre – hors de l'espace, hors du temps, comme des liens que partagent des amis doués de conscience. Pas le type d'intelligence ou de conscience qui émane du cerveau. Il s'agit plutôt d'une bienveillance, d'une intelligence qui retient et positionne l'univers dans l'amour. Je vous avais averti que vous auriez des difficultés à tout saisir. C'est une pensée évoluée et supérieure à laquelle plusieurs ne sont pas prêts.

## L'effet Gaia

Passons à autre chose. La vie sur terre et la création de cette vie sont devenues des thèmes fort controversés, car certains scientifiques tentent de les linéariser. Darwin a exposé les possibilités d'un système de vie évolué. Il a démontré comment ce système était susceptible d'opérer, par sélections biologiques aléatoires répétées pendant des milliards d'années, pour aboutir au résultat présent. Voici toutefois l'*effet Gaia*.

Les scientifiques se penchent sur la formation de la Terre et ils entrevoient un phénomène qui dérange leur communauté, à savoir que la conscience serait peut-être à l'origine de toute vie.

Naturellement, la science actuelle préfère ne pas considérer cette évidence, car elle ne consent pas à des lois hors de la cage de cohérence. Le paradoxe ici, c'est que le préjugé de cohérence singulier n'autorise pas l'a priori d'un créateur. L'univers a-t-il une préférence pour la vie ? Selon ce paradoxe, l'humain n'est pas impartial en raison de sa pensée dimensionnelle restreinte et l'univers n'est pas impartial en raison de l'amour.

Voici les opinions opposées : l'histoire de la planète démontre bien que la vie s'est continuellement créée et détruite sur une période de quatre milliards d'années. Elle a vu le jour, s'est éteinte et s'est recréée, puis fut annihilée à maintes reprises. Tandis que l'on a déjà considéré la vie comme un phénomène qui allait contre toute attente et qui était unique à cet univers. On conçoit aujourd'hui qu'elle s'est recréée à maintes reprises.

D'aucuns prétendent que « c'est un événement aléatoire ». Vraiment ? Quelles chances y a-t-il après l'annihilation de toute vie pour que se reproduise cette incroyable coïncidence ? L'évolution l'emporte. Quelque chose qui ne fonctionnait pas et qui réapparaît ? Que pensez-vous de cela ? Les scientifiques envisagent désormais l'*effet Gaia*, une conscience émanant de quelque part et dont la tendance première est de créer la vie. Le phénomène se situe hors de ce que vous appelez « hasard ». Il s'est reproduit mille fois, jusqu'à ce que la planète réussisse. On l'attribuait à la photosynthèse, qui engendrait un équilibre.

Il fallut fort longtemps pour y arriver, mais la vie reprit sans cesse le dessus jusqu'à ce que le système triomphe. Même si ce dernier la détruisait, la vie reparaissait ! La Terre était dénuée de toute vie parce que celle-ci n'avait pas subsisté, et malgré tout la vie est réapparue jusqu'à cinq fois. Les scientifiques commencent à voir cela et se demandent pourquoi la Terre semble favoriser la vie. Quelques-uns prétendent qu'il y a une conscience ; d'autres disent que c'est faux, que ce serait impossible.

Mais celle-ci existe, cher ami – une conscience interdimensionnelle qui cimente tout. Car, lorsque vous pénétrez dans un état interdimensionnel, vous effleurez le visage de Dieu, l'énergie créatrice de l'univers qui penche vraiment en faveur de la vie.

### Surprises géologiques – revoir le temps

Les géologues étudient la formation de la Terre et, encore une fois, leur attitude est linéaire et biaisée. Leur préjugé vient du fait qu'ils observent les schémas d'érosion, qu'ils se penchent sur le passé, puis, qu'à partir de leurs observations, ils appliquent des lois universelles à tout sur la planète. Voici par contre quelques surprises. Vous avez entendu la dernière ? Combien de temps a-t-il fallu pour sculpter le Grand Canyon ? Combien de millions d'années a-t-il fallu à l'eau qui s'écoule pour façonner le Grand Canyon tel qu'il est à ce jour ? Un million, deux millions d'années ? La réponse paraît encore sur les affiches bordant ces sites historiques. Les géologues commencent à modifier leurs hypothèses parce qu'ils ont découvert d'autres facteurs qui ne correspondent à rien de ce qu'ils connaissent. Ils attribuent désormais une ligne temporelle d'environ trois cents ans.

Qu'est-il advenu de leur rationalité ? Ils admettent désormais l'élément imprévisible. Ils prétendent que le filet d'eau n'est jamais intervenu, que c'est plutôt une mer qui s'est déversée dans le Grand Canyon, un torrent féroce qui a ciselé la pierre beaucoup plus rapidement et qui coulait dans les deux directions à cause de soulèvements massifs du terrain provoqués essentiellement par le poids de l'eau. Ajoutez à cela le fait que la côte ouest des États-Unis se situait à côté du Pacifique, puis qu'un beau jour elle ne l'était plus ! C'est indicateur de l'ampleur du cataclysme. Les géologues supposent aussi désormais que le terrain était plat au cours de ces bouleversements. Quelle hypothèse !

Et si le plateau était incliné au point qu'il y ait plusieurs mètres de différence entre un bout du canyon et l'autre ? Ne croyez-vous pas que cela entraînerait des pressions plus extrêmes ? Songez aux chutes du Niagara. Constatez la rapidité avec laquelle le Niagara s'est taillé une voie, même de votre vivant. Voilà de quoi l'eau pressurisée est capable.

L'opinion des géologues est toutefois sous l'empire d'un préjugé, à savoir que ce fleuve a toujours été un fleuve tranquille et qu'aucun fait n'est venu témoigner d'un cataclysme. Vraiment ? Ils ont raté une vision magnifique.

C'est hors du paradigme de la pensée linéaire, mais tout à fait exact. Voyez-vous où je veux en venir ? Le préjugé de cohérence vous tient tous empêtrés comme les personnages bidimensionnels sur la feuille de papier. Vous devez sortir des cadres définis de la pensée et chercher ce qui aurait pu se produire d'autre. J'ai pris comme exemple le Grand Canyon pour que vous puissiez assimiler la description qui suit.

## La géologie secrète attestant de l'existence de la Lémurie

J'ai également relaté des faits inusités concernant la planète, et les géologues lèveront les yeux au ciel. Car Kryeon vous présente de l'information «géologiquement impossible», pour reprendre leurs paroles. J'ai décrit la Lémurie. La civilisation lémurienne originelle était établie sur la terre ferme, au pied des montagnes les plus élevées de la base au sommet – les montagnes hawaïennes. Il s'agit d'une grande montagne d'où jaillissent plusieurs cimes, lesquelles émergent de l'eau pour former les îles d'Hawaï, au milieu de l'océan Pacifique.

Aux beaux jours de la Lémurie, la terre autour de la base était asséchée. Les géologues se moquent de nous. C'est au milieu de l'océan Pacifique! Comment est-ce possible? Voici comment. D'abord, il faut comprendre que 50 000 ans sur le plan géologique ne sont pas une période assez importante pour que les plaques tectoniques aient un impact d'une telle envergure. Cinquante mille ans représentent un battement de cils en géologie. Pourtant, le niveau de l'eau était plus de cent vingt mètres inférieurs à ce qu'il est aujourd'hui, car le monde subissait un cycle de l'eau que nous avons déjà mentionné. Voilà un des facteurs qui est intervenu. Néanmoins, un autre facteur a joué un rôle prépondérant dont nous n'avons jamais parlé.

Les montagnes d'Hawaï se déplacent lentement au-dessus d'un *point chaud* : le formidable noyau d'activité volcanique présent depuis des millions d'années. Il y a 50 000 ans, ce point chaud a connu une recrudescence d'activité qui a soulevé le plancher de l'océan entourant les montagnes d'Hawaï de près de 2 000 mètres. Le manteau de la Terre s'est soulevé suffisamment, sous les pressions volcaniques et tectoniques, pour élever ces montagnes plus haut qu'elles le sont maintenant et créer une zone de terre sèche qui comprenait les montagnes d'Hawaï.

Lorsque la lave s'est écoulée sur le manteau terrestre, la bulle s'est dégonflée. Il fallut plusieurs millénaires sans éruption, lorsqu'elle s'écoulait sur les sommets de la montagne, dans la mer et dans la fissure de l'une des failles tectoniques entre les plaques. C'est ce qui a engendré la configuration géographique d'Hawaï où la base de la montagne se situe au-dessus du niveau de la mer. L'écoulement lent a fait diminuer la bulle et la Lémurie fut graduellement submergée. Nous avons déjà relaté cette description ; c'est ce qui poussa les Lémuriens à prendre la mer et à émigrer ailleurs.

Tout à fait commode, n'est-ce pas, que les preuves de l'existence de la Lémurie aient toutes disparu ? On se demande si elles ont même existé, mais le penseur linéaire vous dira que c'est impossible puisqu'il n'a jamais vu ces preuves au fil de l'histoire. Vous n'avez jamais vu ce genre de brusque augmentation, par conséquent nous voilà avec l'« effet Grand Canyon », où la vérité reste dissimulée en raison de la cohérence biaisée. Puisque vous ne l'avez jamais vu, c'est donc impossible.

Au fait, les preuves de cette brusque augmentation existent, car des striations sur le fond océanique présentent une symétrie intéressante autour de la montagne indiquant que le fond en question fut pressé vers le haut en raison d'influences volcaniques, puis qu'il s'est affaissé. À ces profondeurs sont ensevelis des ossements d'animaux qui indiqueront aux biologistes que ces vestiges au fond de l'océan Pacifique étaient autrefois sur la surface terrestre il y a environ 50 000 ans.

## La création – la preuve réside dans les probabilités

J'aborde ici la création. Les astronomes évoquent aujourd'hui une *conception intelligente*. Nous aboutissons à quelque chose, puisqu'ils entrevoient ainsi que le quantum de l'univers pourrait en effet être doué de conscience. Contre toute attente, vous vivez au sein d'un paramètre, un attribut de l'espace qui continue statistiquement d'aller « à l'encontre de toute attente ». Vous habitez un univers conçu pour la vie ! Si, par un hasard en physique, vous pouviez façonner un univers, vous n'obtiendriez jamais un tel résultat. Jamais.

Les statisticiens ont affirmé qu'il ne s'agit pas de chance, mais vous habitez une planète débordante de vie et vous vivez dans un univers tout aussi plein de vie. La vie s'épanouit sur les planètes autour de vous; vous ne l'avez simplement pas encore remarqué. Il s'agit de formes de vie microscopiques marquant les débuts d'une vie unicellulaire. Tout est là. Vous verrez. Rendez-vous sur Europa et examinez ses océans. Vous verrez. La vie, c'est la tendance de l'univers – partout. Et son avènement va à l'encontre de toute probabilité; les scientifiques le constatent aujourd'hui. Cette tendance est tellement opposée au modèle statistique de la création d'un univers qu'ils l'ont baptisée *conception intelligente*. Il doit forcément y avoir un plan.

Au beau milieu de votre galaxie se trouvent les jumeaux, poussant et tirant des énergies interdimensionnelles littéralement douées d'un complément intelligent. Les étoiles valsent à l'unisson avec ceux-ci. Des forces qui surpassent de loin la gravité triomphent. Il s'agit d'une interdimensionnalité qui cimente la galaxie et je tiens à l'aborder, car cela a trait à votre avenir.

### Votre avenir

Dans votre monde, les futurologues ont tendance à observer le passé pour déterminer l'avenir. Reconnaissez-vous ici la pensée linéaire? En raison de leur cohérence biaisée, ils affirment que «du fait de ceci, cela se produira». Ils sont face à un modèle cohérent d'anciennes énergies, et à cause de leurs projections, ils ne lui donnent jamais la chance de changer. Ils nient l'aptitude du genre humain à tourner la page sur ce qui fut le passé.

Qu'est-ce qui, sur terre, s'est avéré cohérent en ce qui a trait à la conscience? Précisons les faits : guerres, pauvreté, souffrances, tragédies, une répétition des mêmes schémas, encore et encore. Les fractales de temps vont et viennent, générant une conscience qui se répète sans cesse.

Vous remarquez désormais l'a priori et sa raison d'être. Car vous vous attendez à ce que tout ce qui reste dans un même cycle dure à jamais. Le phénomène trouve un équivalent dans votre science physique. Plus vous deviendrez des êtres multidimensionnels, moins ce type de pensée sera cohérent. Autrement dit, vous vous attendrez bientôt à des choses qui ne se sont jamais produites. La transition que vous vivez à l'heure actuelle le permet, et autour de vous tout change. Écoutez : les règles de l'an dernier ne sont plus applicables à la paix sur terre. Est-il possible de s'attendre à l'imprévisible ? Oui, plus que possible. C'est l'aboutissement le plus vraisemblable que nous puissions vous offrir.

Que vous disent les règles de l'année dernière sur la guérison de votre corps ? Affirment-elles que cette guérison est impossible ? C'est pourtant faux. Que prétendent les règles de l'an dernier au sujet de la peur que suscite la transition que vous vivez ? Soutiennent-elles que vous allez être engloutis ? Eh bien, si vous prenez la vitesse de fonte des glaciers et que vous projetez ce chiffre dans l'avenir, vous appliquez le principe d'une science médiocre qui conclura que, sans nul doute, vous serez engloutis. C'est terriblement cohérent de votre part, n'est-ce pas ? Vous pigez ? Vous ne faites pas de place à l'élément imprévisible. Vous ne tenez pas compte du fait que la planète passe à une propriété magnétique totalement différente. Le soleil collabore, l'univers s'investit, comme si les jumeaux pouvaient voir qui vous êtes.

Les jumeaux sont un phénomène de l'astrophysique, une magnifique énergie *pousser-tirer* d'une propriété interdimensionnelle que nous pouvons vous expliquer. Les jumeaux ne sont pas Dieu ; ils sont le résultat d'un univers divin et d'une physique interdimensionnelle que vous découvrez à peine et que vous remettez en cause. Vos scientifiques commencent à l'entrevoir. L'effet Gaia, la conception intelligente, la constitution de la Terre, le fait que votre présence ici ne soit pas accidentelle et qu'elle aille à l'encontre de toute probabilité, tous ces éléments doivent signifier quelque chose dans votre logique.

Vous êtes au cœur d'une formidable transition que vous avez sollicitée, qui tombe pile et qui motive ma venue. Cette transition ne conduit pas à votre destruction. Ne la redoutez pas. Vous êtes aux commandes de cette transition puisque vous devenez plus multidimensionnels et, partant, plus quantiques. Vous comprenez graduellement que la cohérence appartient à un vieux paradigme. La cohérence de la peur, de la haine, de la déception, tout cela change. Si la cohérence par rapport aux faits vous tient à cœur, sachez ceci : l'amour de Dieu est le facteur le plus cohérent et persistant en ce bas monde et dans cet univers. Il est tout à fait cohérent et si persistant qu'il ne cessera jamais jusqu'à ce que la vie soit créée et que l'amour soit découvert.

## La conscience de Kryeon

Aujourd'hui, dressons un tableau. Ce dernier a d'abord été surtout scientifique, une énigme en partie logique, pour démontrer que votre logique tridimensionnelle actuelle n'a pas évolué. Ce n'est pas de celle-ci que vous aurez besoin pour avancer vers l'avenir. Nous vous avons conseillé de vous attendre à l'imprévisible. Attendez-vous à ce qui ne s'est jamais encore produit. Transformez l'histoire en pensant à des événements futurs de nature évolutionnaire et imprévisible. Pouvez-vous en identifier quelques-uns dans un passé récent ? Combien de fois devons-nous répéter ces informations que vous devez examiner ? Aucun des quatrains de Nostradamus ne s'applique plus aujourd'hui. Plusieurs ouvrages ont été rédigés traitant d'une guerre imminente contre les forces de l'Islam. Bientôt, vous pourrez en rire, car les événements ne surviendront pas ainsi. Ce scénario est fondé sur une conscience cohérente et inchangée sur terre, où tout obéit à un vieux schéma prévisible. C'est pourtant erroné.

Êtes-vous du côté du schéma attendu ou de l'élément imprévisible ? Des événements auxquels vous ne vous attendiez pas se préparent. Je le sais parce que je perçois des potentiels auxquels vous n'avez pas accès. C'est la conscience en préparation qui est à l'œuvre actuellement, et ce, de manières insoupçonnées. Je ne suis pas en train de dire la bonne aventure ici ; j'exprime simplement des potentiels dans les esprits ici-bas – où ils se dirigent et ce qu'ils pensent.

J'aimerais que vous repartiez débordants d'espoir. Nous avons réservé ce message à votre groupe en particulier. C'est un message sophistiqué et il ne tombe pas dans l'oreille de ceux qui rencontrent cette énergie pour la première fois. Il est entendu par de vieilles âmes. Rappelez-vous-le avec moi, car vous l'espériez. Voilà la raison de votre venue ici et la raison qui vous poussera à revenir. Désormais, vous savez : vous avez quelque chose en commun avec les lecteurs qui sont parvenus à ce passage dans le livre.

Pour finir, voici : j'étais auprès de vous lors de votre naissance, auprès de chacun d'entre vous. Avant que vous vous glissiez sur cette planète, avant que les anges chantent autour de vous pour votre mère, à la joie de votre naissance, j'étais présent. Juste avant votre retour, je me suis renseigné, comme à mon habitude : « Est-ce vraiment ce que tu veux faire ? Vois les potentiels, les épreuves, les maux et les chagrins de la condition humaine. Veux-tu vraiment y retourner ? » Vous m'avez regardé comme vous le faites toujours et vous m'avez répondu : « Envoyez-moi là-bas. Je suis impatient d'y retourner pour achever ce que j'avais commencé. »

Depuis que vous êtes devenu un humain, c'est la première fois que vous avez en main les indices dénotant que vous accédez à votre diplôme spirituel, que vous vibrez à une fréquence supérieure et que vous participez à une confluence d'énergie dont vous ne pouviez que rêver ; vous êtes à l'aube de ces événements.

Je suis Kryeon, ange bienveillant de l'humanité. Voici la vérité que je vous présente pour instiller en votre cœur et en votre esprit l'espoir que ces faits se préparent véritablement. Cet enseignement en incitera peut-être certains parmi vous à repartir remplis d'une énergie différente.

Je suis Kryeon. Et il en est ainsi.

*Le but de ce livre est de vous éveiller*
*à une mission plus grandiose, afin que*
*vous puissiez découvrir le créateur en vous.*

CHAPITRE 16

# Événements de l'heure

*Lee Carroll*

## Le grand débat sur la transplantation intellectuelle

Voici venu le moment d'en offenser quelques-uns, encore une fois. Ne cherchez pas à vous figurer le fonctionnement de l'Esprit pour l'enfermer dans un cadre humain! Pourquoi placer le Créateur dans notre scénario de lois, d'attentes, de croyances, voire de logique tridimensionnelle? J'aimerais bien détenir la réponse, mais c'est ainsi que nous nous comportons sans cesse. Par conséquent, il y a toujours des questions du genre «Qu'est-ce qui se passe quand ceci ou cela...?». Ces énigmes abstraites remettent en cause nos croyances spirituelles comme si Dieu pouvait s'insérer dans une «boîte à règles» semblable aux hommes, qui sont incapables de se soustraire aux mystères logiques apparents. Il faut peut-être aborder ces attitudes, mais je préfèrerais ne pas avoir à le faire. Elles témoignent très fortement de l'a priori tridimensionnel absurde.

En 1967, le Dr Christian Barnard, un chirurgien sud-africain, effectua la première transplantation cardiaque. On le couvrit d'honneurs, tandis que les communautés religieuses hurlèrent à la supercherie. On menaça de mort l'illustre médecin qui avait interféré avec la loi divine et entremêlé deux âmes.

On considéra l'opération comme maléfique ; encore une fois, la science s'amusait avec la vie – un interdit religieux strict.

Aujourd'hui, la naïveté de ces réactions fait sourire, car on effectue cette chirurgie salvatrice près de quarante fois par semaine aux États-Unis. Elle est devenue la norme dans notre société, et plusieurs autres sociétés se sont attachées à la perfectionner. Les objections religieuses se sont peu à peu estompées, à l'exception de celles des fondamentalistes, qui ne consentent pas aux interventions médicales même sur un enfant mourant. Que s'est-il donc passé ? J'aime à croire que la conscience a commencé à appréhender le rapport de nos procédures médicales avec l'humanité en évolution.

Les médecins et les techniques qui sauvent la vie ne vont pas à l'encontre de Dieu. Plusieurs sont pourtant encore de cet avis. J'estime pour ma part que ce qui nous est accordé pour prolonger la vie provient directement du Créateur et est offert par amour. Si une chirurgie sauve la vie d'un être cher, pouvez-vous remercier Dieu d'avoir permis à un médecin ou à un processus d'exister au sein de votre génération ? Je le peux, et je le fais souvent.

À mon sens, la découverte scientifique est appropriée. Encore une fois, c'est ce que nous faisons de l'invention et de la découverte suivant notre libre arbitre qui donne la mesure de notre illumination. Presque toutes les découvertes fondamentales en physique ou en médecine présentent des choix bien clairs : la mort ou un traitement, une source de pouvoir ou une arme ? C'est ainsi. Je remercie Dieu pour les découvertes dans le monde scientifique et spirituel, car elles appartiennent toutes au Créateur et nous redécouvrons peu à peu ce qui a toujours été.

***LA question :** si chaque constituant d'ADN renferme notre spiritualité personnelle, qu'advient-il de la personne qui bénéficie d'une transplantation ? Soudain, le Soi supérieur d'une personne se retrouve dans une autre. Comment peut-on mélanger les annales akashiques ? Que pense de tout cela l'ADN du donneur ?*

D'abord, examinons les faits sur le plan médical. L'organe est rejeté ! C'est révélateur, à mon sens. En effet, la biologie du corps reconnaît alors que l'ADN appartient à quelqu'un d'autre et pas à son organisme. Il n'existe aucune autre raison médicale expliquant le rejet d'une greffe appartenant au même groupe sanguin et en apparence compatible. L'organe est pourtant rejeté, car le corps sait.

Cela indique-t-il qu'il faille éviter la transplantation d'organes ? Kryeon a déjà répondu à cette question et nous enjoint de ne pas tout rationaliser, car une marge spirituelle concernant les inventions techniques a été définie par Dieu. Les religieux avanceront cet argument séculaire, puisqu'ils ont décidé que nous devons rester comme nous étions le jour de notre naissance et que si Dieu avait voulu les analgésiques, par exemple, il les aurait intégrés à l'organisme humain.

Kryeon apporte aussi une réponse. En tant que maîtres, dit-il, nous en sommes doués à l'intérieur, et l'invention fait parfois partie du plan pour « réveiller » un système, pour déclencher son développement.

Essentiellement, Dieu n'existe pas au cœur d'un vide. Il a conscience de ce que nous faisons ; il n'est pas indifférent aux événements ni engoncé dans des règles dictant comment éviter la transgression spirituelle. Au contraire, Kryeon affirme que le fait qu'un organe de donneur soit disponible est la manifestation à son meilleur de ce processus sacré. Dieu sait ce qui s'offre pour sauver une vie. Vous pouvez quelquefois vous guérir vous-même, mais il vous est parfois impossible de changer de rein ou de foie. Il y a donc compréhension et justesse ici, et Dieu nous aide à prolonger la vie grâce à la transplantation.

Sur une note plus ésotérique, Kryeon a même indiqué que vous êtes capable, avec le temps et en tant que récepteur d'une greffe, de transformer l'ADN du donneur en votre ADN. Puisque les cellules se divisent lentement, elles se reproduisent et reconstituent le plan directeur de votre propre ADN. Est-ce possible ? Kryeon affirme que oui, mais le procédé est avancé et exige une conscience qui sait parler aux cellules de la manière décrite dans plusieurs stages. Kryeon rattache cette conscience à la neuvième couche de l'ADN.

Le procédé exige aussi une aptitude à puiser dans l'akash – pour reprendre l'expression de Kryeon –, ce nouvel outil du nouvel âge qui conçoit l'ensemble de nos incarnations comme étant toutes accessibles et amalgamées, y compris notre vie actuelle. Kryeon nous invite à nous y livrer, comme preuve que le processus est vraiment en cours, afin de réduire graduellement les drogues antirejet que les greffés doivent ingérer – tout cela avec l'assentiment du médecin, il va sans dire.

Que se passe-t-il vraiment lorsqu'on transplante l'organe d'une personne morte ou vivante dans le corps d'une autre ? Y a-t-il une sorte de fusion ? Que fait l'ADN ? Kryeon précise que ce dernier sait ce qui se passe. Vous vous souvenez ? C'est l'information la plus difficile à faire passer dans une discussion intellectuelle, car nous sommes d'avis que l'organisme chimique humain est réactif et statique. Nous ne considérons pas l'aspect spirituel ni l'enseignement dans ce livre. Généralement, nous ne croyons pas que l'ADN « sait » ou qu'il est intelligent ; pourtant, il l'est. Comme l'a indiqué Kryeon, c'est le champ d'ADN qui génère la conscience, non le cerveau. Par conséquent, ce champ « pense » et constitue notre savoir intuitif. Il partage nos connaissances et bien plus encore.

L'ADN dans votre corps sait donc ce qui se passe ; il est au courant de la greffe. Il se prépare au choc du nouvel organe. Il célèbre également le fait que ce dernier puisse prolonger votre vie. L'instinct de survie est celui qui prévaut en vous, et, croyez-moi, l'ADN sait ce que vous tentez d'accomplir.

Au départ, la chimie tridimensionnelle rejettera l'organe simplement parce que celui-ci renferme un ADN étranger et que, dans l'ancienne énergie du genre humain, les transplantations étaient impossibles. Kryeon souligne même qu'à mesure qu'évoluera notre civilisation, les scientifiques constateront que les rejets se font plus rares. Autrement dit, sans raison apparente, la structure cellulaire ne rejettera plus l'organe greffé aussi radicalement, dénotant une courbe d'apprentissage, une adaptation de la biologie aux techniques modernes. Cela vous semble trop bizarre ? C'est l'évolution spirituelle, l'ADN produisant de nouveaux gènes qui améliorent un procédé moderne, et nous en serons témoins.

Si l'ADN est conscient, et il l'est, et si la greffe doit vous sauver la vie, et elle y parvient souvent, alors la réponse est claire : cette procédure est appropriée et divine. Pour sa part, le corps est au courant et s'adapte. Le champ d'ADN se modifie pour s'ajuster à la biologie et le nouvel organe, même s'il est rejeté sur le plan chimique tridimensionnel, s'intègre dans la merkabah (le champ d'ADN).

Cela provoque parfois un phénomène fascinant, car les annales akashiques du donneur se superposent à celles du greffé et l'on observe un amalgame apparent des consciences. Le phénomène est parfois subtil, souvent assez flagrant. Parmi les faits scientifiques mesurables, voici celui qui confirme l'enseignement de ce livre : il n'est pas rare qu'un greffé adopte subitement certains traits de personnalité du donneur.

Plusieurs cas ont été documentés. Le greffé se met alors à apprécier les aliments préférés du donneur ou adopte quelques-unes de ses habitudes. Comment serait-ce possible, si l'ADN n'était qu'une usine à gènes ? Les annales akashiques, qui occupent 90 % de la molécule d'ADN, sont en cause ici. Au cours du processus, la conscience même de l'individu change.

Toutefois, les arguments ésotériques abstraits persistent : « Eh bien, que se passe-t-il dans la Caverne de la création ? Et l'âme dans tout cela ? Quelle âme parviendra à la mort ? Les deux âmes dans le corps du greffé se réincarnent-elles ensemble ? Cela ne va-t-il pas déséquilibrer la spiritualité de l'humanité ? »

L'Esprit s'amuse beaucoup de tout cela, puisqu'il existe des réponses profondes et merveilleuses à toutes ces questions, mais on pose ces dernières comme si Dieu était parti déjeuner, que les humains s'étaient déchaînés et que le système s'était détraqué. Voilà l'incroyable a priori tridimensionnel qui ne juge qu'à partir de ce qu'il connaît, jamais à partir de ce qu'il ne peut concevoir.

## Sommaire

Dieu et votre ADN sont conscients de la transplantation d'organes. Cette procédure est tout à fait appropriée sur le plan spirituel. Le Soi supérieur la connaît également et vous enjoint de l'intégrer au fil du temps, bientôt sans nul besoin de médicaments. Le reste de votre ADN en est ravi, car cela permet de sauver des vies. L'ADN du donneur célèbre aussi, puisqu'il sait. La vie est sacrée, et vous et une autre personne, ensemble, avez fait en sorte que cette vie triomphe.

La survie est sacrée. Dieu n'est pas scandalisé, tout va bien, et les anges chantent ce que vous avez fait, et ce, chaque jour de votre vie.

Par ailleurs, d'aucuns prétendront naturellement que les greffés sont damnés pour l'éternité et que le paradis ne les acceptera jamais. Même l'enfer ne reconnaîtra pas leur ADN, puisqu'ils l'auront complètement bousillé selon eux. Ces greffés mèneront une existence misérable, et quelques églises leur refuseront même l'entrée. Une transfusion sanguine entraîne souvent le même anathème. Désolé, je voulais simplement vous informer de l'attitude des humains.

Un musicien du Texas, Butch Hancock, répète cet adage :

« La vie à Lubbock, au Texas, m'a enseigné deux choses. D'une part, que Dieu m'aime tellement que je vais brûler en enfer ; d'autre part, que la sexualité est la chose la plus immonde, la plus dégoûtante sur terre et que je dois la réserver à la personne que j'aime. »

Merci Butch !

### La vie artificielle – un autre type d'ADN

Au cours de l'année de publication de cet ouvrage, Craig Venter, le scientifique qui a cartographié le génome humain en un temps record, a été en mesure de produire ce qui semble être une nouvelle forme de vie. Son institut, il va sans dire controversé et toutefois d'une formidable envergure scientifique, a réussi à créer un ADN très simple qui se reproduit et paraît vivant selon les normes scientifiques définissant la vie depuis des décennies.

Le génome humain possède plus de trois milliards de constituants, mais cette nouvelle forme de vie est très simple ; elle ne comporte qu'environ un million de constituants, chacun étant une protéine encodée et produisant des gènes. L'ADN de Venter représente la vie à l'état élémentaire ; on le considérera peut-être un jour comme le meilleur ami de l'homme. Conçu pour transporter des propriétés curatives intelligentes d'une molécule d'ADN à l'autre, il peut être vu comme le premier nanorobot intelligent venu au secours de l'existence humaine. Dans le cadre de la lutte contre les virus et de la nanoguérison, les possibilités sont infinies.

Comme toute découverte scientifique, cette avancée présente un danger ; il y a toujours un côté positif et un côté négatif à tout. Cet ouvrage ne se préoccupe pas de savoir qui remportera la controverse ou si elle est appropriée. Il y en aura toujours qui voudront savoir ce que Kryeon en pense et quel sens donner à tout cela. Voici donc ce que Kryeon a remarqué brièvement, après cette découverte.

D'abord, ne la redoutez pas plus que vous ne redoutez les modifications génétiques présentes depuis des décennies et auxquelles vous contribuez, volontairement ou pas. Nous devons tous nous montrer circonspects et respecter cette découverte, car elle peut aussi servir à des fins terroristes. Cela nous ramène à la question de l'intention et de ce que nous faisons des inventions de l'homme. L'énergie nucléaire peut purifier l'air ou détruire notre espèce, il n'en tient qu'à nous. Au fil des siècles, les inventions les plus formidables ont pu servir de manière néfaste ou bénéfique. Nous voici encore une fois responsables de notre destinée.

Ensuite, ne vous livrez pas aux tendances néfastes pour relier cette nouvelle forme de vie aux forces du mal. Elle est toute simple, pas très futée et tout à fait programmable. Voilà pourquoi elle ne comporte qu'une fraction de la chimie d'un être humain. Elle n'est pas plus maléfique que la première transplantation cardiaque mentionnée plus tôt et que l'on considérait alors comme l'œuvre du diable. Laissez tomber tout ce cinéma prétendant que le diable est derrière tout cela et voyez-la pour ce qu'elle est – une invention chimique dépourvue de conscience. Vous pourrez ensuite en déterminer la valeur éthique et être d'accord ou pas sur son droit d'exister.

Ce nouvel ADN ne possède aucune propriété quantique. Personne ne pourrait fabriquer une telle chose, puisque personne sur terre à ce jour ne peut mesurer un champ interdimensionnel – encore moins en fabriquer un grâce à la chimie tridimensionnelle. La vie artificielle est de ce fait constituée d'une simple biochimie ; elle ne possède pas, ni ne possédera jamais, les propriétés quantiques de l'humain sacré.

### Sommaire

Ne redoutez pas cette invention. Kryeon souligne que notre ADN est le seul ADN sacré sur la planète. L'ADN originel est le produit d'une évolution naturelle ; il est survenu spontanément. Venter n'a que reproduit l'étiologie de ce processus évolutionnaire. C'est toutefois une intervention pléiadienne qui nous a procuré la création spirituelle et l'étincelle de vie qui est notre conscience. La chimie élémentaire n'apporte pas l'amour de Dieu avec elle. C'est plutôt l'état sacré du « créateur intérieur » qui représente la clé. Il s'agit d'une information quantique, et non pas de chimie.

### Un dernier mot – La grande machine commerciale... même dans le nouvel âge

Plusieurs prétendent qu'il existe désormais quatorze couches, peut-être davantage. Ils leur attribuent même des sens ésotériques plus profonds et des noms de leur cru. Grand bien leur en fasse! Car il s'agit simplement de développements sur les enseignements de ce livre. Rappelez-vous que l'ADN ne possède pas vraiment de couches. Il est constitué de regroupements d'informations permettant de comprendre la force multidimensionnelle interactive qui ne comporte aucun constituant linéaire.

Par conséquent, si vous entendez une personne expliquer d'autres couches, prêtez attention. Exercez votre discernement, car il s'agit peut-être de l'évolution subséquente de votre ADN. Habituez-vous au fait qu'il n'y a pas un seul enseignant qui détient «la» vérité. Dans le contexte actuel, un enseignant qui prétendrait détenir la vérité parce qu'il présente davantage de couches sous différents noms n'aurait rien compris. L'Adnest une étude du créateur intérieur et ce créateur n'est pas constitué de parties que l'on peut dénombrer. Acclamez plutôt l'information inédite. Voyez si elle peut correspondre à des connaissances existantes, en étant simplement formulée autrement. Peut-être est-ce entièrement nouveau. Votre ADN est conscient et *capable de vous fournir une réponse définitive* sur n'importe quel sujet, tout comme le peut l'esprit du maître créateur. Le moment est venu pour les humains du nouvel âge de soupeser ces éléments à l'extérieur de la linéarité. Observez-les d'un point de vue énergétique et ressentez leur vérité ou leur absence de vérité. Il est temps de discerner, au lieu de vous contenter de gober tout ce que vous lisez – y compris ce livre.

En 1999, Jan Tober et moi-même avons publié *Les Enfants indigo*, un livre sur les enfants de la nouvelle conscience. C'était un compte-rendu sur l'évolution de l'esprit humain. Nous cherchions à aider les parents de partout dans le monde aux prises avec des jeunes apparemment impossibles, et à leur expliquer ce qui se passait. L'ouvrage connut un grand succès; plus d'un demi-million d'exemplaires furent vendus à l'échelle internationale, et ce, en vingt langues. Ce livre touchait les parents comme les enseignants. Par la suite, nous avons publié deux autres livres sur les indigos. Ces ouvrages offraient encore plus de renseignements aux parents, aux éducateurs et aux responsables de lieu de travail sur la manière de s'occuper de ces enfants exceptionnels.

En 1999, lorsque le thème devint notoire, on vit apparaître sur le marché divers livres, sous différents titres, sur les enfants «nouveaux». Très marrant. L'encre était à peine sèche qu'une foule de livres soutenaient l'existence d'autres types d'enfants portant toutes sortes de noms [autres qu'indigo]. Chacun cherchait sa niche en présentant des enfants dont les noms auraient été canalisés.

Paradoxalement, la désignation indigo n'avait pas été obtenue par canalisation; elle provenait de Nancy Tappe, une visionnaire qui souffrait d'un état pathologique nommé *synesthésie*. L'un des symptômes de cette anomalie est la faculté de percevoir des couleurs à l'énergie. Nancy avait *vu* la couleur indigo autour des bébés naissants, et c'est pourquoi ces derniers reçurent l'appellation d'enfants indigo, ce qui signifie «enfants porteurs d'une nouvelle conscience». Il ne s'agit pas d'une couleur mystique perçue grâce à des facultés extrasensorielles. Par définition, tous les enfants ayant vu le jour appartenaient alors à cette catégorie de conscience nouvelle. Néanmoins, une guerre entre enfants nouveaux de diverses couleurs semblait sévir, car un nombre croissant d'individus se jetèrent dans la mêlée, soutenant que leur teinte était différente, sans même se préoccuper du sens du terme.

On produisit le film *Indigo*, qui n'avait rien à voir avec les enfants du même nom et ne leur apporta rien. Un documentaire sur les enfants indigo omit même complètement de mentionner Nancy (ou sa contribution, grâce à sa vision et à sa signification). Il y eut une mêlée générale parmi ceux qui cherchaient à tirer profit du sujet et à se rendre célèbres; et ils y sont parvenus. Malheureusement, avec tout cela, j'ai l'impression qu'on a délaissé ces enfants, car tous ces projets ne s'en préoccupaient pas vraiment. Ils ont plutôt profité de la notoriété du phénomène et sont passés à côté de l'objectif qui soustendait la première publication.

Aujourd'hui, il est possible qu'une telle chose se reproduise, car ce livre en incitera plusieurs à soutenir que les noms d'ADN sont faux, qu'il y a plus que douze couches, ou moins, et que ces enseignements ne sont qu'une gigantesque conspiration pour s'emparer de votre âme. Ceux qui connaissent l'hébreu ergoteront sur les significations (c'est déjà fait!). Ils voudront ajouter un supplément à ce livre, lui substituer leur information, le rectifier, le jeter aux flammes. Je m'en fiche. Tout ce qui me préoccupe, c'est de savoir si les autres publications feront progresser votre étude du créateur intérieur. Si elles engendreront la paix là où celle-ci ne régnait pas. Si elles éveilleront le drame ou apaiseront votre âme.

J'ai rédigé ces pages pour exposer le plus formidable changement évolutionnaire dans l'histoire de l'homme. Depuis 1987, tandis que la galaxie avance lentement vers l'alignement galactique de 2012 (de 0,001 degré par mois à mesure que nous progressons vers le Réticule, en un alignement mathématiquement controversé de notre Soleil avec l'équateur galactique et le centre de la Voie lactée), nous sommes témoins de gigantesques bouleversements. Nous découvrons que nous ne sommes pas victimes de la Terre. Nous remettons en cause l'hypothèse même qui nous a maintenus dans l'ignorance, qui nous a fait croire que nous naissons entachés et que nous ne pouvions réussir. Au contraire, des centaines de milliers de personnes s'éveillent à la notion que le Créateur réside en elles, qu'elles peuvent se guérir sur le plan émotif et physique, et déclencher un courant informatif vers leur corps et la planète, courant qui transformera l'attitude des gens les uns envers les autres. Ces personnes voient la compassion au cœur de presque toutes les solutions, même celles de nature politique. Elles assument enfin la responsabilité d'avoir créé les circonstances de leur vie au lieu de croire qu'elles doivent accepter ce que la vie leur apporte. Plusieurs sociétés remettent en cause ce qu'on a jadis enseigné.

Les résultats sont flagrants tout autour de nous : la sagesse se substitue à l'avidité, les systèmes financiers se muent en ce qu'ils auraient dû être dès le départ, les conseils d'administration des structures corporatives affichent une intégrité accrue. Des nations tout entières changent la façon dont elles travaillaient avec l'ancienne énergie depuis des siècles, et la plus vieille énergie sur terre est maintenant perçue pour ce qu'elle est vraiment – une énergie corrompue ! Pour la première fois, presque tout le monde le remarque.

Que ce livre vous éveille à une mission plus grandiose, afin que vous puissiez découvrir le créateur en vous et être heureux, centré et rempli d'espoir pour l'humanité. Si vous tombez sur un autre livre qui opère la même transformation en vous, lisez-le et placez-le à côté de celui-ci dans votre bibliothèque. Si un processus permet d'enseigner les principes de ce livre (même si je n'ai pas conçu ce processus), servez-vous-en ! Faites appel au discernement qui habite votre ADN et soupesez les énergies des informations qui circulent, car il vous faudra en évaluer plusieurs.

Si ces propos touchent votre cœur, ils forment une continuation de cet enseignement. S'ils permettent de guérir et d'en venir à une compréhension, alors célébrez-les. Si vous en prenez connaissance et dites : « Mon âme dit oui », alors ne les délaissez pas, peu importe les événements. Si l'enseignement vous fait pleurer de joie parce que vous avez découvert votre raison d'être et votre place dans l'univers, alors relisez-le encore et encore. Si quelqu'un identifie vingt-sept couches, alors appréciez-les toutes.

Néanmoins, s'il s'agit d'une critique, de prédictions apocalyptiques ou tragiques, si on vous laisse croire que les bonnes choses se méritent, si on précise les dates de votre disparition pour les changer à la dernière minute en prétendant « vous vous êtes sauvés », alors n'ayez aucun doute : il s'agit de propagande.

Le moment est venu pour vous de connaître la vérité. En tant qu'auteur, je peux affirmer qu'il est facile de vendre des livres et des documentaires. Il suffit de produire une trame dramatique, de l'enrober de validité grâce à des prédictions désuètes, de référer à n'importe quoi qui soit inspiré de Nostradamus, le tout au son d'une musique patibulaire, et de prier un annonceur spécialisé dans l'horreur de faire la narration. Puis de courir à la banque.

Peut-être les prochaines années mettront-elles une fin à toute cette propagande cherchant à inspirer la terreur. Il n'en tient qu'à vous, lecteurs. Vraiment qu'à vous.

Bénis soient ceux qui ont investi l'énergie de leur Soi supérieur afin de comprendre les principes de ce livre !

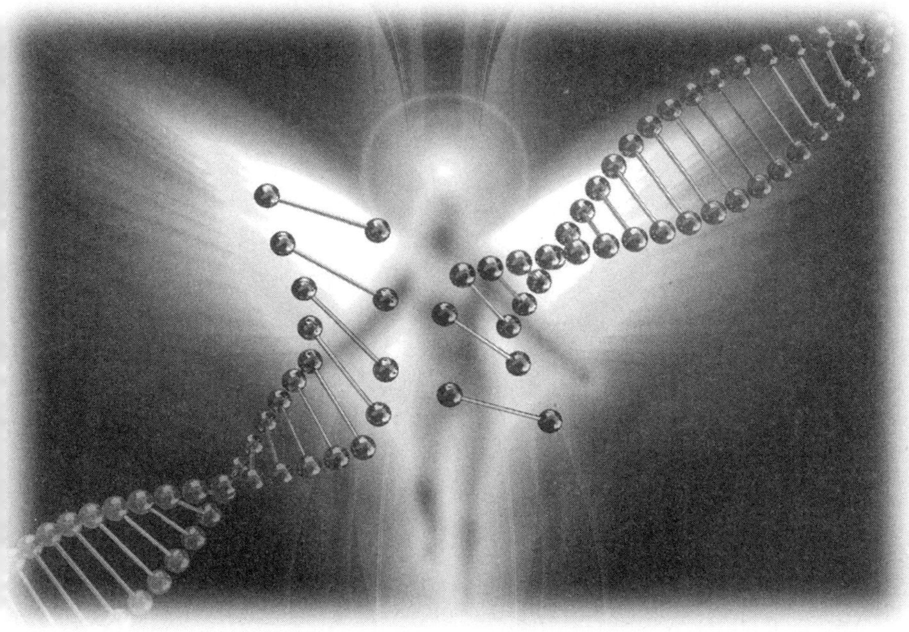

tc • IMPRIMERIES TRANSCONTINENTAL

# Illustrations de l'ADN

*Par Elan Dubro Cohen*
www.elandubrocohen.com

**Première couche de l'ADN**

*Keter Etz Chayim*

Sens attribué par Kryeon :

L'arbre de vie
Couche biologique, la double hélice
Fait partie des trois couches d'ancrage.

**Deuxième couche de l'ADN**

*Torah Eser Sphirot*

Sens attribué par Kryeon :

Plan directeur de la loi
Couche de la leçon de vie
Fait partie des trois couches d'ancrage.

**Troisième couche de l'ADN**

*Netzach Merkava Eliyahu*

Sens attribué par Kryeon :

Ascension et activation

Fait partie des trois couches d'ancrage.

**Quatrième et cinquième couches de l'ADN**

*Urim Ve Tumim*
*Aleph Etz Adonai*

Sens attribué par Kryeon :

Lumière et pouvoir
Énergie cristalline primordiale
Couches du nom angélique
Font partie des trois couches humaines divines.

**Sixième couche de l'ADN**

*Ehyeh Asher Ehyeh*

Sens attribué par Kryeon :

Je suis ce que je suis/Soi supérieur
Couche de prière et de communication
Fait partie des trois couches humaines divines.

**Septième couche de l'ADN**

*Kadumah Elohim*

Nom lémurien : *Hoa Yawee Maru*

Sens attribué par Kryeon :

Divinité révélée/Langue maternelle de l'ADN
Couche des facultés extradimensionnelles
Fait partie des trois couches lémuriennes.

**Huitième couche de l'ADN**

*Rochev Baaravot*

Nom lémurien : *Akee Yawee Fractus*

Sens attribué par Kryeon :

Cavaliers de la lumière/annales akashiques maîtres
Couche de la sagesse et de la responsabilité
Fait partie des trois couches lémuriennes.

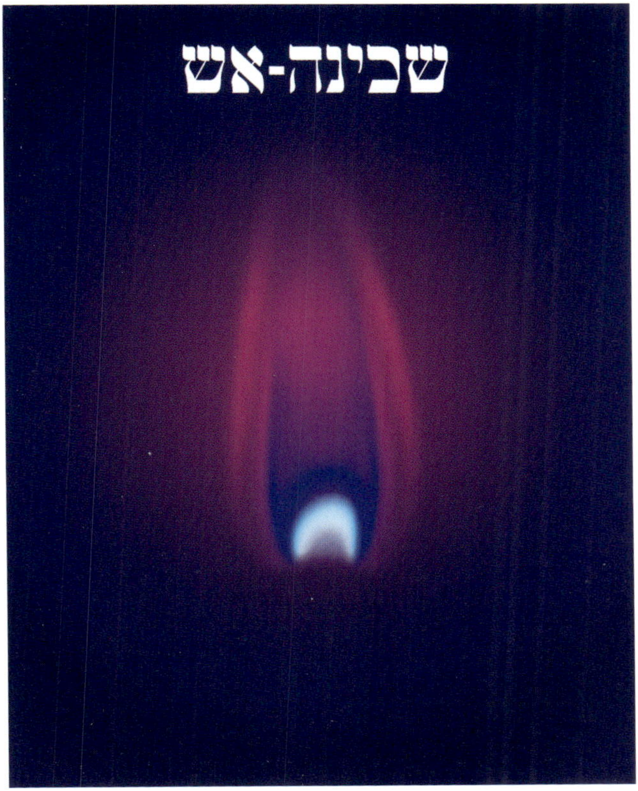


**Neuvième couche de l'ADN**

*Shechinah-Esh*

Sens attribué par Kryeon :

La flamme d'expansion
Flamme violette de Saint-Germain
Couche de la guérison intelligente
Fait partie des trois couches lémuriennes.

# וייקרא

**Dixième couche de l'ADN**

*Vayikra*

Sens attribué par Kryeon :

Appel à la divinité/reconnaissance de Dieu en vous
Couche de la source divine de l'existence
Fait partie des trois couches divines.

**Onzième couche de l'ADN**

*Chochmah Micha Halelu*

Sens attribué par Kryeon :

Sagesse du féminin divin
Compassion pure et couche de la mère
Fait partie des trois couches divines.

**Douzième couche de l'ADN**

*El Shadai*

Sens attribué par Kryeon :

Dieu/Dieu tout-puissant/Dieu intérieur
Essence de Dieu en l'être humain – Couche du Dieu tout-puissant
Fait partie des trois couches divines.

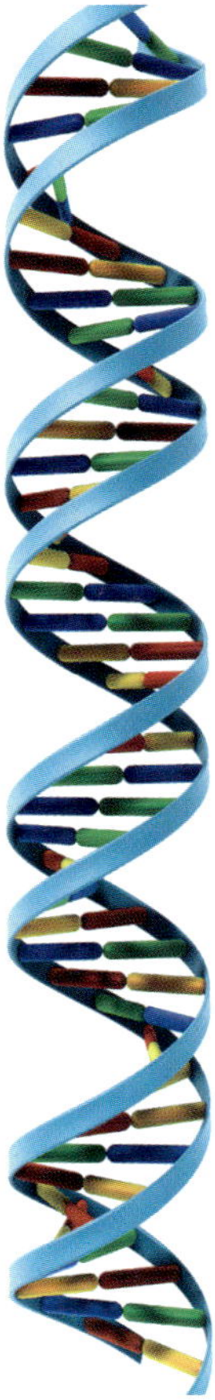

*Permettez-moi de vous conduire à l'intérieur même de l'ADN pour vous révéler ses principes ésotériques et l'amour qu'il renferme. Bien au-delà de la chimie, cet événement qu'est l'ADN détermine le noyau de la vie sacrée, la vie de Dieu dans l'univers, alliés aux confluences dimensionnelles et à la joie de la création. L'ADN est à la croisée de Dieu et de l'homme. Il conjugue quantique et non quantique et vibre de l'essence de la vérité dans l'univers.*

*L'ADN est l'antenne du corps. Il est à l'écoute des épiphanies profondes, des percées dans le tissu étriqué de la peur et de la contrariété. Il jauge les sommets de votre joie, vos passions culminantes et voit le sourire à vos lèvres lorsque vous comprenez que la voie vers Dieu vous a toujours été ouverte et disponible. Il réagit en organisant la structure cellulaire pour souligner votre identité et agrémenter votre vie en ce monde. Il se sert impeccablement de chaque couche et de sa magnificence afin de produire la guérison, une confluence de création bienveillante et un respect pour l'intention humaine. Enfin, l'être humain commence à comprendre l'état de maître qui réside en lui !*

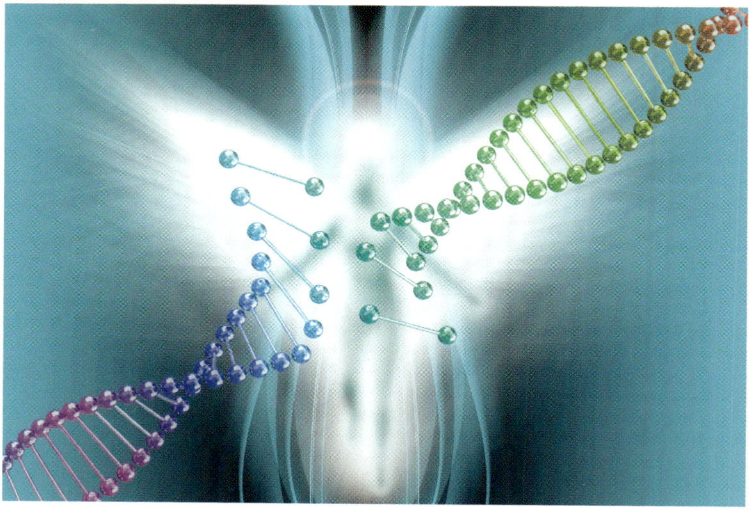

Retrouvez Kryeon dans la série

# ENSEMBLE VERS 2012

**2012**

**le dernier tome de la série**

**disponible en librairie dès le mois d'août 2011**